随想录

——思考创新与哲学

黄真 著

燕山大学出版社
2020·秦皇岛

图书在版编目（CIP）数据

随想录：思考创新与哲学 / 黄真著. —秦皇岛：燕山大学出版社，2020.6
ISBN 978-7-81142-759-2

Ⅰ. ①随… Ⅱ. ①黄… Ⅲ. ①科学研究工作－文集 Ⅳ. ①G31-53

中国版本图书馆 CIP 数据核字（2020）第 092344 号

随想录——思考创新与哲学
黄　真　著

出 版 人：陈　玉
责任编辑：朱红波
封面设计：于文华
出版发行：燕山大学出版社 YANSHAN UNIVERSITY PRESS
地　　址：河北省秦皇岛市河北大街西段 438 号
邮政编码：066004
电　　话：0335-8387555
印　　刷：北京虎彩文化传播有限公司
经　　销：全国新华书店

开　　本：700mm×1000mm　1/16　　印　　张：20.5　　字　　数：360 千字
版　　次：2020 年 6 月第 1 版　　印　　次：2020 年 6 月第 1 次印刷
书　　号：ISBN 978-7-81142-759-2
定　　价：98.00 元

前　言

我是2007年退休的，退休后，每每想去回顾和总结一下自己在教学、科研中的思考和创新方面的经验教训，特别是想和年轻朋友分享我是如何运用哲学在思考和创新方面的心得体会，它对于我所能够取得的点滴的成功具有决定性和关键性的意义。另外，书中还有我对人生与事物的一些思考与情感、我的情与爱以及我的价值观等。对这些，我想以比较轻松的随想录方式，随想随记，写成一篇篇独立短小的文字，自己方便也方便朋友阅读。

这些文字一方面来自我过去发表过的文章以及曾经为校内外学生做过的演讲；另一方面，这一年多又就过去想过、思考过的一些问题写出了几篇文章。在这次编辑随想录时，对上述文章又做了一些修改或补充。各篇文章标题下注明的日期是该文最初立题时的日期。

本书的内容主要包括以下几个方面：介绍了我的个人经历、我的信仰和我的奋斗历程；关于我大学的学习生活，介绍了如何全面系统地掌握科学知识；介绍了我从事科学研究的经历、成功的经验和失败的教训；讨论了关于科学精神和科学思维方法等方面。

在这里突出的是想介绍下面几篇文章。首先是《科学精神和科学的方法论》一文，文中介绍了我用哲学思想认识世界，它为我选择人生指出了方向，还给我在做科学研究时提供了“望远镜”、“显微镜”和方法论。站在哲学的高度往往能看到更多，看得更远，看得更深刻，能够入木三分。在《论思考》这篇文章里，讨论了我们做科学研究的人应该如何去思考，这就从解读2500年前孔子那12个字“学而不思则罔，思而不学则殆”的深刻含义说起。这12个字，字字珠玑，是对“思考”的思考，也是对思考的高度哲理概括，对我们做科学研究的人太重要了。《对〈知识就是力量〉的再认识》一文，以我亲身的经历突出说明了学校里做基础理论研究的重要性，学校是科学的殿堂，是创造知识的场所，老师要以认识世界为己任。在机械工程的基础理论上有了理论创新，掌握了新的高深理论，就能够解决意想不到的实际中的困难问题，伸手就可以摘下星星，摘下大桃子。希望老师们能够认识到这一点。

再有，我通过文章《诺奖委员会客观上大赞中医“科学”》论证了中医是科学的；我在《为什么中国培养不出高端人才》一文中试图回答钱学森之问，对这个有高难度和争议的题目，也要表明我的观点：中国的教育有需要改进之处，但成绩仍是巨大的，是应该充分肯定的。而文章《先天下之忧而忧，后天下之乐而乐》，从历史的角度探讨了中华民族数千年绵亘不衰和今日崛起的原因，这个再次崛起的“中国梦”代表了全国人民的最大利益，最根本的利益。

本书分为两部分，前 10 篇曾以《你也可以如此学习思考》出版过，这次与新撰写的其余 19 篇文章合并出版以呈现此《随想录》。

我想，这些文章中能够看出我的立场、观点和研究的方法，我的情与爱。其中也许有一些看法和说法有不当之处，敬请读者不吝指正。

最后，对于文章中采用了他人所绘制的许多十分精美的图片和有说服力的文字，这些形象鲜明的图片和文字为本书增添了许多光彩，在这里诚挚地向这些原作者表示深切的敬意与感谢！

2018 年 9 月 9 日

目　录 | content

蓝色的中国梦①

（2011年9月10日）

一、我亲历的世界发生了这么大的变化

我是江苏宜兴人，1936年2月出生于天津元纬路的一个古老的房子里。我的祖父年轻时从宜兴来到北方，在一个工程学校学习，后来跟着詹天佑搞铁路建设。我父亲是唐山交通大学（现在的西南交通大学）的学生，毕业后也从事铁路、公路的建设工作，我的母亲毕业于杭州美术学院，她是中学的美术老师。我于1959年毕业于哈尔滨工业大学轧钢机械与工艺专业，后来成为燕山大学的教授、博导，现已退休。1982—1984年作为访问学者，我曾到美国俄亥俄大学和佛罗里达大学留学共2年，1993年被国务院学位委员会评定为博士生导师并建立了燕山大学的第二个博士点——机械学博士点。

我一共完成了10个国家自然科学基金面上项目，我对基金委对我长期的支持表示深深的感谢。恰在退休之时，基金会又颁给我一个“优秀项目奖”，我由衷地感谢基金会对像我这样的老“运动员”的长期支持和关心！做研究工作这三十几年来，我走了许多弯路，有许多经验体会，我心里有许多话想说，想告诉青年朋友，希望他们成长得更顺利、快速，能为国家作出更多的贡献。

75年的人生，经历了一个世纪的四分之三，它对历史长河来说是非常之短暂，而对我来说这几乎是一辈子的时间。回顾这短短的75年，看到中国变化之大，世界变化之大，我感到万分欣喜，我小时候所渴望而又不敢想象的事情正一步步地实现！

我出生之时，中国非常贫穷和落后。出生的次年，1937年，日本发动了

① 本文内容曾在2011年9月为燕大电院、10月为理学院、11月为里仁学院新生作过报告，2012年7月经修改为机院的博士生作过报告，文章刊登于《燕山大学报》2011年第546期。

我一辈子不能忘怀的老百姓镜头

卢沟桥事变，全面入侵中国。在那战火纷飞的年代，为躲避日本的铁蹄我随父母辗转各地。那时称之为“逃难”。现在国际上把为躲避战火而出走者称为“难民”，大家看到现在的难民是非常艰苦的，大家都有所同情，国际社会也给予帮助，还有联合国设立的“难民营”，有人给食物充饥，有帐篷防寒。可那时在日本侵略下中国老百姓的逃难，完全是无助的，到处兵荒马乱，上图所示衣衫褴褛的老百姓比比皆是，让我印象深刻，一闭上眼睛就会想起那悲惨的一幕。日本人不断发动进攻，中国土地一片片沦陷，我们只得抢先一步步地往后方跑。小学前五年我换了七所学校，最后逃到了重庆。这一路上看到无数逃难的人群，普通的老百姓背包罗伞，扶老携幼，蓬头垢面，衣衫褴褛。还不时有日本飞机投弹、扫射，飞机飞得很低，几乎贴着树梢，吓人的呼啸声由远及近，哪里人多机关枪就哒哒哒地往那里扫射，横躺竖卧的遍地都是尸体。我自己也亲历过飞机轰炸，依稀记得，那是在桂林的一天，警报突然恐怖地尖叫起来，父母赶紧抱着弟弟拉着我的小手往防空洞里跑，没等我们进到洞里，就听见后面轰轰的爆炸声，突然来的巨大气浪将我们推进了防空洞。后来还听大人说过惨烈的南京大屠杀、长沙大火、重庆大轰炸……所有这些在我幼小的心里深深埋下了刻骨仇恨的种子，埋下了对日本帝国主义的无比憎恶。那时流行的那些抗日歌曲，“我的家在东北松花江上……”“同学们，大家起来担负起天下的兴亡……”“大刀向鬼子们的头上砍去……”不断回响在我的耳边。我就这么从小深深体会到什么是“国家兴亡，匹夫有责”这个铁的定律，我立志长大要报效祖国，要为祖国的强大贡献自己全部力量，决不能让鬼子再次来凌辱中国。

到了重庆的沙坪坝，那时我读小学五年级。一天晚饭后，突然听见外面锣鼓震天，这在抗战的山城重庆是很少有的。我们小孩赶紧往外跑，想看出了什么事，原来是我们后面的重庆大学学生大队出来游行，他们举着彩旗，呼喊着“抗战胜利了！”“鬼子投降了！”我们小孩听到也是特别兴奋，跟着队伍跑，声嘶力竭地叫，欢呼！这一段经历给我留下深刻的印象。

1950 年秋高气爽的时候，我在衡阳读中学。学校后面有个机场，天天有飞机飞起飞落，我们几个孩子爬到山顶，趴在抗日时留下荒芜的战壕里，看着飞机起落。不日衡阳就解放了，人们兴高采烈，敲锣打鼓，扭秧歌，激情飞扬地庆祝解放。会场上挂着新中国的国旗，新中国的成立，让中国人民真正地站了起来。

中国人民没有被帝国主义的战争威胁吓倒，也没有被数十年的经济封锁困住。中国人民在赢得抗美援朝的胜利后，又勒紧裤带，自力更生，搞出了“两弹一星”，从无到有搞出了中国自己的重工业，自己能够造汽车、火车、远洋货轮，核潜艇，建成了一个基本上门类齐全的初步的工业体系。这为后来的经济快速发展打下了非常好的工业基础。改革开放以来，我们抓住机遇，更是高歌猛进，达到初步繁荣昌盛，能够生产高速列车、歼-20、大飞机、航母和中国自己的空间站……

而世界在经历了“9·11”事件、金融风暴后发生了巨大的变化，2000 年美国的 GDP 是 10.3 万亿美元，中国是美国的 1/10；2005 年，中国 GDP 超过意大利，成为世界第六；2006 年，中国经济规模超过英国，成为世界第四；2007 年，中国超过德国，成为世界第三；2011 年，中国首次超越日本，达到世界第二。记得在 20 世纪 80 年代，我曾和学生讲过“中国一定能超过英国”，一些同学不信，说：“中国发展，英国也在发展，他们原来就在你的前面，你走他也走，你怎么可能去超过他们？”殊不知世界发展是按照“辩证法”发展的，不是“形而上学”。中国当年不也是从先进变成落后，他们却从落后变成了先进吗？祖国的儿女们盼望的就是国家赶快强大起来，这是受过侵略、受过欺侮的全国老百姓的共同的心声。是啊，苦难的童年经历告诉我们，“只有走这条路”老百姓才能过上好日子，国家的要求和个人的幸福是完全一致的！

在我 75 年短短的人生过程中，亲历了世界这么大的变化，中国从贫穷落后、不断受人欺侮宰割，到站立起来且达到初步的繁荣昌盛。这是一个巨大的变化，伟大的变化。

75 年的历史远处望来，一会儿杀声震天，一会儿峰回路转，一会儿是万马奔腾，一会儿是悬崖峭壁。多少仁人志士奋勇向前，前仆后继，使革命取得成功；多少仁人志士，听从祖国召唤到最需要的岗位，并做出杰出成绩。回顾过去这些经历，多么希望我们美好、绚丽多彩的蓝色的中国梦能早日实现。

我的目标是努力建设祖国，我所能做的就是将落后的学术研究提高到国际水平。我的座右铭是“追求真理，实事求是”。

几十年来我全力去实践我的愿望。

二、面临挑战我抓住了机遇

1953年，那时正值中国要实施第一个五年计划，重点是建设东北重工业。全国沸腾了，我的心也沸腾了，建设祖国的召唤来了，没有任何犹疑，全国众多青年都往东北跑，建设中国自己的重工业，中国所急需的重工业！我那时正值高中毕业，建设新中国正是我们共同的志向，建设一个强大的中国是我们的梦想。“国家兴亡，匹夫有责”，去东北，一定要去东北，去建设自己的新中国！东北在哪里？东北远吗？东北冷吗？“好男儿志在四方”，没有什么是可怕的，即使“马革裹尸还”也在所不惜。我坐火车从衡阳赶往东北，那时的长江上没有大桥，火车被分成数段依次坐大船过江。在10月初的一天，经过了四天四夜，我乘坐的火车在夜色中到达了北国的哈尔滨，10月的哈尔滨夜晚已经是十分冷了，我们住的是火墙屋，吃的是苞米糙子。班里大部分人是南方来的，上海、杭州、四川、广东，哪里的都有，五湖四海的年轻人走到了一起。大家一起在哈工大学习。在哈工大我努力学习，取得了优异的成绩，毕业时我们都服从分配，祖国哪里需要就去哪里！我们班大多数同学被分到一重、二重、沈重、太重、西重，等等，都在重型机械行业，我就到了位于富拉尔基的东北重型机械学院。

中国第一重型机器厂和重型机械

几十年过去了，再回首往事，看到从五湖四海来的同班同学、看到东重一批批毕业的学生，他们都成了重型机械行业的骨干、重型机械行业的精英。几十年来他们在重型机械行业中，在中国腾飞的过程中，在两弹一星、核潜艇和当今井喷式的军工成就中担当了多么重大的责任，作出了巨大的贡献。想到这里，我为我的同学，为东重的子弟兵，为当今的燕山大学感到骄傲！你们没有辜负祖国的期望，你们的选择没有错，你们确实为今天祖国的腾飞作出了突出的贡献。

记得《钢铁是怎样炼成的》的作者奥斯特洛夫斯基有这样一句名言：

一个人的一生应该是这样度过的：当他回首往事的时候，他不会因为虚度年华而悔恨，也不会因为碌碌无为而羞耻；这样，在临死的时候他就能够说："我的整个生命和全部精力，都已经献给世界上最壮丽的事业——为人类的解放而斗争。"

1982年在我46岁的时候我赶上一个难得的机遇，公费去美国留学。这对我来说却是严峻的挑战，首先我英语不好，在大学一直学的用的都是俄语，英语只有自学加突击。去美国我要学什么呢？开始我很保守，当时国内各个高校的同行都在研究机器人。我想，一来我46岁了，已过了黄金年龄；二来，机器人是多学科性的，太不容易；第三，研究机器人是很费钱的，东重没有钱，经费上不会支持我。于是我就专门去找不搞机器人的美国教授。结果，等我到了美国才知道所联系的那位教授不幸刚刚去世。等我再转学到美国南方找到另一位教授时，发现这位以前不搞机器人的教授也搞起机器人来了，就这样我不得已也进了这扇铁门，进了"围城"。谁能想到经过努力我也在这个领域取得了很大成绩。现在看来当初我思想太保守了。想到现在有的年轻人说，"我们太年轻了""我这不行那不行"，我想说，无论年老年轻都不要保守，要放下包袱轻装前进。

在那里我接触到机器人研究的最前沿。全世界都在研究串联式机器人（工业机器人），而佛罗里达大学那两位教授却发表"并联机器人"的文章。当时全美上下也只有不到十个人在研究并联机器人。我们敢跟他跑吗？并联机器人这个方向有前途吗？我们三位中国留学生讨论着。都说串联的活动空间大，姿态变化又灵活，并联的活动空间及灵活性远远不及串联，不适合做机器人。但我想到了哲学中的"对立统一规律"，串联之于并联不也正是对立的事物吗？并联的一定会有自己的特点和优点。就这样我特立独行坚定地选择了这个方向，30年来取得了我不曾想到的成绩，现在看来我当时的选择是正确的。

我先后承担国家自然科学基金项目10项，国家863项目3项，国家科技攻关、河北省高层次优秀人才支持计划等项目一共20余项。成果论文已在国内外发表350余篇，其中在国际著名杂志《Mechanism and Machine Theory》《International Journal of Robotics Research》《Journal of Robotic Systems》《ASME Journal of Mechanical Design》上发表了50余篇；在ASME、IEEE等国际会议发表论文80余篇；在《中国科学》及《机械工程学报》发表共34篇。SCI收录47篇，SCI他引共184次[①]，EI收录96篇。出版6部专著：1991年出版《空间机构学》；1997年出版《并联机器人机构学理论及控制》，后者被审定为"全

① 这里的统计数据都是十来年前的统计。

国高技术重点图书”，这本书他引816次，它是国际上的第二部“并联机器人”方面的专著（后来知道第一部是Merlet用法语出版的）；2006年出版《高等空间机构学》，被教育部研究生司推荐为全国研究生教材；2011年出版《论机构自由度——寻找了150年的自由度通用公式》；2012年由国际学术组织IFToMM推荐，由Springer出版社出版了《Theory of Parallel Mechanisms》；2016年又出版了《机构自由度计算：原理和方法》。此外，还有多部英文“Book-Chapter”著作出版。我一生共培养硕士研究生52人、博士研究生22人。我们燕大机构学方向共培养了3名洪堡学者，3名获国家杰出青年基金，一人获国家优秀青年基金、两人获全国优秀博士学位论文提名。我先后获国教育部科技一等奖2项、河北省科技一等奖2项、省部级二等奖2项。

我是中国机械工程学会高级会员、中国机械工程学会机构学专业委员会名誉主任；担任过中国机械工程学会机械工业自动化学会常务理事、中国机械工程学会机械传动学会常务理事、全国高校机电自动化及机器人研究会常务理事；还担任过几所兄弟高校的兼职教授；担任过国际现代机械工程《International Journal of Advances in Mechanical Engineering》主编、科学出版社《制造科学与机器人学》丛书编委；曾担任温哥华IEEE95会议程序委员会委员、台北2003 IEEE ICRA国际机器人和自动化会议分会主席、美国拉斯维加斯2007 ASME会议的分会主席、2008法国第二届国际机构和机器人基本问题研讨会学术委员会委员；此外我还担任了多个国内外重要学术期刊的审稿员。

我的研究在国内外已经有了很大的影响。由于实际中需要广泛应用空间多自由度并联装置，所以它在国际上一直保持较高的关注度。自1994年以来，国内众多高校、科研院所不断地掀起研究并联装置的高潮。1997年我撰写出版的《并联机器人机构学理论与控制》一书几乎成为全国所有开展并联装置研究院所的研究生的入门必读教材。经检索证实，这本中文书他引816次，而且单篇SCI他引39次。这个数目在机械工程领域可能还是极少见到的。2006年出版的《高等空间机构学》被教育部学位管理与研究生司推荐为“全国研究生教学用书”，被广泛采用，已经两次印刷，并且现在又出了新版。可以不夸大地说，国内研制并联装置都是从学习这本著作开始，包括哈工大（研制飞船对接器）、清华（研制并联机床）、上海交大（研制重型压机操作机）、天津大学（加工中心）、北航（微操作机——用于生物工程）、燕大（上海65米射电望远镜天线副反射面调整系统）等等。

我是我国最早的一位从事并联机器人研究的学者，也是该领域最著名的学者之一。我多次参加国际学术活动，特别是在2004年举行的有44个国家500多名学者参加的国际机器和机构学学会的第11届大会上（4年一次），我被推荐为6个中心发言人之一，具有一定的国际影响和地位。

在国际上有包括美国等13个国家的许多著名教授评议我的研究，他们一致肯定了我的多方面工作。有的认为“黄真取得了又一个重要的进展”“他的研究是一个更加普遍性的分析”，认为我的研究使得“过去两年发生了值得注目的变化”“黄真文章的这些结论是最重要的贡献，……比先前的代数形式更加完善和精彩”；特别是担任过美国《ASME Journal of Mechanical Design》副主编的Rico教授在美国机械工程学会的年会上发表的文章认为我的研究是“最近的十到十五年，在并联机构的型综合中的5个重要的理论贡献之一”。国家自然科学基金会出版的《机械科学基础研究20年》对我的研究评价为少数几个“原创性”成果之一。

我在工作中多次受到党和政府的表彰，曾获秦皇岛市劳动模范、河北省劳动模范、原机械工业部先进工作者和全国优秀教师等光荣称号。

三、学术上的成就

第二次世界大战后的半个多世纪以来，机械工程有了重大的发展，其中机构出现了从平面机构向空间机构的发展、从单自由度机构向多自由度机构的发展、从单环运动链向多环运动链的发展、从串联机器人向并联机器人的发展、从低速机构向高速机构的发展、从刚性机构向柔性机构的发展。

这样在机构学上出现了许多新事物，带来许多新问题，其中许多都是十分困难复杂的问题，机构学界面临挑战，但又是机遇。机构学新发展中最核心、最重要、最有代表性的问题之一就是并联机器人的出现。抓住并联机器人就是抓住了“二战”之后机构学发展的核心问题之一。

并联机器人是一种新型机器人，具有许多特殊的优点，与普通串联式工业机器人具有互补性。它不仅可以直接作为机器人应用，而且在高技术方面作为并联装置有许多重要的应用，如飞船对接、大型射电望远镜、大功率激光武器平台、第4代战机、微型微动机械、虚拟轴机床等属于尖端武器、航空航天航海、机械工业、重型装备、生物工程、医疗器械、娱乐装置、民用服务的各方面，应用范围非常广泛。正因为如此，并联机构长期以来受到广泛的关注，成为研究的热点。

并联机器人机构复杂，其机构学的难度远远高于普通串联机器人，使得这个古老的机构学面临严峻的挑战。并联机器人机构学的核心困难是空间多自由度、多闭环系统导致的非线性强耦合问题。我的研究采用包括螺旋理论、影响系数原理等数学工具，较系统地解决了这方面的问题。

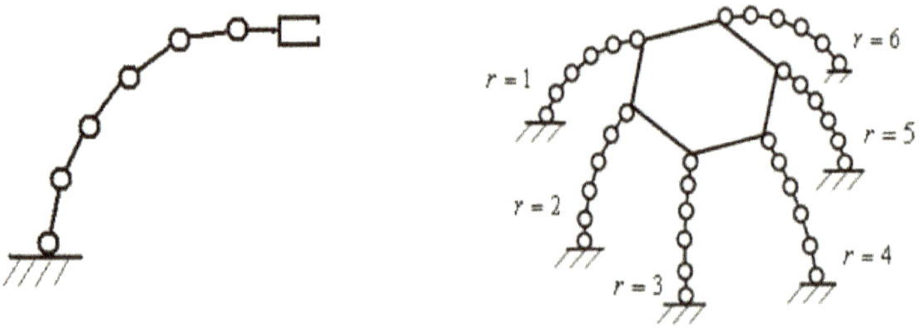

串联机器人与并联机器人

我和我的学生在这方面的工作成绩概括起来说，有以下四个方面：

（1）构建出“并联机构的机构学系统理论”

我出版过的六部著作，形成了并联机构的系统理论，具有重要的理论意义。有了这个系统理论，就为从事高新技术研究的朋友打造了一个高的起点、好的平台，直接推进了有关高新技术的发展。

我出版的学术著作

我的研究在国内外有深远影响。如前面所说，《并联机器人机构学理论及控制》一书几乎成为全国所有开展并联装置研究的高校和研究院所的入门必读。《高等空间机构学》现在又被广泛采用作为研究生教材，不到两年就又缺货再版。

（2）创建统一的机构自由度分析原理，解决了 150 年的历史问题

在机械工程领域的创新中，机构的创新是重要的部分。对任何新机构最基本的认识就是首先要知道它的自由度。教科书中传统的自由度公式就是 Grübler-Kutzbach 公式。然而人们陆续地发现许多机构不适合这个公式。2005 年，法国 Gogu 教授系统收集了三四十种对应的反例，并把它们分为古典的机构和现代并联机构两类，他指出至今没有任何一种自称为“通用的公式”能够同时适应他提出的这些机构。Gogu 列举出的这两大类机构表明这个问题具有非常高的难度。在 21 世纪开始时，自由度问题非常严重和突出，阻碍了机构的创新和发展。

长期来许多学者不断地努力寻找一个有效、统一、通用的自由度分析公式。回顾寻找统一公式的历史，从契贝舍夫算起已经有 150 多年了。

对于这一困难和问题，我充分吸取前人的研究成果，独特地采取了反螺旋理论，并取得成功，同时还另辟蹊径，十分巧妙地以逻辑思维与形象思维相结合的方法，走出一条简便快捷之路。我同时采用了以反螺旋成功求得的机构的“公共约束螺旋”和“虚约束”，并首次成功地用同一公式分析了古典的 Sarrus 机构和 3-RRRH 并联机构，形成“基于螺旋理论求解自由度的基本理论”并建立了统一的公式。这在国际上第一次成功地证明，存在既适合古典机构又适合现代的并联机构的统一公式。这就是 1997 年我所提出的“原始创新思想”，解决了自由度统一的计算原理，建立了统一的公式，当时称之为“修正的 G-K 公式”。到 2008 年用我们的这个“修正的 G-K 公式”成功地分析了几乎所有的现代并联机构，并正确地确定其多自由度的性质，同时还成功地解决了 Gogu 提出的全部“古典机构”，特别是其中国际一致公认的最困难的 Bennett 机构。这些，证明了我的公式确实是既适合现代并联机构又适合古典机构的统一的自由度公式，而且方法相对简单，易于被广大工程师掌握。2011 年我出版了《论机构自由度》，副标题用的是：寻找了 150 年的自由度通用公式。书中论证和总结了整个对这个问题的研究。

最近，学生告诉我说：黄老师您的一篇文章被 ESI 收录，是近几年我校唯一被收录的一篇。我十分高兴，那篇文章正是我和戴建生教授以及佛罗里达大学的同学 Lipkin 于 2006 年合作写成的。当时就是依据我的《并联机器人机构

学理论及控制》一书里提出的自由度的那个原始创新思想，仅对其中所应用到的螺旋理论作了进一步系统化。

（3）解决了并联机构机型综合中最困难的问题

在 21 世纪初，发明新机构的竞争是非常激烈的，它成了研究的焦点。而发明新机构非常困难，历史上每综合出一个机构常以综合者的名字命名。如瓦特机构、斯蒂芬孙机构等。自由度在 3 以上的少自由度机构按输出运动特征分为 9 类。可是许多国际著名学者曾断言：其中有两种类型是不可能甚至是不存在的，也就是说难以综合出 4 自由度和 5 自由度对称的并联机构。

因为综合是分析的反问题，由于我们这时已经建立起正确且统一的机构自由度分析公式，这对于解决这个问题处于十分有利的地位。2000 年和 2001 年我和我的学生先后打破了国际学者的预言，综合出第一个 4 自由度和第一个 5 自由度机构；2003 年完成了全部 3 自由度以上的对称的 9 种类型的并联机构的综合。

如前所述，从众多国际文献引用和评语中可以概括出学术界已经普遍肯定了这项研究。

（4）首创基于环路数学的拓扑理论和一一对应的机构数字化图库

机构的结构创新成为机械产品的原始创新，是机械创新所最希望获得的。几百年来，机构结构创新一直是设计者凭借经验直觉进行，而数字化、智能化和人机交互化的机械创新设计成为发展的方向。

历史表明，只要对机构进行结构综合，就要进行同构判别。从更高的角度来说，数学界“图的同构问题”一直没有很好地获得解决。2000 年国际著名的 Clay 数学研究所宣布：“P 对 NP 问题”（包含了图的同构问题）为七个“千年大奖问题”之一（这七大问题分别为：庞加莱猜想、P 对 NP 问题、郝治猜想、黎曼假设、杨 - 米尔斯理论、纳卫尔 - 斯托可方程、BSD 猜想）。由于机构运动链的拓扑图并不包含自环和重边，从理论上讲，其同构判别没有一般图的同构判别那么高的难度。自 1964 年 Crossley 引出机构的同构判别这一问题，已经有近半个世纪的研究，提出过近百种不同的同构判别方法，但是它们或者不够准确，或者效率低下，或者不能用计算机来自动实现。因此，这一直是各国机构学家研究的热点。

我的一位博士生在本项研究上取得了重要的进展：首创了运动链环路代数理论体系，以此解决了困扰国际机构学界长达近半个世纪的“运动链同构判别”问题；提出并建立了运动链唯一数字描述代码，建立了国际上首个运动链数字化图谱库。

这种同构判别方法具有高效性，当时国际上只能判别数目在 14 杆以下的运动链，采用这个新方法，构件数达到 30 的时候仍然非常高效，这也创造了新的世界纪录。与此同时，所建立的机构拓扑图与机构的数字代码所具有的一一对应关系，为其后的机构数字化、智能化的综合打下了基础。

我十分自豪与骄傲，真是做到了为中国人在世界学术论坛取得了一席之地。一位英国教授说，在欧洲他们谈及机构学时说世界研究机构学有三大块，北美、欧洲以及中国。依此说法，中国有了三分天下占其一，这里我们燕大功不可没。

基于我 30 年在机构学上的成绩，国家基金会工程和材料学科在一次会议报告中给予我很高的评价，称我的研究是“机构学在中国的三个里程碑之一”。

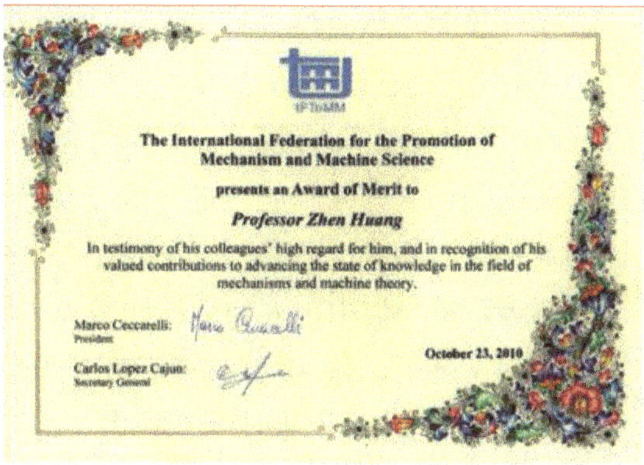
IFToMM

The International Federation for the Promotion of Mechanism and Machine Science

presents an Award of Merit to

Professor Zhen Huang

In testimony of his colleagues' high regard for him, and in recognition of his valued contributions to advancing the state of knowledge in the field of mechanisms and machine theory.

Marco Ceccarelli: President

Carlos Lopez Cajun: Secretary General

October 23, 2010

IFToMM 授予的卓越成就奖

2010 年国际机械学科综合基础方面的学术组织 IFToMM 授予我“卓越成就奖”（Award of Merit）。这是设奖以来第一位华人获此殊荣。

在张策教授的新著《机械动力学史》（高等教育出版社，2009）中写道：“20 世纪 90 年代初期，黄真率先在中国开始了并联机器人的研究。他提出了基于螺旋理论的自由度分析方法，解决了自 Chebyshev、Grübler 和 Kutzbach 以来困惑机构学界百余年的疑难问题；他还提出了少自由度并联机构的综合原理。”

张策老师从俄罗斯回来送给我的俄罗斯套娃

从我 46 岁在并联机器人领域起步到 70 多岁取得如此成绩，真就像一瓶醇酒，越酿越香；然而我想到毛主席的诗句：

俏也不争春
只把春来报。
待到山花烂漫时，
她在丛中笑。

四、在国际学术舞台上拼搏

我的梦想是中国繁荣昌盛，那年学校里难得的出国机会让我抓住了。1982年我初到美国时，对美国的发达感受最深的是“如长龙一样的两条灯光 ”。那次我和一位四川大学的老师我们两位访问学者一同从纽约乘灰狗巴士去俄亥俄州，我们晚上 8 点离开曼哈顿岛，当巴士通过华盛顿大桥向上爬那微微的拱形弧坡时，只见明亮的红白两色灯光排成无尽头的长龙，蜿蜒到天边。这是我第一次看到这么多的小汽车双向鱼贯而行，好壮观！当时在中国连北京天安门前的长安街上也还只是稀稀拉拉的几台公交车和解放牌卡车在跑。那一刻我深深地感到中国太落后了！中国需要奋起直追！

那时我们在美国每月有 340 美元的生活费（还要扣除交给大使馆的每月 20 元的医疗保险），我们省吃俭用，全身心地投入学习。周末两天都在办公室度过（除了花半天时间去超市买一周的食物）。我看到美国高度的现代化，看到中国与美国的巨大差距，强烈的时间紧迫感让我夜以继日地学习。台湾同学、美国朋友劝我不要这么紧张，问我为什么这样不要命，我说，我的祖国太落后了，不能再等，每一位中国人都会这样努力去做；再说我也比不了你们，我都 46 岁了，时间不多了！确实，其后我 30 年如一日，除了每年初一初二有拜年的来，我必须在家等着，其他时间我都是在燕山大学世纪楼 16 楼的办公室里度过的。

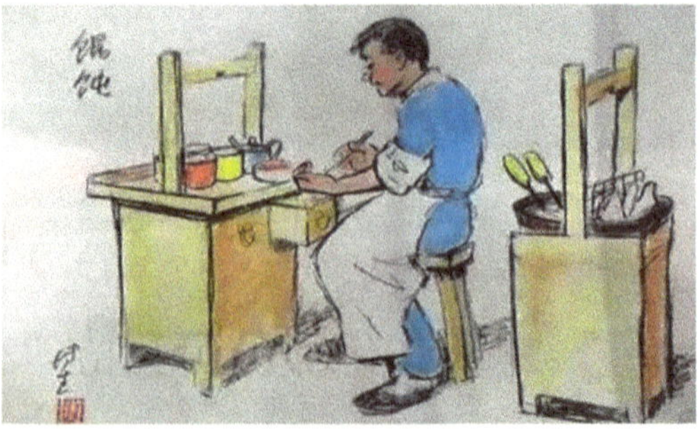

卖馄饨的小贩

我在大学学的是俄语，只是临出国到湖南大学学了一年英语。我们 6 位东重去学英语的老师住在同一间宿舍，每晚有小贩在楼下吆喝卖馄饨，我们学习之余一人买一碗，每碗只花两毛钱。

像我这样的英语水平在美国听课时一点儿也听不懂，好在老师发讲义，我就拿回去抱着字典抠。又由于有中国人的文化底蕴，让我理解得绝不比外国同学差。就这样我学到了前沿的科学知识，尤其是 Duffy 教授的讲解能让我得到启发、使我顿悟。这个启发和顿悟对我后来的研究真是大有裨益。

我所能做的事是，尽我的努力在学术上能使中国人在国际上占有一席之地，并使我的研究能为祖国服务。基础研究是无国界的，要在国际上评比。打开国门走出去，外面是陌生的世界和陌生的学术环境，怎么办？只有在“游泳中学习游泳”，对于不熟悉的国际环境自然也是经历许多曲折，也有许多教训。

如前所述，1982 年在佛罗里达大学参与研究“并联”机器人，这在当时确实是一个冷题目，十几年后它才成为国际上的热点，可基于对哲学的认识我能够在那时早早抓住机遇，让我的研究远远走在了前面。

1984 年临回国前我完成了三篇论文，是系统的关于并联机构的运动分析的文章。将原来仅用于串联机器人的运动影响系数发展应用到复杂的并联机构上，在国际上是第一次系统地分析并联机构的运动学问题，这项进展确实是不容易。学校要评职了，要文章，于是我就投了一个国际会议。有三篇国际会议文章，在当时的东重评职也就没有问题了。这其中两篇是十分重要的文章，直到今天，在我的由 Springer 出版社出版的《Theory of Parallel Mechanisms》书中，那两篇文章还被全文引用。

在 1987 年我们的一项建立 6/6-Stewart 机构 Jacobian 矩阵和其奇异的研究投稿国际期刊 MMT，可是审稿者认为“这样的研究以前已经有了”，从而文章被拒。后来得知此前那篇文章是 Fichter 于 1985 年发表的，他的研究是相对简单得多的 3/6-Stewart 机构，它的上下平台一个是三角形，一个是六边形，而我们的是 6/6-Stewart，上下都是六边形。搞机构学的都明白两者在机构学上的难度相差很大，后者当然是有重要价值的研究，应该可以发表。当时我初出茅庐，也没有名师指点，眼界也不高，还有点迷信洋人，觉得不同意发表就算了，现在想来，十分可惜。

2000 年，我去著名的英国剑桥大学参加学术会议。在我宣读完我的论文后，一位白发苍苍的老者立即举手说我讲得不对，并走上讲台在黑板上画出他的机构。当我看到后，心里却有了底。原来在此之前我写过一篇文章也投的是 MMT，文章也被拒。但那一次我没有低头，向编辑部表明了我不同意审稿意见的理由，可是编辑部仍然拒发了。此时，我一看到他画的图，马上知道当时的审稿者就是他！他提的问题我早就考虑过了，正确的应该是我。可是没等

我和戴建生先生在剑桥大学

我回答，另一位老者已经举手，主席请他先说。我心想反对意见还真不少。没想到他不是反对我反而是替我解释，并和这位审稿者辩论起来。会后，一位台湾教授告诉我，前者就是著名的权威教授××，他就喜欢给人挑错，这次他可挑错了。真是不要迷信洋人，不要迷信权威。当然这并不妨碍我们要向权威学习，确实他是我最敬重的学者之一，我前后曾花了数年认真读懂了他的经典著作（对于经典著作是应该认真细读的），并经常引用。

2001 年我的一位学生去美国做著名华裔教授 ×× 的访问学者，我也想借此认识和结交这位著名教授。就以“以文会友”方式，托他带去在国内普遍受欢迎的我的著作《并联机构理论与控制》一书，赠予该教授。可是好长时间没有音信，后来我一打听，原来那位教授没看，还说不认识简体字。这么冷淡！原来是不认识简体字。我想这绝不是“简体字”的问题，看来他是看不起这本大陆出版、印刷装帧又差的出版物，又或许可能不相信大陆人的书有什么学术价值……

在 2000 年，我参加了美国 ASME 年会，会上我宣读了我们的一个新机构。2001 年某天我突然收到一封由美国 ×× 大学那位华裔教授发来的邮件，他告诉我 2000 年我们宣读的机构是他先发明的。我想，他发表的论文我们应该是都看到了，没有那个机构啊！问他，他回信说是在他的专利里面，果然他的专利中有；他还再一次来函告诉我，下次再发表文章时一定要补充说明那个机构是他先发明的。我还能说什么，什么也别说啦，这里只有第一，没有第二。2002 年 ASME 会议上我们和这位教授却无独有偶地分在同一小组。他先讲，他打出一张图片，画的就是那个机构，标注出“2000 Huang，1996 ××”，如此表述所暗藏的意思是很明白的，会上他接着又介绍了一个 3 自由度机构。接着轮到我们宣讲时，我们也打出了事先准备好的 PPT，当然也打出了那个机构，应承诺注明了“1996 ××”。不过那次我们宣讲的却是那时一般都认为不可能有的 4、5 自由度对称的并联机构，这是首次发明出自由度为 4 及 5 的对称并联机构。这次我们领先了。这里也就真是“只有第一，没有第二”，在这一点上，可以说，没想到学术界的竞争也是这么的尖锐与无情。

2007 年在机构拓扑学的研究中我们提出一种新方法，宣称可以判别任何数目的运动链同构问题。该文投稿 MMT，审稿者对文章的逻辑提不出什么问题，但说，给你出个难题吧，你们能解出就给你们发表。当时国际上只判断过 14 杆机构，他给出的是 28 杆！这是当时任何其他方法都无法完成的任务。我们接到信后第二天就解出来了，文章也就顺利得到发表。

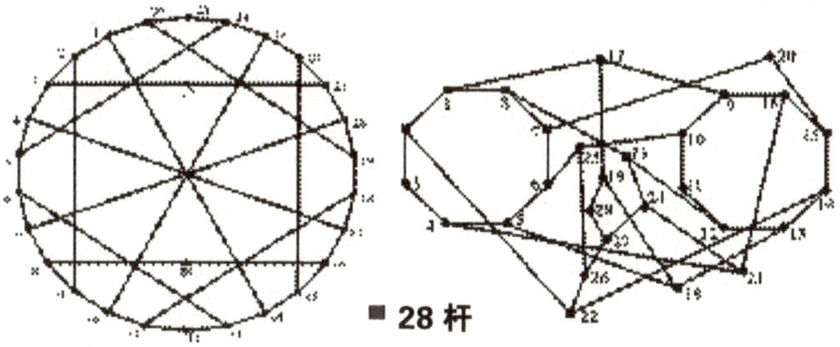

MMT 编辑出的考题：如何判断这两个 28 个节点的拓扑图是否同构

Duffy 教授是一位在机构学领域作出卓越贡献的科学家，他一生从事学术研究，作风朴实，勤勤恳恳，学风严谨，取得了许多成绩，包括在螺旋理论、单环空间机构学等许多方面。特别是在向机构学的“珠穆朗玛问题”这一历史性疑难问题的进军上，他做了大量基础性的铺垫工作，但可惜在最后攀顶之时他却没能成功。可喜的是，我国学者梁崇高教授和他的两位弟子在 Duffy 的基础上最终攀顶。在祝贺梁崇高和他的弟子的同时，不能忘却 Duffy 的贡献。我于 1982 年在美国佛罗里达大学有幸聆听了 Duffy 的 20 来个学时的螺旋理论研究生课程，Duffy 深入浅出的螺旋理论课堂讲解，使我很容易就抓住螺旋理论的精髓，并感受到螺旋理论的美妙，还让我有所顿悟。可惜当时的讲义 Duffy 本人并未出版；在螺旋理论方面大家最常引用的却是 Hunt 的那本书，然而由于其语言的晦涩，让读者如坠烟海，甚至让人望而却步。回过头来看，如果当时让我先看 Hunt 的那本书，肯定难以产生顿悟，且相信那时我未必会继续沿螺旋理论再向前走。

有人说 Duffy 在学术上有失误，确实如此，他自己也坦然承认。失误在科学的发展史上并不奇怪，有没有人一辈子没有说过错话？甚至有人列举出大师爱因斯坦说过的至少二十次错话。可是，我们关心、要继承和发扬的却是所有前人正确的思想和理论，这样才能真正站在巨人肩上再向上攀爬。我的那一部论证自由度原理的普适性的著作能够在聆听 Duffy 教诲的 30 年后出版，在此我还是要再次表示对 Duffy 教授深深的敬意。在天津举行的 IFToMM 学术大会上我做的那个主旨发言，我引证中国一句古话，“一日为师，终身为父”。这个中国人的尊师重教的传统情怀，曾让在场的国际友人十分感动。

许多人感受到中国学术界中存在严重的腐败，盲目向往西方的学术环境。其实学术上存在的这些学术不端行为全世界哪里都有。例如不时可以看到某个教授担任了某个国际学术期刊的总编，他每年发表文章的总数就能够突然显著地增加。你再看看《数学恩仇录》一书，其中记录了历史上许许多多数学权威之间的恩仇的故事，甚至包括了鼎鼎大名的牛顿等人。所以我们年轻朋友一定不要幻想存在一个一尘不染的环境，你们要准备承受压力，要像黄山上的青松一样能够从石头缝中倔强地生长出来！

黄山上的青松

五、要树立科学精神，学会科学思维

1. 要有科学精神

科学救国，科学技术是第一生产力，我们首先要有科学精神。什么是科学精神呢？科学精神首先就是不要保守，如前所说，我自己开始也是很保守的，老强调自己年纪大，强调东重是小学校，后来事实证明这些想法都是错误的，是保守的思想，所以我们年轻人更不要保守。第二，要敢于创新，敢为人先。我们要尊敬师长，尊敬书本，尊敬权威，要虚心地向他们学习。但这并不等于迷信老师，迷信书本，迷信权威，迷信洋人。要大胆思考、大胆提问，要提倡打破砂锅问到底的精神。第三，要有不屈不挠的精神。大家都知道，科学研究必定不会一帆风顺的，所以我们每一个人都要有思想准备，准备经历百折而不回，要有终身努力的献身精神。第四，要拒绝学术不端，坚持学术严谨和实事求是的学术风气等。总之我体会科学精神集中概括起来就是前面提到的八个字：

“追求真理，实事求是”。

我们有心从事科学研究的人，一定要坚守这八个字。从事科学研究的人若没有了科学精神，以金钱官位为努力方向那是非常可悲的！还要说明一点，这里说“追求真理”而不是“服从真理”，是因为追求体现的是动态，我们要去努力，不断地努力；后面的四个字“实事求是”，它本身即包括在前四个字中，这里再说一遍是为了要特殊地强调，强调我们做科学研究必须是有一说一，有二说二，实实在在；而且特别强调不能夸大，更要反对弄虚作假、无中生有等非科学的态度。

2. 要掌握科学的思维方法

我认为科学的思维方法包括两个部分：创新思维和辩证思维。

创新思维中首先包括要养成爱思考的习惯，勤思考才能有悟性，才能启发出灵感；思考的路子要宽广，除了一般的正向思维外，还要有侧向思维、反向思维，思维要呈立体的，如仙人球的芒刺一样全方位指向；而思考时要多联想，当年联想集团有一句一语双关的广告语十分有道理，那就是“如果没有联想，世界将会怎样？！”确实，在科学研究中，创新的火花、灵感就常常是在联想时出现。思维还可以分为发散性思维和收敛性思维，前面说的仙人球的芒刺形思维是发散性的，而收敛性的思维也是非常必要的，我们做研究取得了成果，这并不能说事情就完了，我们一定要把认识上升到理性，上升到理论，这就是思维的收敛性；再就是思维活动时要高低结合，远近结合，站得高才能看得远，才能正确把握研究的方向，并且在科学研究的过程中经常要高低结合、远近结合，不是等研究末了再进行高低结合。最后还有一种思维活动就是形象思维和抽象思维结合，这样常常会加速你的研究。关于科学的思维方法的论著很多，这里不再更多地展开。

辩证思维当然也是我们认识世界和改造世界的有力武器，对开展科学研究同样有重要的意义。辩证思维包括：

对立统一观点和一分为二的观点，这一观点常常能够使认识入木三分。例如，前面提到的为什么我能够在并联机器人成为热点之前的十来年就抓住了这个方向，取得重要的先机，就是哲学让我在这件事中获益匪浅；关于感性认识和理性认识的辩证关系，关于普遍性与特殊性关系的认识，这些辩证关系使我们在研究具体问题时不忘如何去寻找其表面现象背后普遍的客观规律和如何用普遍规律指导我们的具体研究；哲学中的主要矛盾理论，它告诉我们在众多矛盾中要学会抓住主要矛盾，告诉我们如何去处理研究中的众多矛盾；认识论中对于人类认识的无限性的论断，对我们做研究工作的人更加重要，可以让我们确信为什么这种已经有数百年历史的机构学仍旧会不断地发展，会不断地有新问题出现，我们要不断努力去抓住这些新问题，抓住机会迎接挑战。有许多人认为机构学已经有数百年的历史，发展到头了，从而放弃了努力，这个观点是十分错误的，它会让我们裹步不前。

六、蓝色的中国梦

美国前驻华大使骆家辉被称为是一个实现美国梦的范本。原来他的爷爷从广东台山移民到美国华盛顿州，给距离州长官邸一英里的一个白人家庭当佣人。谁想到100年后，骆家辉会成为华盛顿州州长，住进了那个州长官邸。骆家辉骄傲地说："我的家族用100年，走完了这一英里路。"他成为州长，这事是华人中的一个成功案例，确实可贺。

骆家辉曾被美国任命为驻华大使来到北京，当时许多"精英人士"炒作这件事，他们说："倘若骆家辉生在中国，他又会有一个怎样的梦呢？"还说，"在中国，具有和骆家辉一样优秀禀赋的人才一定很多，但是最后能获得和骆家辉一样成功的人一定不多，这是制度的区别！美国梦与中国梦就此分野！"试问，上面这一段话有道理吗？

这里且不说骆家辉在中国都做了些什么事，也不去评价。单看看在中国，最普通的人是否可能经过自己努力也能获得成功呢？事实是成功的事例比比皆是。仅从我的学生中看看。我有一位研究生，他家在苏北农村，是最贫穷的地方。毕业后他到了国有大企业第一重型机械厂，在锻压科做最普通的设计师，由于他努力认真，工作出色，几年后提升到企业高层。但他发现，这么好的企业，有这么多全国最一流的装备，为什么还连年亏损？他深入各个车间一个个地调研、分析，终于把企业扭亏为盈，走上健康发展之路。他后来成了中国第一重型机械集团公司的领导人。不用说远了，这就是我身边的一个成功案例。中国从落后到今天成为较发达国家的这个过程中，不知有多少类似这样的由中国教育培养出来的知识分子，他们为国家作出了杰出的贡献。

我深深理解什么是"国家兴亡，匹夫有责"。从小我就有一个梦想，我要为中国不再受辱、为祖国的强盛去努力。中华民族的5000年历史让他的子孙对自己充满了自信，即使在那最屈辱的受日本侵略最苦难的年代，还是那么自

与李教授夫妇在郑成功塑像前

信。你看连那么多小孩也满腔热情地唱着抗日歌曲，怀着祖国强盛的梦想。如前面所说，1953 年我中学毕业时正值国家第一个五年计划时期，我就从南方跑到哈尔滨，当时许多青年都是这样，好男儿志在四方嘛。我们班有一多半来自南方，建设祖国就是这么一大批青年的梦想。毕业后我 50 年如一日，就是为了中国人在国际学术界能有一席之地。2010 年我去台湾参加会议，会后李聪庆教授邀请我访问高雄。途中李突然问我："你是共产党员吗？你为什么要入党？"我答："我愿意为人民服务！我要建设一个强大的祖国！"

再看看农民有什么梦想，老百姓有怎样的梦想。从我的学生的名字上就可以看出，有起名荣国的、建国的，他们的父母希望他们能为国争光；有起名叫达幸的、生富的，作为农民的父母希望他们长大后能够获得幸福；还有个起名叫力改的女生，她父母是希望她能够努力改变家庭面貌，走向幸福。这些学生毕业后，有了好的工作，把他们的父母从乡下接到了城里，买了房买了车。再问问那些在成都的看歼 -20 的"爬墙党"，问问在大连看瓦良格的军迷们，他们大家的梦想是什么？

功勋大师钱学森、钱三强、李四光、邓稼先、华罗庚等，以及那个年代 2500 多名旅居海外的留学人员回归祖国，他们的梦想是什么？为什么他们放弃国外的优厚待遇？为什么他们明知要受苦，却要去奋斗？他们的梦想就是"祖国强盛"。

1958 年 8 月的那个夜晚，月朗星稀，邓稼先夜不能寐。中午前，原子能所所长钱三强把他叫到办公室说："稼先同志，国家要放一个'炮仗'，调你去做这项工作，怎样？"这位美国普渡大学核物理博士立刻明白国家要造原子弹。一阵惊喜从心间涌起，自己苦苦求学，不就是为了这一天吗？可是造原子弹是一个庞大、复杂的工程。"我行吗？"他想到了当年是清华大学哲学系教授的父亲邓以蛰，父亲曾深情而坚定地对他说："稼儿，以后你一定要学科学，不要像我这样学文。学科学对国家更有用。""今天，国家就要用我了，我岂能辜负！"

从康有为、梁启超、林则徐、谭嗣同、孙中山、蔡元培、章太炎、黄兴，到李大钊、蔡和森、方志敏、叶挺、左权和在奋斗中牺牲的千千万万烈士。他们的梦想是什么？他们志在改变中国，他们前仆后继，奋勇向前。

几代中国人的梦想归根到底一句话："中国要繁荣昌盛。"这是一个美好的梦，一个令人向往的梦，一个让人引起遐想的梦，一个光芒耀眼的梦，一个蓝色的梦。它是十几亿中国人的一个伟大的梦！

十几亿中国人的伟大的梦想正在一步步实现！然而严峻挑战还依然存在，机遇也正与挑战并存，老一辈的钱学森等功勋人士也已逝去，我们这一代也都人近黄昏，几代人的奋斗已是过去，这个继续奋斗的任务就落在青年们的肩上。希望后辈们能面临挑战，抓住机遇！

结束的话

最后，请允许我以《论机构自由度》一书前言中的一段话，作为本文的结尾：

经过几年的努力这本书终于要完稿了，站在16楼博导室的窗前，凝神远眺——越过绿地红瓦，越过不远处荡漾着那波光粼粼的不断变换着颜色的蔚蓝大海，依稀中可以看到佐世保的导弹驱逐舰，在穿过云蒸雾绕的太平洋，那插着"好莱坞"牌子的青山在更深处若隐若现……我心潮澎湃：还不到一个人一生的短暂时间，世界变化就这么大。儿时经历的天天轰炸、飞机扫射、举家逃难的悲惨遭遇都不会再有，几代人的梦想已现端倪，中国人以自己的方式终于走上了一条康庄大道！

五千年的文明史让中国人即使在那苦难的年代仍然坚强自信，这自信必将让中华文明再次崛起并发扬光大。本书的完成算是一个小小的贡献，相信不会很久中国人对世界会作出更大的贡献。

我的大学时代①

（2012年2月1日）

抗日战争胜利后，父亲应聘到衡阳粤汉铁路局当工程师，那时我11岁，就在衡阳铁路办的扶轮中学上了初中。到1949年的10月初衡阳才获得解放。大家欢欣鼓舞，迎接解放。不久抗美援朝战争开始，我校许多同学报名参军，我也报了名，由于年龄小没有被录取。我班不少同学参军去了前线，还有几位女同学当了中国第一批女飞行员。

中学时代我真是稀里糊涂过去的，成天玩，1953年17岁时中学毕业。大学的统一考试在衡阳市第一中学进行，我们铁路中学在湘江东岸的“苗圃”，而市一中在西岸市内，我们同学就集中住到市内。由于铁路中学的学生来自全国各地，在校内大家都是说普通话，而第一中学他们全是说衡阳的方言。食堂8人一桌，我清楚地记得天天一桌就只有一盘辣椒炒大葱！我最喜欢的却是大锅饭里的锅巴，柴火烤出的锅巴特别的香脆！每顿饭我都早早去食堂就为能抢到锅巴。到大学考试发榜时，我们到处找那天的《人民日报》（1953年那年的大学考试是在《人民日报》上发榜的）。在报纸上好不容易找到了我的名字，“黄真，哈尔滨工业大学”，这正是我的第一志愿。后来知道在《人民日报》上发榜那是唯一的一次，我们许多同届的同学都珍藏了那天的报纸。

之所以把第一志愿选定哈工大，那是考虑到要建设新中国。1953年国家开始了第一个五年计划，重点在东北，要建设国家的重工业。在经历了一百多年被帝国主义侵略蹂躏、瓜分掠夺之后，一穷二白的中国连最简单的工业也没有，只能生产火柴，只能把麦子磨成面，高等教育当然也十分落后。建设新中国的“第一个五年计划”，这是多么鼓舞人心的壮举！成为强大的国家哪还会再次被蹂躏？那时五年计划的重点选在东北，要建设东北。抗美援朝后，苏联作

① 本文曾发表于《哈工大人》2012年总第17辑上。

出一个重大决定，几乎把全套工业体系低价给了我国，这就是我国新中国成立初期的156个重大引进项目，其中包括航空工业，尤其是沈阳飞机制造厂，米格17、米格19、米格21的生产线。

正在此时，哈尔滨工业大学也被确定为学习苏联的重点高校，它的一大批教授都请自苏联，教材就选用苏联教材，教学仪器、实验设备也是哈工大高铁副校长带队去苏联采购的。这样一下子就把中国的高等教育提升到一个全新的高度。不仅苏联教授直接为哈工大的学生讲课，而且全国许多主要高校包括北大、清华的优秀青年教师，也同时被选送到哈工大，让苏联教授指导并进一步培养。这种情况下全国的年轻人都向往哈工大，这是很自然的期盼。我们班30多名同学大部分来自南方，有北京、上海、浙江、江西、湖南、四川、广东等，从五湖四海走到一起来了。

我家在衡阳，从衡阳去哈尔滨要坐四天三夜火车，火车本身走得慢不说，由于那时长江上一座桥也没有，火车要分解为一段一段地坐着船过江，又要等许久。而且那时去哈尔滨没有直通车票，要一段一段地买。10月初的一天傍晚八点多火车才到哈尔滨站，出站我遇到了同车的几位同学，大家一起汇集到哈工大接站的大旗下等着汽车来接我们。我们看到夜幕下哈尔滨站前熙熙攘攘的人群，叮叮当当来往的有轨电车，看到耸立在站前的苏军纪念塔。那天我们真没有少等，直到快到10点，大卡车才来。这时候已经深夜，虽然车来得晚，我还是很兴奋，汽车爬上坡拐弯到了南岗，路途中来接我们的老师一边指点一边骄傲地告诉我们，哈尔滨是个美丽的城市，是“东方的莫斯科”。他指着黑暗中具有多个尖顶的圆形建筑说，这是俄国人留下的喇嘛台，是哈尔滨著名的地标。我觉得好新鲜，在马路中心的大转盘里，一个个错落有致的圆锥形的尖顶的教堂。汽车沿着大直街一直向西，接着看到的是哈工大的教学楼，虽然已近深夜，路上许多人家已关了灯，但这座西式建筑在黑暗中看起来仍然是好有气派和壮观！往前走不远，老师又告诉我们，这是正在建的哈工大机械楼和电机楼，看到哈工大的这些楼我心里好高兴。再继续往西走，大楼没有了，能看到的都是分布在树丛中零散的小平房，周围更暗，只有稀稀落落的路灯在深秋的寒风中闪烁晃动。最后，汽车在一排排简陋的小土房中间停了下来。到了，这就是等待我们的哈工大。我们被带到一间小房子前，提着行李推开门，屋里一股热气扑面而来，原来一进门是个火墙，转向屋内，屋子不大，火墙里面直接连着的是火炕。这就是我们第一年里学习和生活的地方——沙曼屯。沙曼屯确实如其名字，因为已经处于城郊，没有高楼遮挡，刮起风来漫天黄沙，初来东北还真不习惯，走路眼睛被迷，沙粒还打着脸皮。

在哈工大我们是六年制，要先读一年的预科，那是为了准备听苏联教授讲课而专门学习俄语。后来得知教授只给高年级上课，我们的下一届就取消了学俄文的预科改为五年制。沙曼屯就是预科的地址，在大直街的西南方向。教我们俄语的老师是俄罗斯人，很年轻，听说是苏联十月革命时跑到中国的白俄的后代。在我们转本科不久，他和许多俄罗斯人都移居澳大利亚去了。当然，作为我们的老师，教了我们一年的俄语，我对他有着清晰的印象，至今仍然十分怀念他。

进了大学，老师先领我们参观整个学校，首先去到那晚最先看到的那所“壮观的大楼”，哈工大的建筑系就设在那里。这是1920年的建筑，希腊陶立克式挺拔的立柱上刻着匀称的凹槽，中段柔美的墙饰与底层阳刚厚重的基础形成对比。这西式建筑的室内也都气派，宽大的走廊都能开汽车！我们参观了教室，看到了能容纳500人听课的大教室；参观了实验室，还看到在实验室工作的苏联专家。中午我们新生就在大楼底层大厅吃的“午餐”，每人分到一大块“列巴”外加一段哈尔滨红肠。后来得知这“列巴”就是俄罗斯人习惯吃的“面包”，它足有枕头大小，圆圆的，一个就有好几斤重。当时我真是吃不惯，酸酸的。可后来我倒是十分喜欢它，当有人要从哈尔滨来，问我要带点什么东西时，我都会说“秋林大列巴！”

哈尔滨这东方莫斯科，名不虚传。首先这里有许许多多的俄罗斯人，那时当你坐上任何一辆有轨电车，必定都可以看到同行的俄罗斯人，有胖胖的俄罗斯老太太，戴着礼帽的俄罗斯老头。哈尔滨还有一家特殊的商店叫秋林公司，是俄罗斯人经营的，店员全部是俄罗斯小姐，穿着高雅洁白的制服，她们都会说汉语普通话，我们看了觉得很稀奇。刚到哈尔滨时我和同时从南方来的一位同学去逛了几次秋林，看到有一个柜台是专门卖啤酒的，那里常有几位俄罗斯老头站在柜台边喝酒。我们想，也来尝尝俄罗斯啤酒是什么味吧！我们要了一杯，一人仅仅尝了一口就都不想再喝了，“这是什么味？！”

哈尔滨保留了大量的俄罗斯风格的建筑，有坐落在道里中央大街的典型的巴洛克经典建筑，它深红色的阁楼造型生动，有着孟沙式的屋顶和半圆形的穹窿；圣·索菲亚东正教教堂是拜占庭式的建筑；有松花江边的俄罗斯建筑小品——江畔餐厅；哈尔滨最高的地段是南岗区的大直街，它有哈尔滨的“龙脉”

之称，在南岗中心广场有最负盛名的哈尔滨地标性建筑——东正教圣·尼古拉教堂，就是我到哈尔滨第一天晚上看到的那个“喇嘛台”。

哈尔滨地标喇嘛台

古色古香的喇嘛台教堂建筑很有特点，它建于1899年，全木质结构，墙壁用圆木叠成，都是靠木锲连接，没有使用一个铁钉。据说教堂的设计是在俄国圣彼得堡完成，并经沙皇尼古拉二世批准，故以沙皇的名字命名。小说《夜幕下的哈尔滨》中多次提到了这个喇嘛台，可惜的是“文革”中被红卫兵一夜之间拆除干净。“喇嘛台”是最有代表性、最有特色的也是最美丽的建筑，它也是最让哈尔滨人怀念的，连我这个外来的学生也特别怀念。哈尔滨人几次动议要重建，但没有被通过。其实想想也是，恢复这个俄罗斯建筑也真没有什么充足的理由。那时每到星期日俄罗斯人就在这喇嘛台里做礼拜，教堂是开放的，我十分好奇，曾经进去参观过几回。在门口，一位面善的俄国老太太在每一位进来的中国人的脸部用手比画出一个“十”字，我们要遵从她的要求脱掉帽子，不再出声。屋里比较暗，点着许多蜡烛，窄长的一个个窗户上镶着红色、黄色、绿色的玻璃，玻璃上还有美丽的图案和我不知道的宗教故事，太阳光从窗户射进来变得十分昏暗，落到地上也是红色、黄色、绿色，这一切都使人觉得神秘并肃然起敬。台上的“牧师”穿着大道袍，戴着大高帽，口中念念有词。不时，做祷告的信徒们还唱起宗教的赞歌。我们在一边静静地听着，观察、领会异乡的风俗。

一年后，进入本科时，因国家急需机械方面人才，包括我们的一批同学从建筑系被调到了机械系。机械楼建成了，在河沟街的学生宿舍也盖好了，我们告别小土房，告别沙曼屯，搬进了宿舍大楼。那个年代，学生食堂的饭菜都特便宜，像什么熘肉段、熘虾段，每盘才要一毛二分钱！我们宿舍后面就是大体育场，有篮球场、足球场，还有400米的跑道。我们的寝室在一楼，常常我们就从后窗直接跳到体育场去玩。体育场的后面就是哈尔滨公园，那是很大的一个公园，它还是哈尔滨林学院的植物园。我非常喜欢观赏植物，所以常常去那里。班级里还有课外活动小组，根据自己兴趣报名参加，我参加过京剧小组。

我们班有一位从沈阳二中来的同学，他爱好京剧，就组织了京剧小组，我报了名，也学一些像什么《空城计》《借东风》《劝千岁》等一些剧目，至今还能哼唱两句。我还参加过摩托车小组，报名的人很多，我有幸被录取，学了一段时间就能够在大体育场中驾驶摩托车钻火圈、过跷跷板，追风掣电，真是非常风光。哈尔滨的冰雪期一年有好几个月。南方人初来东北，都非常喜欢这冬天的冰雪。第一个冬天，同学们去道里松花江边玩，大江整个被封冻住，老远就看见几十米高的溜冰台，勇敢的人们从上面以极快的速度呼啸着直冲到几千米外的江心。在冰雪封冻的江面上，许多人在上面行走、戏耍、玩狗拉爬犁。我们也走上冰面，不经意地看着远处，脚下冰雪吱吱地响。最使我难忘的是，当时走到江中心的一个地方，一低头我突然受到惊吓，“不好，掉下去了！”刚说完，再仔细一看，原来脚下的如饭桌大小的一块冰完全透明，可以直接看到下面流动的蓝绿色江水。后来去加拿大在渥太华也有过这样的经历，在它的国会大厦塔楼顶部有一块玻璃地板，可以直视下面数百米的空间，不注意走到这里也会被吓着。我特喜欢滑冰，爱好花样滑冰，也真学会了几招，正滑、倒滑不用说，还会滑圆圈，滑正反 8 字……记得那时好几个元旦、除夕，我都是在冰场上度过的。夏天，我们去松花江划船，在大江中划船非常锻炼臂力，在大江的急流中掌握方向是很不容易的，我把学过的力学知识也都用上了。那真是“到中流击水，浪遏飞舟”。我们还常登上太阳岛去玩，写到这里不禁令我想起后来郑绪岚深情演唱的歌曲《太阳岛上》：

明媚的夏日里天空多么晴朗，
美丽的太阳岛多么令人神往。
带着垂钓渔竿，
带着露营的篷帐，
我们来到了太阳岛上。
……

我上大学那时是中苏“蜜月期”，苏联无私援助了中国第一个五年计划的156个项目。在哈工大，苏联教授教中国学生，带中国研究生，中国学生和苏联教授之间的友谊也确实延续至今，现在燕大的老教师去俄罗斯时，还常去拜访过去在哈工大工作过的那些老教授。我在那时学会了好多中文、俄文的苏联歌曲，当时流行的几乎都会，“红梅花儿开在野外小河旁……”，“Далеко-далеко, где кочуют туманы, ……”，还有：

共青团员们集合起来踏上征途，
万众一心保卫国家，
我们再见吧亲爱的妈妈，
请你吻别你的儿子吧！
再见吧，妈妈！
别难过，莫悲伤，
祝福我们一路平安吧！
……

至今每每唱起这些歌曲还都是思绪万千，热泪盈眶。我还爱看苏联的小说，像《钢铁是怎样炼成的》《卓雅和苏拉的故事》等等。

那时我还常去土木系大楼看篮球比赛，大楼一楼有室内篮球场，还可以舒服地从二楼往下观看。哈工大的篮球队是很不错的，甚至有国家队的队员，著名球员谭以津曾代表中国参加过世界青年联欢节的篮球赛，他能精彩地单人运球连穿三四个人直插篮下，得到了许多喝彩和经久的掌声。冬天时还经常在那个室内球场放电影，除有我们很喜欢的苏联电影外，还放映过印度的《拉兹之歌》，其中的爱情歌曲和恋情故事给我留下深深的印象。

1957 年松花江发生特大洪水，我们大学生暑期被留下去抗洪。大学生精力正足，带头的共青团员们更是扛起硕大的麻袋飞跑在堤坝上。我们也真能吃，比拳头还大许多的肉包子一吃就是八九个。后来每每回到哈尔滨都要到道外江边看看为纪念那次抗洪修建的纪念塔。一到那里就想起为保卫哈尔滨，与哈尔滨人民一起艰苦奋战的日日夜夜。说到这里，再看看当今的抗洪，是无数的大型机械发挥主要作用，那时却是完全依靠人力，锹挖肩扛，真是不可同日而语。还有一次活动是支援秋收，1958 年农作物大丰收，但天气突变，农村劳力不够来不及收获，于是动员我们大学生去支援拔萝卜。记得那天我们半夜集合，坐了一段火车到了五常，大家摸着黑排着队，一个跟一个走了好一段路，最后很好地完成了任务回来。

大学本科时，我们在新建的机械楼上课，机械工艺系五个班的同学一起在同一个大阶梯教室上课。我喜欢早点去坐在前面。在哈工大上课都要记笔记，老师讲课时也照顾学生做笔记，留下记笔记的时间。那时我们用的教材或者是按苏联教材改编的版本或者直接就是当时苏联的教材，如六大本的斯米尔洛夫的《高等数学》，那真是非常好的一套教科书，它内容丰富、系统，说理透彻，

看到防洪纪念塔就会想起那奋战的日日夜夜

逻辑严谨。现在看来，有如此丰富严谨的基础课教材，正是当时苏联可以在科学技术上这么快就能追赶上西方发达国家的原因之一。那时的那些哈工大教材，经过全国送来在哈工大培养的研究生带回到全国各个高校，成为它们的教材，甚至后来许多成了全国采用的通用教材，如著名的西北工业大学编的《机械零件》，就是在当时我们用过的讲义的基础上修订的。当时上课是由主讲老师讲课，每位主讲老师还配有助教，助教起到辅导作用，包括上习题课和答疑，有时主讲老师也来答疑。我总是充分利用找老师答疑的机会来解决我的疑难问题。

关于怎么记笔记，我记得有高年级同学给我们介绍过学习经验。他们说，你们的笔记本每页要画上一道竖线，将每页分成大小两部分，面积大的部分记课堂笔记，那一小条空白作为预留，以便后来在复习时可以记下你们的心得体会。

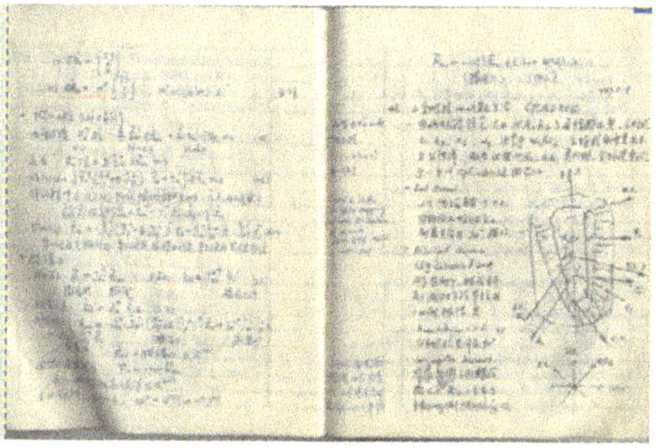

笔记本的布置

我的高等数学、物理、化学等等一直到五年级的课程都是这样做的笔记。我感到这种记笔记的方法非常好。首先，对于听课或复习时遇到的困难、问题，在经过思考或答疑或参看教材、参考书后，在弄明白和加深理解之后，对应的道理就在笔记本相应的地方记下；第二，平常在每次上课后的复习时对上课内容进一步思考，并记下自己的感想及体会；第三，平时及考试复习时，你要前后翻阅笔记检查和思索，在前面的理论部分要注明它在后面什么地方有应用，在后面的应用处要注明，它依据前面什么地方的理论。这样做的好处是，前后的这些注解可以起到对知识的前呼后应，使你对整个理论前后达到“融会贯通”，也就是能够把各个部分的理论和知识融会合成一整体，使你得到全面透彻的理解和更深刻的掌握。考试前复习时，这些注解又可以帮助你理解复习内容。后来我在读书、读文献时都做笔记，笔记本也都预留空白，这是一个很好的学习方法，我还一直保持这样去做笔记的习惯。我的几本著作的许多内容，都是依据我的许多笔记慢慢汇集起来的。

哈工大检验学生的成绩是很严格的，采取通过考试和考查两种形式，每学期总有 3 ～ 4 门重要的课要考试，对于不太重要的课就采取考查的形式，像数学的课后作业、物理的实验课都是考查，考查结果只分通过和不通过。考试实行口试和五分制。口试题目采取抽签方式，每个签有三个问题，其中一个是理论题，为主题，一个是计算题，另一个则是其他任何可能的问题。第一批 10 个学生进入考场，每人拿到题单之后给你 30 ～ 40 分钟准备。口试中不发生任何错误就得 5 分，是最高分，若其中只要有一道题完全错误则为 2 分，为不及格。在口试结束时老师当场就给出评分，记载于每个学生的“记分册”中，并予以签字认定。其后的学生是出去一个进来一个，一个个地依次进入考场。考试时学生真是十分紧张，等着进去的都站在门外，每出来一个都跑过去围着问，想了解一下主考老师都问了什么问题，哪个老师厉害。那时我的高等数学是王泽汉老师教的，物理是马祖光老师，化学是周定老师，理论力学是陶城老师，材料力学是赵九江老师，机械原理是孙序梁老师，零件是黄镶洪老师，等等，他们都是著名的老师，有的后来还成了院士。我的记分册上都有他们的签名，这真是弥足珍贵的记录。

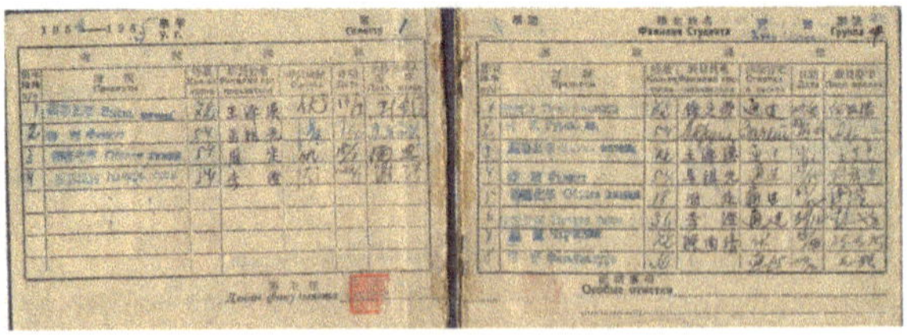

当时哈工大的记分册

哈工大的教育是严格的，这可以从哈工大校训“规格严格，功夫到家”所体现出来。“规格严格”就是高标准、严要求，“功夫到家”是追求卓越、做到最好。“追求卓越”这个哈工大精神让它长盛不衰！

在哈工大，为了让学生准备每学期的考试，都给留出一周左右的复习时间，让学生自己复习，同时老师给予答疑。我把每次的复习时间分为三段，每门课都要复习三遍。第一遍复习自己要安排最长的时间，要求对全部授课内容从头至尾仔细认真复习一遍，这一遍特别注意要不留死角，还要对应地演习老师所留的作业。有了问题可以查看教材，或是找老师答疑解决。这里首先要能够概括出课程的体系大纲，以掌握课程体系和课程的逻辑系统；还要进一步熟悉那些前后呼应的关系，以使你对课程内容进一步融会贯通。完成上述这几件事是复习时最重要的一步。我从不押题，不图侥幸。这次复习要记录下课程的体系大纲以及复习中的难点和仍存在的疑问，第一遍复习的记录能有 5 ～ 6 页纸吧。第二遍复习时除仍普遍复习外，要更深入地认识理解课程的体系大纲和逻辑系统。这一遍复习是有重点的，着重复习的是第一遍所记录的那些困难问题、要克服的那些难点，第二遍也做笔记，这次笔记就减少到 3 ～ 4 页了。最后的一遍复习就更快了，时间最短，重点就是那 3 ～ 4 页纸，应该说到这时难题都已解决，这次仅记录下需要记忆的公式和难点，记录纸也就只有不到一页吧。到此时可以说是真正掌握了课程体系和全部学习内容，而且前后融会贯通。都说书会越念越薄，我就是这样达到使书越念越薄的！一大堆书都提纲絜领，融会贯通在你的脑子里了，这就是我的三段复习方法。

这样复习就复习了所学课程的全部内容，没有遗漏，也不用押题。许多人在临考时不知道要看什么，一大堆的书，一大堆的习题，无从下手。按我的方法，临考前你只要复习那最后的一张纸，自然是方便有效。这一张纸上都是难记的数学公式、化学分子式、物理常数，只要看上一眼都对你有帮助。这就是我自己思考总结形成的学习方法。20 多年后为应对出国考试，短短几天的复习我就是采取这个方法，也还真有效。我也曾把这种方法介绍给一些年轻朋友，他们的反映也很正面。这个方法并不只是应对考试，更加重要的是，它是一种十分好的能够全面掌握课程、掌握知识的学习方法。我愿将它介绍给年轻朋友，希望大家都能够更好地掌握大学学习过的课程。

我是爱提问的，不仅有直接与课程相关的内容，也有不太相关的问题。有了问题除翻阅参考书外，也爱问老师，常常一路问去，追问到底。什么是“到底”？或者是我真的明白了，完全理解了课程的内容，或者是问得连老师也出现答不出来的苗头，这时就不要再盯住不放地追问，伤了老师不好。那时在大学里就是这样养成了爱提问的习惯，不论学什么，听什么，看什么，总爱提问，总爱刨根问底。结婚后，跟老伴说话也这样习惯地爱刨根问底，常常弄得老伴很不高兴。可是，这个习惯对我却大有裨益。由于经常在答疑时抠到老师都答不上来，这使我明白权威的老师并不都掌握真理，中国人编的教材也好，洋人编的权威教科书也好，都没有说尽真理。这让我后来从不迷信书本、不迷信权威、不迷信洋人，敢于挑战书本，挑战权威，挑战洋人，让我有了追求真理的强烈愿望和敢于推出新的创造性研究的勇气。

我在大学里各门课程的学习成绩一直很好，记得在一年级学制图，那是我喜欢的课程之一，除了图形的投影关系表达得正确和十分清楚外，A1 号图纸我画得又干净、又漂亮。许多同学画完了，图纸擦得一片黢黑。那年期末我们 1000 多人的一年级举行制图展览，我的图被选中，是选中的 20 余人中的一个。1956 年，国家提出了向科学进军的号召，当时哈工大制定了一个政策，如果哪位学生五年下来考试是全 5 分的话，学校将授予他哈工大金质奖章！而且还规定五年中如仅有一门课不是 5 分，允许补考一次，仍有机会获得金质奖章。这是十分不容易的事，一个班 30 来人，一学期一门课得 5 分的能有 6 ～ 7 个人，四门课全 5 分的也就 2 ～ 3 个，而五年中十个学期能够获得全 5 分那可真是凤毛麟角。那时我是三年级的学生，近三年来我的成绩就是全 5 分，我心里暗暗下定决心，毕业时我要争取全优，争取金质奖章。可惜没等我毕业，“运动”来了，“大跃进”来了，这些事也就没有人再提。虽然如此，回想起来我一点儿也不遗憾，我要深深感谢哈工大，是在哈工大的这一段大学学习的经历，不仅教我学会如何学习，更教会了我如何做研究，让我学到了此后自己做科学研究所需要的思维模式。

这里所说的科学研究所需要的思维模式那就是：第一，经过在哈工大 6 年的学习和学习过程中的释疑，我知道了不要迷信，使我敢于挑战书本，挑战权威，挑战洋人，使我解放了思想，有了追求真理的愿望和敢于创新的精神。第二，哈工大的大学学习，教会我如何严谨地进行科学的思考。那时为了想获得全 5 分，就不能有一丁点儿考虑不周，一丁点儿的疏忽与失误。那就要思考如何才不会出现考虑不周，如何才能避免可能出现的疏忽和失误。这就训练了我特别需要的严谨的思维能力。确实，在我后来近 30 年发表的论文和出版的多部专著中，很少发现有什么重大的疏忽。在科学研究中，这种严谨的思维能力是非常重要的，大学的磨炼是对我最好的锻炼。第三，这也是最重要的，就是要有发散性思维模式，那是获得创新灵感的源泉，是想要获得科技创新所必须具备的思维模式。我想，在大学毕业后我就直接到了工作岗位，我并没有受过任何的类似研究生学习和相关培养，我的发散性思维模式从哪里来的呢？后来总结就是和我在大学期间爱提问有关，不仅在平日学习时爱提问，在考试复习阶段我也爱提问。还记得改革开放之后，1979 年在安徽九华山召开的关于《机械原理》新教材的全国宣讲会（天津大学等编的一本内容丰富的新教材）上，我也是三个最爱提问的人之一，后来看到这三个人在科研上都很有成绩。爱提问说明思维活跃，爱思考，也常常萌发不同的想法，这是科学研究最需要的。严谨的思维模式、发散的思维能力和敢为人先的信念，这就是在哈工大六年学习期间我所获得的财富。

最后说说，为什么中国出现不了诺贝尔科技奖？我不同意说是因为什么“不自由”“没有教授治校”，甚至“中国文化决定就是不可能”……这些都是无稽之谈。中国的学生多数得到了严谨的思维训练，他们又很好地掌握了科学知识，然而，他们缺少的是因应试教育而扼杀的创新思维。这并不是件难事，这更不是中国文化所决定的，我们只要从小学，到中学，再到大学，大力提倡学生提问，培养他们的想象力，一改过去抑制学生积极性的教学模式，这个问题一定会在不远的将来得到解决。我也想通过这篇文章告诉现在在校的大学生，要好好珍惜人生最宝贵的金色岁月，要努力学习，要改善学习方法，准备好将来为建设祖国贡献力量。

五十多年过去了，回首往事不甚感叹：

太阳下山明早依旧爬上来，
花儿谢了明年还是依然地开，
美丽小鸟飞去无影踪，
我的青春小鸟一去不回来
……

是的，青春是不能再回来的，但回首往事，六年的大学生活是那么万紫千红、色彩斑斓，而哈工大又让我受到了那么良好的高等教育，让我学到了哈工大“追求卓越”的精神，收获的是金灿灿的硕果，让我有了这么多值得回味的东西，感谢哈尔滨，感谢母校哈工大！

形象思维与科技创新①

（2012年10月15日）

为了科技创新就要培养创新思维的能力。创新思维包括三方面，即抽象思维、形象思维和灵感思维。一般认为形象思维并不是理性思维，也不能为科学研究中的逻辑推理所用。然而我根据多年对自己科研实践的思考和总结发现，形象思维可以在两种约束下变成理性的思维，经如此变换，它们可以成为严格的逻辑思维，因而能够直接为科学研究中的逻辑推理所用，以辅助常用的代数思维进行逻辑推理。应用这样的形象思维于某些情况下，能够迅速地解决科学研究中遇到的困难问题，能够获得难以想象的奇效。

然而，我并非学哲学学逻辑学的，这些新观点是否正确，愿意和大家讨论。

创新是社会发展的动力，而思维活动则是创新的源泉。思维活动一般认为可以分为抽象思维、形象思维和灵感思维。其中抽象思维也称逻辑思维，在做科学研究时常以代数思维或代数逻辑的形式得到应用。我们科技工作者特别重视抽象思维，重视代数思维在科学研究中的作用。形象思维对事物的认识是基于事物的表象，它也是人类认识世界和创新所需要的思维方式，艺术大师的杰出创造是完全依赖于形象思维。但人们对形象思维在科技创新中能够成为逻辑推理的应用却完全持否定的态度，没有认识，开发也就更是不够。

钱学森先生说过："科学技术不都是抽象思维。要是那样，科学根本没办法发展。"爱因斯坦也说过："科学发展不能仅靠推理，还有直感，那直感就是形象思维。"钱学森父亲让他在学理科的同时，又送他去学绘画和音乐，就是要他把科学和艺术结合起来。为什么科学还要与艺术结合？艺术或形象思维在科技创新中到底会起到什么作用？作用又有多大？这个作用又是通过怎样的模式产

① 本文内容曾在2012年在淮阴工学院作过学术报告，同年在深圳哈工大分校，在北工大，以及在燕大电院作过报告。该文章曾发表于《机械工程学报》2013年第49卷第15期。

生的呢？能不能让形象思维对科学研究发挥出更大的作用？这些问题需要研究、回答与证实。

抽象思维，也称逻辑思维，在认识过程中它借助于概念、判断、推理等思维形式以获得合乎逻辑的结论，理性地去揭示事物的本质和内在规律，是人类认识世界非常重要的手段。代数思维是一种严格的抽象思维，在科学研究中得到广泛的应用。抽象思维遵循传统形式逻辑规则，遵循同一律、矛盾律、排中律，它是连续地、线性地进行的，其前后具有同一性。我们的科学研究中的数学建模、代数推导、代数计算等数学思维都是严谨的逻辑思维。几何学中三角形、正方形、圆形、圆柱体、圆锥体、棱锥体等图形经转化都能够成为抽象的概念，它们也就能够为抽象思维所用。中学里的“平面几何”是一门逻辑性比较严谨的学科，它是采用以几何“概念”为对象的抽象思维。其几何命题的论证也呈现严格的逻辑演绎推理。

艺术完全是倚重形象思维，倚重直觉和灵感的。艺术大师在艺术上的巨大成功都是基于灵感，基于这个灵感所产生的思维跳跃，这个跳跃对于艺术有特殊重要的意义。形象思维是基于表象，表象是思维的对象。它以表象、直感和想象为其基本思维形式。形象思维还可以调用许多表象元素合在一起形成新的表象，特别是它可以如艺术思维那样由一个表象跳跃到另一个完全不同的新的表象，形象思维也就具有了跳跃性。这种跳跃性也表明形象思维不具有连续性，不是线性的，也就不具同一性。但是形象思维的思维进程较为迅速，这也是其重要特点。正是由于形象思维过程的非同一性，它不是理性的思维，它也就不能直接用于科学研究中的演绎、推导和论证。

我在自己对机械工程中机构学理论的长期研究的实践中，确实采取某种变化了的形象思维模式解决了研究中多次遇到的困难问题，研究结果发表在国际重要期刊。今天就想依据自己的研究和所获得的体会，深入探讨和总结提升，探讨经由什么途径才改变了通常的形象思维，使之成为理性的思维，变为能够为科学创新研究中的逻辑推理所用。实践证明，变化了的形象思维在科技创新中确实发挥了非常重要的作用，希望这些能够引起学术共同体的关注和讨论。

一、用于科学研究中的形象思维

用于科学研究中的形象思维有如下四种，但仅前两种形象思维可以成为理性的思维。有人说，形象思维是“低级的、初等的思维形式”，或者说“它还停留在感性认识阶段”。但爱因斯坦说：“想象力比知识更重要，并且是知识进化的源泉。”钱学森也说：“培养创新能力的人才，没有文化艺术修养是不行的。”他们都是以这样方式来肯定形象思维在科学研究中的作用。我不仅完全同意这个意见，而且在实践中证实了它具有非常重要的作用。

若在科学研究中采用与艺术思维一样跳跃着的形象思维以推理，这是不可能的，这种思维是不能为科学研究中的演绎、推导和论证所用的。要使形象思维能用于科学研究的推理，需对形象思维加以约束，经受了某种约束的形象思维，才有可能为科学研究中的逻辑推理所用。辩证法说，对立双方无不在一定条件下转化。我就是采用通过施加某种约束条件以获得以下两种有效的能够用于演绎推理的约束方案。

1. 融合于严谨的抽象思维中的形象思维

为使形象思维具有科学研究的严谨性，使其变成理性的思维，第一种办法就是让形象思维的整个过程严格地按照逻辑思维的抽象推理过程进行。前面提到过的中学里的“平面几何”的思维模式就是一种严谨的抽象思维。它是借助概念、判断、推理以进行诸多定理的论证。我们若换个角度再来看“平面几何”的这种思维模式，当我们仅仅将上述平面几何的思维过程中的圆、三角形、四边形等“抽象概念”，再转换回来，还原为形象思维中的圆、三角形、四边形等图形“表象”，并进行相同的严格的逻辑思维。由于这种思维是基于“表象”，基于图像、图形，这种思维模式也就可以认为是一种形象思维，或称“几何思维”。然而上述两种看法虽然不同，却是同一回事，因此后者也必然是科学的逻辑思维。可是这样的形象思维是不再具有跳跃性的，它严格地按逻辑思维运行，是受严格约束的形象思维，它前后具有同一性，是科学的思维模式。应用此种思维模式常常会获得意想不到的奇效。

所以这第一种科学的形象思维可以称为是“融合于严谨的抽象思维的形象思维”，它是一种综合性的思维方式。

2. 具有跳跃性并受条件和逻辑性约束的形象思维

这是第二种能用于科学推理的形象思维，这种思维过程的特点是它虽然仍具有形象思维的跳跃性，但这种思维的跳跃需受到一定的条件和思维逻辑的双重约束和限制，发生具有合乎逻辑的思维跳跃，跳跃前后的形象虽然不具同一性，却因受到约束而具有理论上的“相关性”。这种具有“条件限制和逻辑相关性约束的形象思维”也就可以为科学研究中的逻辑推理所用。实践中，这种形象思维方法甚至能够超越应用代数逻辑去推理，而快速地获得理想的结果，在科学研究中也常有着举重若轻的独特意义。

所以，这第二种能为科学研究中的推理所用的形象思维就是“具有跳跃性并受条件和逻辑性约束的形象思维”。

3. 具有跳跃性的灵感思维

灵感思维以表象为载体，是形象思维的一种特殊形式。虽然这种形象思维不能为逻辑推理所用，但这种形象思维直接应用于科学研究却能产生全新的创新意念。这第三种形象思维就是“具有跳跃性的灵感思维”。在科学研究中，为了克服所遇到的困难，思维应该是开放性、发散性的，用以获得创新的灵感，这正好利用形象思维的跳跃性以达此目的。但这种思维模式只是为了获得创新的灵感，并不能用来作为理性的演绎和推导。当然，获得解决问题的灵感，其重要性也是显而易见的，这个问题在本文最后一节还要专门提到。

4. 应用于评估的形象思维

这是一种可以直接应用于科学研究中的不加任何约束的自然的形象思维，它常常用于对方案的“评估”。如对于新设计、新方案的评价可以由形象思维出发作出预估。所以这种用于科学研究的第四种形象思维就是直接应用于科学研究中评估的形象思维。比如，当我国第二款隐形战机图像一出来，网上称之为“粽子机”（歼-31），依其形象网友马上就对它的性能作出了预估分析。我们科研中的新方案提出后，就可以在分析之前，依据我们已有的理论，对新方案以形象思维作出合理的预估，这可以为我们正确开展后续研究给出一些依据。其实，这种形象思维方法在科技界和人类认识事物时早已广泛应用。

应该学会把抽象思维与形象思维结合起来。现代科学表明：人的左脑主管抽象思维，而右脑则主管形象思维。有人画了一幅画，很有意思，见图1。画的是一个人头，他的右半张脸是大师爱因斯坦，而左半张脸却是美丽的蒙娜丽莎。这真是奇妙地表示了抽象思维与形象思维的相结合。

图1　爱因斯坦和蒙娜丽莎

二、形象思维在科技创新中的应用事例

下面介绍我们如何应用形象思维于科学研究的逻辑推理过程，看看形象思维如何能发挥出巨大的作用。

1. 形象思维在科学研究的逻辑推理过程中有重要作用

在机械工程领域，机构的创新有重要的地位，对任何新机构最基本的认识就是首先要知道它的自由度。传统的自由度公式就是使用了 100 多年的 Grübler-Kutzbach 公式。然而人们不断地发现这个公式对许多机构不适合。特别是到 20 世纪末当有重要应用的空间并联机构出现后，问题就变得更加突出。它成为机械工程基础理论里在国际上持续了 150 年的难题。如同一个硬币的两面，机构自由度问题的另一面是按给定自由度数目和性质以综合机构。不能正确分析自由度，也就难以综合出新机构。所以从 21 世纪开始，综合 4 自由度和 5 自由度对称并联机构成为公认的非常困难的问题。

（1）这里先介绍我们于 2000 年首次综合出的那个 4 自由度对称并联机构 4-UPU。该并联机构如图 2（a）所示。它由 4 个相同的分支连接上下两个平台构成，四个分支都是相同的具有 5 个单自由度转动副的 UPU 运动链。为分析其自由度，按理需要进行以下两个求解步骤：①对 4 个分支分别求取各分支中与对应 5 个转动副的 5 个螺旋相逆的反螺旋。经此步骤就能够得到 4 个分支对上平台的 4 个反螺旋；②判断同时作用到平台上此 4 个反螺旋的相关性以求得施加平台的独立约束数，接着就可以确定中央上平台的自由度。

如果在求解这个问题时不是应用螺旋理论，而是采取普通的代数方法，考虑到在这两个步骤中所建立的每个代数方程组都是三维空间的含有 α、β、γ 的正弦和余弦函数，它们都是复杂的非线性方程，再处理这个非线性方程就是问题的难点所在。这里我们在螺旋理论基础上又采用了上述形象思维方法，非常方便地解决了许多类似这样的难题。

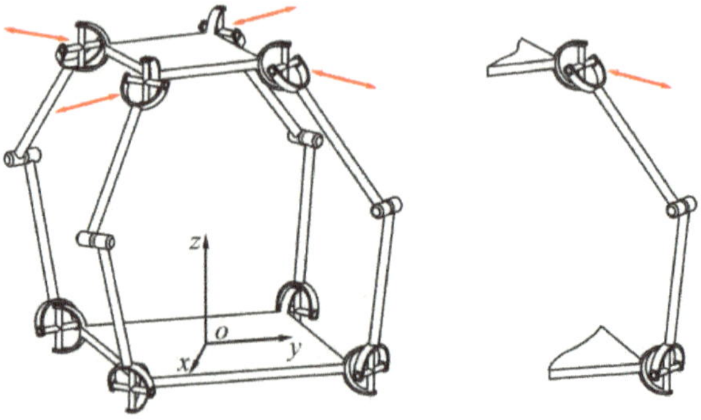

（a）机构图　　（b）分支图

图 2　4-URU 机构

我们在 1997 年从理论上就解决了这个问题，2011 年出版的专著《论机构

自由度》，系统论证了我们这个方法的普适性和通用性。为什么能取得这样的效果呢？其中重要的原因之一就是我们应用了形象思维。在这里我们首先建立了螺旋相逆性和相关性的几何条件，它为形象思维作出准备，如表 1 和表 2 所示。在求解过程中：

表 1　螺旋的相逆条件

序号	类别	螺旋的相逆条件
1	线矢量与螺旋系相逆的条件	必须与所有线矢量相交且与所有偶量相垂直
2	偶量与螺旋系相逆的条件	必须与所有线矢量相垂直

表 2　螺旋的线性无关数

序号	几何特点	图示 线矢	$h=0$ 偶量	$h=\infty$
1	平面汇交		2	2
2	共面		3	2

①第一步要分别求取分支中的 5 个螺旋的反螺旋。我们依据上面表 1 第 2 行，用几何法就可以找到能够与这 5 条轴线相垂直的反螺旋矢量，就是图 2（b）中的双向箭头，它是一个约束力偶。显然，这个过程十分简洁快速。再依据机构中 4 个分支的几何对称性，利用逻辑推理，可以很容易看出具有相同结构的其他 3 个分支也将产生 3 个相似的约束力偶，它们也将分别垂直对应的十字头平面。这样上平台上一共作用了 4 个约束力偶。

②第二步要求判断上述 4 个反螺旋的相关性。这里可以合乎逻辑地说，由于十字头平面又都与基面垂直，则分别垂直于对应的十字头平面的 4 个约束力偶就都与基面相平行，或说这 4 个约束力偶共面。由表 2 第 2 行，毫无疑问，作用于上平台上独立的约束力偶只有两个。由于空间物体有 6 个自由度，受到两个约束剩下就是 4 个自由度，这样也就得到机构具有 4 个自由度的结论。从这里可以看到，在不需要以代数求解下确实能够获得所需结果，而且简单快速。图 3 表示了这个思维进程中严格的逻辑过程。这个结论若想用求非线性方程的办法求解，自然困难许多。

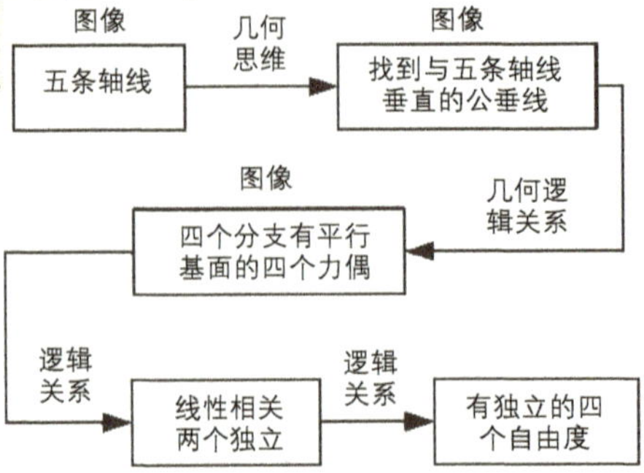

图 3　形象思维与逻辑思维结合的思维过程

这里就是应用了第一种用于科学推理的形象思维，当形象思维严格按照逻辑思维的推理过程连续地、线性地进行后，它就发挥出意想不到的奇效，那个困扰我们 150 年的历史难题就是这样被一步步解决的。后来这些前后的内容又简要地被写进应 IFToMM（国际机构学和机器科学联合会）主席 Marco Ceccarelli 邀请并推荐、于 2012 年由 Springe 出版社出版的综合性的著作《Theory of Parallel Mechanisms》中。话说回来，类似这样的问题，在采用我们提出的反螺旋原理下，不用这样的形象思维而完全用代数逻辑推理，也是完全可以获得解决的，只是后者麻烦许多。

（2）在 2011 年分析了双色 Hoberman Switch-Pitch 魔球机构的自由度，这又是一个典型的困难的例子，见图 4。这种魔球我们在市场上常常见到。对此我们也是应用第一种科学的形象思维，没有用到一个代数公式就找到了机构全部的过约束数，因而能够很快地突破这种有难度的魔球自由度问题。这里不再详细展开。

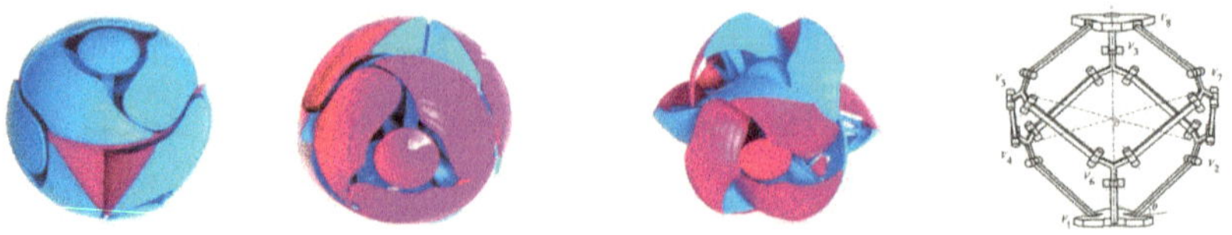

（a）蓝球　　（b）红球　　（c）翻转中的魔球　　（d）内部机构

图 4　Hoberman Switch-Pitch 魔球

（3）2006 年所分析的五杆 Goldberg 机构是另一个十分困难的问题，见图 5（a）。它是由两个 Bennett 机构 $ABCF$ 和 $CDEF$ 结合形成的，CF 是公共边。已经证得 Bennett 机构顶点的四个螺旋是线性相关的，因而分别有两个恒等式：

$$aA+bB+cC+dF=0 \text{ 和 } eC+fD+gE+hF=0$$

其中大写英文字母表示螺旋，小写字母为系数。依照代数推理，两式相加则有

$$iA+jB+kC+lD+mE+nF=0$$

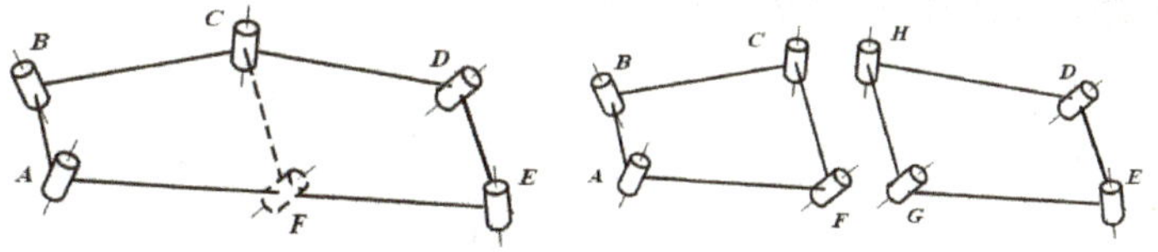

（a）五杆 Goldberg 机构　　（b）两个 Bennett 机构

图 5　五杆 Goldberg 机构

由此式可以看出，构成 Goldberg 机构的五个螺旋也是线性相关的，其秩必小于 5，机构必有自由度。但是为确定自由度数目，还要确定此五个螺旋有几个是线性无关的。这里我们采取形象思维的办法。由于第一个 Bennett 机构的四个螺旋 A、B、C、F 线性相关，它的四条轴线必定分布于同一个单页双曲面上。不难设想，当把其一条边 CF 绕 C 点转动达到与 CD 线重合的位置，并改变其长度使其 F 与 D 点重合，显然 D 点必不在该单页双曲面上。由单页双曲面性质得知，由此四个螺旋 A、B、C、D 必定线性无关。这样 Goldberg 机构自由度为 1 的结果就得到了证明。

从上述分析看来，证明四个螺旋线性无关只用了一句话。整个题目是由代数思维和形象思维结合完成的，方法简明有效。

（4）Delta 机构是一个著名的并联机构，见图 6（a），由于其结构复杂，环里套环，自由度分析十分困难且长期无人依据自由度的统一理论给予解决。为解决环套环的自由度问题，2008 年我们采用了广义运动副的概念，图 6（b）表示了环套环的一个概念图，若再以与 η 子环的自由度等价的串联链 $AcdeB$ 代替原先的子环，且连接于 ε 环的 a、b 两点，见图 6（c），转化得到呈单环的简化机构。如此简化了的机构使计算得以进行。

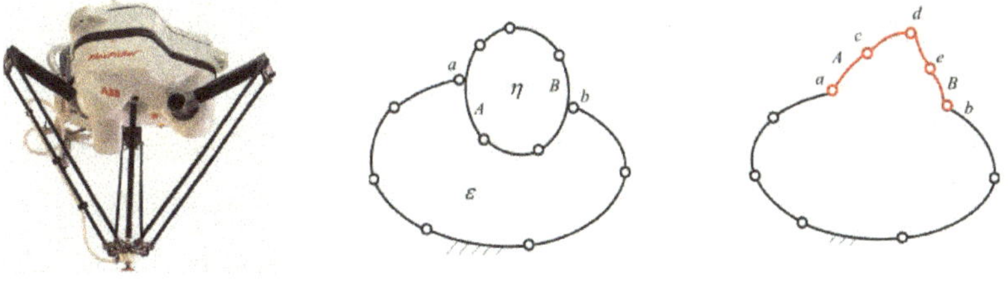

（a）Delta 机构　　（b）环套环　　（c）广义副替代

图 6　广义运动副

这里看到两个图像之间具有的图形的变异或跳跃，而“解决自由度问题”则是限制的条件，它只能应用于确定自由度这个问题。采取“把与 η 子环的自由度等价的串联链 $AcdeB$ 以代替子环 η 并连接 a、b 两点”，这就是所需要的严格的逻辑限制，有这样的限制，环套环（图 b）与广义副（图 c）两者就有了相关性，两者的瞬时自由度就相同了。在这样的约束下得到的结论也就是科学的。这里就是应用了第二种“具有跳跃性并受条件和逻辑性约束的形象思维”。

（5）在解决了 6 自由度并联机构（图 7（a））的速度加速度分析后，1985 年为解决少自由度并联机构（图 7（b））的运动分析，经思维跳跃就采取了通过适当增加每个分支运动副的数目，如图 7（c）中圈内为增加的运动副，将少自由度机构变成虚拟的 6 自由度的机构。然后从逻辑上再令所有补充上的运动副的运动参数为零，这样前后两者也就能够保持自由度一致。如此一来，在解决 6 自由度机构运动分析不久，顺带也就解决了所有的少自由度机构的运动分析问题。这里也是应用了第二种科学的形象思维的典型例子。

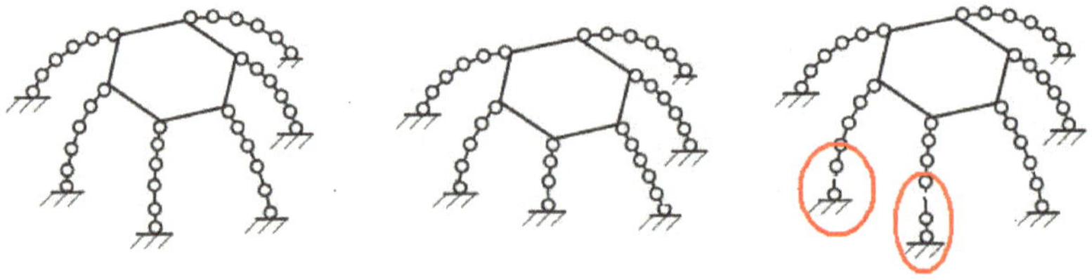

（a）6 自由度机构　　（b）少自由度机构　　（c）虚拟运动副

图 7　并联机构的运动分析

（6）在机构的奇异的分析中，6 自由度 3/6-Stewart 机构的奇异是十分复杂的问题。在 2000 年时 Mayer St-Onge 和 Gosselin 发表了该机构奇异的代数表达式，非常复杂，经简化后，他们首次得到了该机构的奇异曲线，但其结果十分粗略。

2004 年依据我们提出的新奇异原理，也建立了奇异方程且方程结构比较简单，但它却是精确的奇异方程，虽如此但仍是十分复杂难解。对此我们突发奇想，基于我们建立的某个“定理”，把奇异方程求解问题经思维跳跃转化变成一个平面机构问题。研究表明，尽管机构在三维空间中的奇异轨迹是一个三次多项式，但它在一系列主平面上的奇异轨迹却总是二次多项式，包括四对相交直线、一条抛物线及无限多的双曲线束。这里将代数方程变成平面机构的位置问题，这个思维跳跃的转化正是发生在两个完全不同的事物之间，而定理则是该变化的逻辑依据。这样我们不仅一下解决了3/6平台的奇异，更复杂的6/6奇异也得到启发获得解决，而且发现后者具有18线交同一直线的极为特殊难以想象的奇异。这里是再次应用了第二种科学的形象思维。该论文发表于著名的机构学IFToMM国际会议上。

（7）在运动链拓扑综合时，可能发生许多同构的运动链，出现“一对多”的问题。如何识别运动链的同构或保证综合出的运动链不发生同构，变成“一对一”的最理想情况，这也成了一大历史难题，国际上已经讨论了近50年。2007年我的博士生没有继续再沿大家一贯采用的代数思维这个路子，而是另辟蹊径，他采取形象思维的办法，如同“将人群按高矮排队”就能得到唯一的队列一样，提出“特征周长拓扑图”的判别方法。他就是这样经形象思维在运动链与其拓扑图之间改“一对多”成“一对一”，因而也自然避免了同构发生，解决了历史难题。

图8　将人群按高矮排队以鉴别同异

我们将这项研究投稿本学科顶级国际期刊，审稿者对文章的逻辑没有提出疑问，但给出了一道难题：问我们对如下两个28杆拓扑图，见图9（a），是否能判断同构？要知道当时国际上仅仅能够判断14杆的同构问题。我们立即给出其正确答案，见图9（b）。这里就是应用了第三种“具有跳跃性的形象思维”。

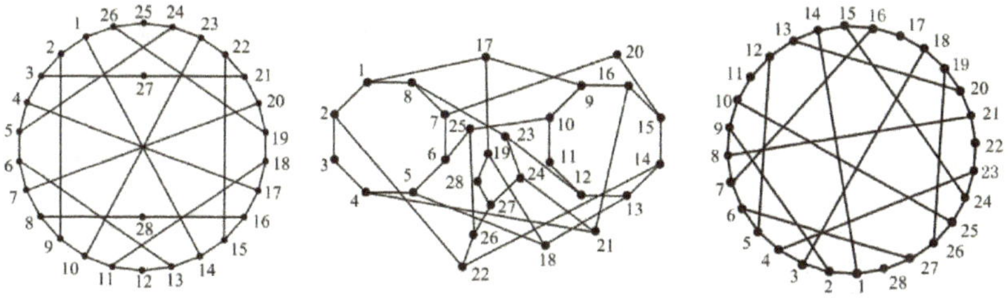

（a）两个28杆机构

（b）两个机构的特征周长拓扑图是一样的

图9　28杆机构拓扑图的同构识别

2. 做科技研究时抽象思维与形象思维应经常转换

当求解一个具体问题时两种理性的思维模式可以结合应用，既取抽象的代数分析也适当地取形象思维，这样解决问题就常常更简捷快速，如同上述分析的五杆 Goldberg 机构。《论机构自由度》一书中 100 多个例子中的绝大多数都是这样应用两种思维模式相结合的方式得以迅速求解的。

在做科学研究时，为了研究顺利进行，也应该使抽象思维与形象思维这两种思维方式经常转换。有过这样的情况，我的学生在计算机前做了很长时间，又推导公式，又用计算机进行数值计算，等拿到我这里，我一看就说“你错了”。学生做了那么长的时间，做了那么多计算，怎么导师没经过计算仅仅看一看就说不对？其实，只不过是学生习惯于代数思维，即逻辑思维，而老师只是用上了一点形象思维而已。一个典型的例子，学生分析某个机器人的工作空间大小和形状，老师一看就说错了。原来学生分析的是一个对称的机器人，那么不对称的工作空间显然是不对的。又如，学生做机构的运动分析，求并联机构的速度和加速度，学生打印出来，老师一看就发现不对，原来他打印出来的位移、速度、加速度等三组曲线图相互之间不满足微分关系，这当然也是错误的。这些都是经形象思维后判断出来的，可学生就是不善于利用形象思维。如果学生也学会形象思维，他又经常运用这种思维，那就会少走不少弯路。所以做研究时，抽象思维与形象思维要经常转化。这里应用的就是第四种形象思维。其实上述第二个例子，关于位移、速度、加速度等三组曲线图之间必须满足微分的关系，这个原理在高等数学的学习中都明确地讲过，也做过相应的题目。为什么到真正应用时却忘到了九霄云外？其实，从这里也可以看到，高等数学中的逻辑推理，已经用到形象思维。

3. 读书学习时也要采取形象思维

早在 1988 年，我曾认真读过 Duffy 的一部著作，这是一部关于单环空间机构的经典之作，基于此书梁崇高教授曾经攻克了机构学的“珠穆朗玛峰问题”。该书难度很大，它全书采用符号代数法推导，很不好懂，如用代数方法来逐个推导验证下列公式的正确性确实是十分困难：

$$X_{(n-1)(n-2)\cdots 2} = s_{n1}s_1$$

$$Y_{(n-1)(n-2)\cdots 2} = s_{n1}c_1$$

$$Y_{(n-1)(n-2)\cdots 2} = s_{n1}c_1$$

后来借助于几何法，对书中的那些符号我不再是从代数角度一个个来验证，而是去琢磨和弄清楚如上述公式中那些符号的几何意义，从公式两边的几何意义是否相同而理解了那些公式，于是那些像天书一样的表达式很顺利地都迎刃而解。

过去我在大学学习制图课时，还学习了一门必修课“投影几何”，这门课许多同学都认为太不好懂，称之为“头疼几何”。对于学习几何学，若不用形象思维而企图完全以代数的逻辑思维去理解，困难是可想而知的。回想中学学平面几何和立体几何时也都有许多同学感觉困难。

现在再回过头来看，为什么许多学生对立体几何、投影几何感到头疼，可能就是在中学时代学习平面几何时，只强调通过学习以提高“抽象逻辑思维”能力，而忽视了通过学习以提高具有形象思维特点的“几何思维”能力。这就造成后面各种几何学课程学习的困难，更造成他们不善于运用“几何思维”于他们自己的科学研究。据说现在中学已将平面几何的学时再次减少，甚至还有人主张砍掉！我认为，在中学里不仅要通过平面几何课程的教学以提高“逻辑思维”能力，还要加强“几何思维”能力的培养，这样对开发学生将来的创新能力十分重要。而我们的研究生也要补上这一课，要加强形象思维的训练，提高形象思维的能力。

三、灵感思维

灵感思维是属于形象思维这个范畴，这种灵感，通常是为了解决面临的某个难以解决的具体问题而闪现的。做科学研究要有浓厚的兴趣，要有激情，只有有了激情，才会去冥思苦想，为解决问题而长期苦思冥想、搜索枯肠地思考。即使一时不能解决，也可暂时将课题搁置转而其他，当再受到某种偶然事物的启发，心中期待的灵感之火花却又突然而至，瞬时迸发，解决问题的方案和想法也就突然获得。这也正体现了灵感出现的偶然性和必然性的统一，可以说灵感直觉思维也是高级复杂的创造性形象思维形式，对于科学研究的创新有特别重要的意义。

牛顿长期思索着一个重要问题：行星绕日运动的原因究竟是什么，是什么力拉着太阳系中的行星围绕太阳运动的？他在自己家乡，一天他坐在院子里的苹果树下凝思着，突然一个苹果从树上坠落，恰巧掉在牛顿的头上，于是牛顿产生了联想，灵感突然爆发，发现了万有引力。

我的灵感往往是在夜晚睡不着觉时产生，白天思考什么，在晚上辗转反侧难以入眠时继续思考，灵感往往就在此时突现，于是我赶紧起身找出纸笔记下，要不然早上起来后常常就再也想不起来。关于灵感的转瞬即逝的情况诗人苏轼也曾有这样的经历，并形象地比喻为：

作诗火急追亡逋，
情景一失后难摹。

也如辛弃疾所描写的：

众里寻他千百度，
蓦然回首，
那人却在灯火阑珊处。

突然找到期望的灵感，是让人十分兴奋的。

因此，灵感这种直觉思维产生的程序、规则等都是不能主动地意识到的，它是非自觉的，其来源又是模糊不清的、是基于一种潜意识。由此也可以说灵感在一定程度上依赖于潜意识。科学研究要有兴趣，要有激情，有了激情才会不断地去思考，不断地思考才能出现灵感，得到顿悟，闪光的灵感会给你带来欢快。在人类社会发展的历史上，杰出的文艺创作和重大的科学发现，许多都是灵感这种智慧之花闪现的结果。上面我的这些例子也都是在突发的灵感下获得的。

形象思维在科技创新上确有十分重要的意义，它是以四种模式应用于科学研究：

（1）第一种模式："融合于严谨的抽象思维的形象思维"，它是抽象思维与形象思维两种模式融合的连续的思维方式。

（2）第二种模式："具有跳跃性并受条件和逻辑性约束的形象思维"。

上述这两种思维模式都能够用来作为科学研究中的逻辑推理演绎，它们都是科学的、严谨的理性思维模式，也常常能为我们快速地解决所遇到的困难问题。

（3）第三种模式："具有跳跃性的灵感思维"，它为我们提供解决问题获得新思路的思维方式。

（4）第四种模式就是"应用于评估的形象思维"，它能够为新方案的效果给出预估，指引其后的科学研究。

一定要重视形象思维，注意提高形象思维的能力，不仅要继续掌握和运用抽象思维模式，也要学会形象思维模式，并正确运用这四种思维模式，使我们能够更快地、更多地取得科技上的创新。

虽然这种“能够用于科学研究逻辑推理的形象思维”和四种形象思维类型是新提出的概念，但是许多学者可能早已将其中的某些思想应用于自己的研究工作中。现在只是如何能进一步从理性上提高认识，其可操作性也应该是进一步研究的问题。

论思考[①]

——思考是创新之母

（2013年5月12日）

哥伦比亚大学校园里的“思想者”

一、罗丹的地狱之门雕塑和思想者

法国雕塑艺术大师奥古斯特•罗丹以14世纪的《神曲》为背景塑造了铜饰浮雕《地狱之门》，这是世界上最著名的雕塑作品之一，藏于法国巴黎美术馆。该门的上部雕刻有一尊人像，作者的意图是让雕塑中这个人，去思考如何解救地狱中受苦受难的人们。可是，让原作者没有想到的是，这尊在思考的人像集中表现了人类最具特征的思考能力，它后来被称为《思想者》，成了雕塑艺术的里程碑标记。

这件作品将深刻的精神内涵融于强健的人物造型，蕴藏了一种永恒的精神。那旺盛的躯体所体现的生命力，集中于极度深沉的思考。他默默静止地弯腰低俯，曲臂托腮，双目凝视，表现了他长时间地集中了整个身体的力量深刻而凝重地在思考，这尊《思想者》塑像也就成了弘扬思考、提倡思考的著名标志。

这使我联想起在纽约哥伦比亚大学校园里看到过的那座“思想者”雕塑，

① 2013年5月15日曾发表在燕大校报。

它矗立于绿林深处，校园中安放这尊“思想者”，寓意是极其深远的。

“思考”是人类最重要的一个能力特征，思考能让人不被表面现象所迷惑，能深入事物的内部，认识事物的实质；思考，还能把许许多多的事物联系起来，这样常常能够萌发灵感并产生新的创意，因此，“思考是创新之母”。大学是新知识、新思想、新理论创新主要的策源地。所谓的大学，就是做学问的地方，就是寻求真理的地方。大学的精神灵魂就是追求真理，而追求真理就要不断地去思考。今天我们要将制造大国变成制造强国，要建设创新型国家，就要提倡积极地思考，要学会思考。对于“思考”要研究的问题有许多，“思”与“学”是其中重要的两个方面。

二、孔子关于“学”与“思”的论断

关于“思”与“学”的问题，早在2500多年前中国伟大思想家、教育家孔子就精辟地在《论语》中表述说：“学而不思则罔，思而不学则殆。”

孔子仅用这12个字就简明而深刻地说明了两者间的辩证关系，言简意赅。对于孔子的这句名言文献中已有多种“权威”解释。宋朝朱熹在《论语集注》中这样解释说：“不求诸心，故昏而无得。不习其事，故危而不安。”近年的杨伯峻在《论语译注》这样解释：“孔子说：只是读书，却不思考，就会受骗；只是空想，却不读书，就会缺乏信心。”而李泽厚也解释道：“孔子说：学习而不思考就迷茫，思考而不学习就危险。”

然而，我看上面这些都是仅从字面上肤浅地解释，远远没有到位。孔子的这句话对于我们“做学问”的有更深的意义。我体会这12个字的核心就是一个字“思”。

本文将主要谈谈我对这句话的12个字和对“思”的解读和诠释。谈谈为什么要思考和怎样思考的问题。

三、学而不思则罔

孔子这前6个字是说明为什么要“思”。而这里的“学”有三层意思，包括学生在校的课内学习、阅读论文和著作，甚至扩大到从新闻、网络和利用各种现代手段去获取信息都属于“学”。而这里的“不思”将会造成三种结果：学习很好但鲜有创造，不去判别正确还是谬误，还把学到的当成绝对真理并到处乱用。

1. 中国现今的应试教育模式湮没了创新精神

"为什么我们总是培养不出杰出人才？"—— 这是著名的"钱学森之问"。其原因之一都说是中国的"应试教育"所带来的弊病及其后果，让大多数学生失去了创新的精神。

这么大的学习压力却没有把这姑娘压矮

当前高校入学采取全国统考方式是适合国情的最好方式，因为不如此则难以保证教育的公平性。一个国家能否发展很重要的是，要看底层老百姓能否仅仅依靠自己的努力而改变自身的状况，公平的高考正是实现这一理想的最佳途径。然而中国每年有好几百万学生参加高考，拿 2013 年高考来说，那年录取率只有 76%。录取率低于是竞争激烈，特别是想进入顶级高校。为应对此种竞争，教学就形成了"应试教育"模式。学生有做不完的题、补不完的课和考不完的试，教学采取填鸭式教学，重题海战术，重解题技巧，取反复演练。许多孩子还怕输在起跑线上又超前学习。"升学考试"是一副枷锁，耗尽了多少学生和孩子全部的学习欲望，折损掉孩子们天生的对认识世界的热情与好奇心，失去了想象力与创造力，甚至造成考试成绩愈好受害愈深，"重点学校"则更是重灾区。

就这样，孩子没有输在起跑线上，却常常输在最后的终点！有人调查发现，高考状元中难得有几个最后成为十分杰出的人才。

中国应试教育的另一个弊病，表现在学生从不怀疑老师讲的是否都是真理，教科书上写的是否都是真理。长此以往，这就让学生失去了探究真理的气质，更不会有"敢为人先"的信念。这样的教学还让学生失去研究的兴趣。最近看到有位清华的博士，自己宣布因"无兴趣"退出了尖端研究的科研队伍，回家去做中学教师。这是十分典型的例子，他受到了死读书之害。

只有 2000 万人口的犹太人，有将近 200 人获得了诺贝尔科学奖。中国 13 亿人口至今只有 8 位华裔学者获得。犹太文化和中华文化都重视教育，但是教育方法和效果却大不相同。中国学生回到家，家长天天都问同一个问题："你今天考了多少分？"据说犹太人家长却问学生："你今天又提出了什么好的疑问？"

中国现行的教育模式存在着上述问题，然而国际上公认中国培养的学生知识掌握得很好，能做好交给他们的任何复杂困难的科技工作，他们在美国很受欢迎，他们留在中国更是为祖国的科技发展作出了巨大的贡献，请看为中国航母舰载机献身的罗阳以及在航天一线平均年龄不到30岁的研制团队，这些都是明证。

上述分析仅是宏观的分析，包括了那个中国人与犹太人悬殊的数字比例。然而，考虑到在同样这个应试教育模式下，实际中也都有许多例外。这样的孩子他们天资聪慧，考试对他们从来没有什么压力，他们没有受到应试教育的折磨。虽然他们所占比例很小，但在庞大的中国人口下，加上历届高考的积累，绝对数字也并不在少数。我们这些学生仍富有强烈的创新精神，加上他们有为国家的崛起的担当，特别是中国现在几乎已能为科研提供任何所需的先进实验装置，中国人取得重大科技成果和获得诺贝尔科学奖的可能性就大大增加了。

2. 评美国教学的"寓教于乐"模式

都说"美国的教育模式好"，说"美国模式有利于培养杰出人才"。美国的教育鼓励学生按兴趣学习并鼓励自由发展，这样少数有志的年轻人能成为精英，出现如乔布斯和比尔·盖茨以及许多获得了诺贝尔奖的美国人。但在此教育模式下，许多孩子因贪玩或不愿下力气去学习枯燥的数理化，真有许多孩子在数理化这些方面就什么也没有学到。但在美国仅有乔布斯和盖茨这也是不行的，少不了需要许多做具体技术工作的人。由于美国经济发达，能吸引全世界的人去为他做技术工作。至于美国那些上学什么也没有学到的人，他们即使做最简单的工作他们的工资也并不低，这就吸引好多人出国留学。

如此看来，当今国内出现的留学热是一个大误区，家长把不能自制的中学生甚至小学生远送出国，或者热衷于那些按寓教于乐模式的"国际学校"。人生道路上是充满竞争、充满荆棘的，必须从小培养孩子的奋斗精神。如果孩子成长的少年、青年时代一直是高高兴兴地过去，何谈培养坚强的奋斗精神？如果这些孩子他们既没有成为尖子人才，又没有获得国内他们同龄人学到的坚实知识，家长再后悔就来不及了。

当中国许多人看好美国教育模式时，现在美国却逐渐暴露出了问题。美国经历了2016年的大选，谁也没有想到，特朗普能够逆势胜出。重要原因之一就是他获得了那一大批中下层白人的选票。

在20世纪50—60年代，美国社会的主流群体——大多数白人男性曾经都有一份制造业的体面工作，有可观的工资收入，有很好的保障和社会支持，居住在有凝聚力的环境好的社区。白人劳工的不幸始于其后的70年代。高新技术、自动化、全球化和服务业的发展改变了美国经济的结构，蓝领的工作不断流失，教育程度较低的美国人发现工资的增长停滞了，财富仅在社会顶层积聚，美国梦承诺的流动性越来越难以实现。目前在普通的白人工人阶层居住社区，正值壮年时期的男性人群中，甚至有五分之一没有工作，他们教育水平不高就是重要的原因之一，因此他们难以再就业。

由上述分析可见，美国寓教于乐的教育模式存在许多问题，正逐渐显露。

3. 中国现代教育问题的实质是什么？中肯的建议又是什么？

如前所述，中国教育模式存在的问题是湮没了学生的创新精神，还让学生失去对学习的兴趣和动力等。如果想克服存在的这个缺点，路又在何方呢？许多人给出了不同的良方，我却都不完全认同。要解决中国教育所存在的问题，早在2500多年前中国那位大教育家就非常言简意赅地给出了答案！他那时仅仅用了6个字就把2500年后现今教育存在的问题点得明明白白，并同时指出了解决之道。

这就是孔夫子说的："学而不思则罔。"

现今中国应试教育问题的实质是"学而不思"，解决问题之道就是：学后再思，质疑所学。简单明确，如此而已。

应试教育下，学懂了，会做题了，能够考上大学就完了。学了就完了，没有再去思考，没有任何质疑。而解决问题之道就是，学完了学懂了还需要再思考，这就是孔夫子给出的病因和开出的药方。这里举个实例看看：

例1. 我有一位学生，他以前学习成绩很不错。他到我这里做博士研究生时，我给了他几篇论文先要他看看。不日，他说文献看完了，文献正确，还"对文献中的例题逐个做了验证"。我问："说完了吗？"他说："完了。"我真的很吃惊，今天我真再次碰到典型的"学而不思"的例子了。我说："你过去学习成绩很好，不是100分就是99分，可是到我这里，你的第一次成绩是'59'分，没有及格！为什么？因为你现在是研究生，研究生是要创新的，没有创新就是不及格！你刚刚来当研究生，不会对你有过高的创新要求，但至少你要对给你的文章予以点评，表明你经过了再思考，有主见，这样才适合做研究工作。然而你没有，你学而不思，并没有给出经过思考后的任何点评，这完全不满足对研究生的要求。”看来，我们培养自己的研究生，应该从一开始在他们入学听课和阅读论文之时，就要训练他们的创新思维，加紧补上这一课。我们燕大的本科生也要注意培养自己思考和点评的能力和习惯。补上这一课并不难。最重要的就是：要提倡多思考，多提问，去多问一个为什么，提倡打破砂锅问到底的精神。

我自己是一个很一般的人，可是在大学的 6 年时间里，爱思考，爱提问，总爱刨根问底，常常一路问去，追问到底。什么是“到底”？那或者就是当我真的明白和理解了课程的内容，又或者是发现连和老师讨论也得不出一致结论。那时在大学里就养成了这个习惯，这个习惯对我大有裨益，使我明白存在权威教授也不能解释的问题，权威的教科书也有没说尽的真理，知道了世界上还存在许多未知的领域。这让我后来不迷信书本、不迷信权威、有敢为人先的理念，让我敢于推出新的创造性研究。我热情地去“追求真理”，同时我也时刻提醒自己要“实事求是”，于是“追求真理，实事求是”成了我的座右铭。下面再介绍一些例子。

例 2. 牛顿就是因为具有好奇心和想象力，从观察苹果落地发现了万有引力，进而人类才理解了地球另一面的人是如何站立生活的，让人们也就接受了我们居住的家园是球形的。

例 3. 1979 年，我参加了在安徽九华山召开的关于富含新内容的天津大学等校编的教材《机械原理》的宣讲会。记得我是三个最爱提问的人之一，我们三人成了好朋友。后来发现这三个人在科研上都很有成绩。爱提问说明思维活跃，爱思考，也常常萌发不同的想法，这是科学研究最需要的。

例 4. 我于 1982 年在美国有幸聆听了 Duffy 教授的螺旋理论课程。我的英语水平不高，好在有中国人的文化底蕴，让我的理解绝不比外国同学差，让我能抓住螺旋理论的精髓，尤其是经过再思考让我得到启发，深感该理论的美妙，并有所顿悟，迸发灵感。那时我对比了立体几何中表示直线的方法，想到机器人有那么多的轴线，它们在空中还要运动，如孙悟空舞动的金箍棒！而在螺旋理论中表示直线只需要一个仅含六个标量的旋量，且它的运算又特别方便。这太使我吃惊！当时就想，将来它在机器人的研究上一定有重要应用。那时获得的灵感，正是再思考的收获，启迪了其后我的创新之路。

同学问我，你本不想研究机器人，后来却研究上机器人，那么你的动力从何而来？第一个兴趣又是怎么产生的？确实我长期以来研究的是枯燥的理论，能坚持是因为我有兴趣，我第一次感受到兴趣确实很重要。去到美国，朋友们寄予了希望，但是快一年的时间过去了还什么成绩没有，我很苦恼，夜不能寐，烦躁得一人躺在校园大草坪中间的长椅子上，瞪眼仰望看着蓝黑色深邃的星空。又经过一段时间的努力，我才找到了问题的切入点，有了第一个收获，这时开始产生了兴趣。另外与年轻朋友不同的是，我是亲历了抗日战争的人，我们一家人长期逃难，还遭受过日机的疯狂轰炸与扫射。幼小的心灵早早感受到并且明白了“没有国就没有家”，懂得了“国家兴旺，匹夫有责”的道理。我立志要报效国家，我能做的事就是希望通过我的不懈努力，也能让中国人在国际学术舞台上占有一席之地。

4. 不去判别是正确的还是谬误

学而不思造成的另一个危害就是，学到就认为一定是对的，不再去判断正误。

例 5. 一位法国教授投稿于一个著名的国际杂志，他提出一种新的 5 自由度手术机器人。编辑部请我参与审稿。虽然我判定它是错的，可是文章照样发表了出来。我还注意到，在此之前对该新机构的研究已两次被刊登过。很难想象，该文的三次发表经过了这么多专家的审稿，这么多不同编辑的审查，甚至也出现过反面意见，却仍然发表。为证明我意见的正确性，在一次国际会议上我主动拿出这个问题加以解释并让大家讨论，大家认同了我的看法。在我们学科的重要国际期刊中发生类似这样的错误还有一些。其实想想这也很自然的，文章都是人写的，审稿的是人，编辑们也都是人，是人就不可能绝对不犯错误。可见对权威期刊刊载的文献看了也要再思考，不要迷信，要去判定正误，还要推陈出新。

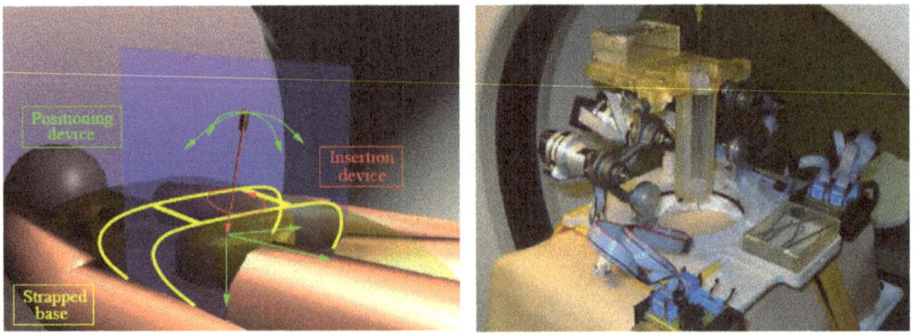

法国人研制的 5 自由度手术机器人

例 6. 再看许多人把外国著名经济学家的话当成真理，相信了他们常年不断地“唱衰中国经济”的论调。然而，看看经济学界有那么多的诺贝尔奖获得者，可谁也没有能预见到在 2008 年会出现这么大的金融风暴。连英国女王也质疑这个问题，可见现在的经济学远未掌握有关的真理。

例 7. 网络上可以看到堂堂北师大 ×× 教授说：“40 岁没有赚到 4000 万别来见我！”有教授说：“能把白菜卖出黄金价就是成功！”还说：“不要拿我交的税钱建设中国的航母！”还看到关于直到南京大屠杀之后蒋介石还不对日宣战，对此竟有人这样解释：“中国军工军需都需要进口，如宣战，日本可通知各国禁止一切军需品输入中国。”这些话如果你听了就信，不去质疑，那不正是“学而不思则罔”吗？

5. 把学到的知识当成绝对真理到处乱用

我们经常阅读的学术期刊哪怕是权威的学术期刊，其上也不可避免地会刊载错误的信息，你学了还拿来到处去用也就会跟着犯错误。

例 8. 我自己也是常犯错误的，比较大的一次错误是在 1991 年编著出版《空间机构学》时，其中第 9 章中的某个观点引自外国文献，后来发现原文错了，我自然也跟着错了。这是我的错，不能怨别人，我也有学而不思的经历。这让我得到了深刻的教训。

例 9. 再看看在中国革命历史初期的知识分子李立三、王明、博古和李德等人，他们不正是那种学而不思生搬苏联经验而使中国革命蒙受到十分严重的损失吗？这是不应忘怀的血的历史教训。而如今又有一批知识分子持拿来主义，以为西方什么都好：西方两党制、西方选举制、西方的全盘私有化制度等，以为这些都是放之四海而皆准的真理，可以拿来就用。如果按照这样去做，必然会对我们的伟大事业再次造成更为严重且无法挽回的损失。就拿“民主”来说，民主是人类普遍的高尚的追求，西方的两党制和选举制已存在数百年了，它在历史上有进步性，但发展到今天他们执行制度的问题已暴露无遗，许多文章已有分析。难道我们中国的共产党人不追求“民主”吗？我们中国人当然更追求民主，追求更好的民主，我们创造了更好的民主制度。

例 10. 网上报道：“从去年 9 月到今年 3 月，短短半年间，传销组织诱骗了全国各地数千名大学生到重庆搞传销，被骗者不乏名牌大学的高才生。”为什么这么多大学生还会上当受骗，对如此低级的骗局却不能识别？原因就是他们没有进行认真的思考。

所以，我们为了深刻领会，为了明辨是非，为了能够正确运用，为了发展和创新，在学习时一定要去质疑，去思考。

四、思而不学则殆

这里再看孔子那 12 个字的后半句，重要的是它告诉我们如何去“思”，特别是我们科技研究者应如何去思。什么是这里的“思”？这里的“思”也不是抽象的“为思考而思考”，而是针对具体的在任何读书学习、科学研究及从事实际工作之时或在其完成之后的再思考。

这里的“学”包括五层意思，首先，就是在思考时要读书；其次，对实践经验要总结上升到理性；第三，处理实践中遇到的问题，要“理性”地思考；第四，要运用哲学的观点去思考；最后还要去创新，要提出新的学术思想。在下面的分析中我还将引出一些实例以佐证。

这里谈到理性，什么是理性？“理性”，这是哲学上广泛使用的术语，可以分为“理性的思考”和“理性的认识”，两者有不同的意思。

“理性的思考”是在对问题思考时，要依据现有的某种理论，通过合理的逻辑推导得到确定的对问题思考的结果。理性思考要用我们已经形成的概念、理论对事物进行分析、综合、比较、推理、计算，最后以判断得出新的结论。换句话说，考虑问题、处理事情时不冲动，不凭感觉做事情。

而“理性认识”是认识的高级阶段，其特点是它的概括性和抽象性。它是在感性认识的基础上，把所获得的感性材料，经过思考、分析，加以去粗取精、去伪存真、由此及彼、由表及里的整理和改造，使认识有一个飞跃，即由感性认识提升到理性认识。

理性认识是感性认识的提高，而感性认识却有待于发展到理性认识。

1. 思考时首先要阅读有关书籍文献

这第一个认识是很直观也易于理解的，要从书籍中找根据，这就是理性的思考。但实际中许多人遇到问题没有想到要去找理论，要理性地思考。这里先举一个例子，后面还有许多这方面的例子。

例 11. 我们在研究机构的奇异问题时，提出了一种新的有效的又很形象的奇异判别思路，其定理的充分性很容易就被证明了，然而定理的必要性长时期总证明不了。对此，我们又花了许多时间到处查看文献、读专著，经过这样不懈的努力，终于在三年之后，才从 Hunt 的著作中找到证明定理必要性的主要根据。这就说明不读书难以得到正确的答案，就解决不了这个问题。

2. 我们的实践经验要上升到理性

在研究任何实际问题之后，应将得到的认识提升到理性，这十分重要却也十分困难。我感到不仅一般硕士生几乎不可能做到，就是一些博士生也不是都把握得很准确。这是一个值得关注的问题。要上升到理性，需要有高的视点。没有高的视点如何能正确评估研究的价值？如何判断研究方向的正确性？如何能做出高水平的研究？

一个应用发明只解决一个具体问题，而上升到理论，它就有了更普遍的意义。感性的认识是属于对事物片面的、现象的、外部联系的认识；而理性的认识则达到了对事物本质的认识。一切科学的抽象，都更深刻、更正确、更完全地反映着自然，它也就更有普遍的指导意义。基于此，我们要求研究生应努力去提高其学位论文的学术水平。现在许多工人、农民都有很好的发明创造，燕山大学能否就以此授予他们博士学位呢？显然不能，这是因为他们没有应有的学术水平。

另一方面，当研究生写完学位论文，我还特别要求他们写好最后的“结论”。对于第一次写学位论文的学生，研究做完了，但结论常常不会写，不会将做过的研究归纳成为最简单的几条，特别是提升不到应有的理性高度。我常告诉学生，你总坐在计算机前是写不好结论的，写结论前你先躺在床上去想想，然后再写。你离远一点才能抓到所要找的要点，这叫作“远近结合”。不仅是为了写结论，其实在研究进行之中，也需要不时地“远近结合”，这样才能始终把握好你的研究方向，少走弯路。

例 12. 几十年来，在学术研究中我有时并不采用通常一般的代数逻辑去推理，而用一种“特殊的形象思维”模式，多次取得成功，并发表了许多论文。这让我感到这种新的思维模式很有用。机构学中的很多困难问题经由这样的思维方法，倒很容易获得解决。

“思维”一般简单地分成两类：抽象思维和形象思维。抽象思维也称逻辑思维，在做科学研究时常表现为代数思维或代数逻辑（用数学表达式以推导）。由于形象思维所具有的“跳跃性”，它可以引发创新的灵感，艺术大师和科学大师强调的首先就是创新的灵感这一点。形象思维的跳跃性使思维前后不具同一性，不像代数方程其等号两端是相等的。由于不具同一性，它也就不能用于逻辑推理。然而，我改造了一般的形象思维，使之前后具有同一性或相关性，因而能够用于逻辑推理。

最近我将实践中的这种能用于逻辑推理的“特殊的形象思维”方法总结以后上升到理性，达到理性的认识，更企图上升到认识论的层面，写出了《形象思维与科技创新》。是否正确，希望引发讨论。

3. 对处理实践中遇到的问题要“理性”

思考和处理问题要理性这是谁都知道的，然而实际上人们却常常不能理性地思考。

例 13. 近年，在机构学文献中出现了一个叫“伴随运动”的新名词，学生写文章也用了这个词。我看到后，我想这是一种什么运动？没听说过。对于这个新概念，我感到一定要从理性的高度来认识。在理论上，物体运动的形式应该属于“力学”，就应理性地先查查力学。可是在“力学”中也没有看到有这么一种“伴随运动”，现在机构学研究却发现了力学中没有的“运动”，那岂不就是发现了一种“新的运动形式”？学生说：“外国人都这么叫，同行也都这么用。”甚至还有人采取优化方法以减少“伴随运动”的影响。我说：“不行，应该以力学为准，再造出一种力学上都没有的运动会被笑话（当然，客观上如果真有什么新现象出现也不是没有可能）。”这里基于“力学”的认识就是“理性的思维”，而上述那些认识就是非理性的。在学术界存在非理性思维，像“伴随运动”就是一个非理性的名词，它却这样多次出现在著名的国际期刊中。

其实，所谓“伴随运动”据我们的研究，说穿了，它是做相对滚动的物体上点的位移运动。如此说它是不可能被消除的，人们对它所采取的优化处理也是没有意义的。这里不依据力学理论的思考，就是“思而不学则殆”。这里的“基于力学”就是孔子说的“学”。

例 14. 一次，我们在求螺旋节距的空间分布时导出了一个一元三次代数方程，学生却惊奇地看到它的四个常数全都为 0，她反复检查没错后来问我。我想只有赶紧向“理论”求教，要学生去翻翻《高等数学》。她看了《高等数学》后这才确定那正是书中的 0 比 0 问题，又按书本指示对比了实际的机构模型，才最后解决了这个问题。依此道理，多篇文章连续地发表在著名的 MMT 期刊上。当实践中出现问题时，要去思考，思考要基于理性，不从理性高度思考，回答不了这个问题，这里的“参看高等数学”就是孔子说的“学”。

例 15. 当一个木块被挤到墙角，它的三个方向的移动被约束了。按螺旋理论，它受到三个反螺旋约束力。有人认为按“力学原理”把这三个力按矢量加法进行合成，合成为一个约束力，并依此分析自由度。殊不知，反螺旋力有双重意义：①它表示机架对物体的约束，这是不能合成的；②它又是反作用力，是力学里的力，它却可以合成。这里就有两个不同的概念，在讨论自由度问题时，应该应用哪个概念呢？

思而不学则殆，思而“错学”“错用”亦殆。对应这里的“学”用的理论不对，其结果也就发生错误。这里用的“错误的理论”，就不是理性的思维，更不是孔子说的“学”。

例 16. 研究生要用英文撰写论文。常有英语六级考得不错的学生写出的论文，却被审稿人评为“英语不合格”。 问他怎么写的？学生说他写作时感觉良好，他就是凭着感觉写的。好一个“跟着感觉走”！唱歌、交朋友是可以跟着感觉走的，写英文论文怎么也跟着感觉走？这不对，要依据理性！英语作文也能依据理性吗？其实，那就是：①要多查字典；②总结一套适合研究生提高英语写作的方法。这样做的话，英语写作并不难。这里的“查字典和依据总结的经验”就是孔子说的“学”。

例 17. 再举一件小事，我第一次去台北打出租车从桃园机场去宾馆。途中我突然问司机：“你怎么朝北走？”司机非常吃惊：他已知道我是第一次来台北，又在天黑之后还下着小雨。试问我是怎么判断方向的？其实这就是理性思维，台北地图预先已在我的脑海中，依据地图就能有理性的判断。

例 18. 前面例 10 中报道的多名大学生到重庆搞传销被骗。除了前面说的他们遇到问题不作思考外，他们更不会理性地思考。说到这里，使我想起近 40 年前的一件小事。20 世纪 80 年代末的一天，一位远房的侄女从长春来看我，她带来一台养生用的摇摆机。她说，我可以交 3000 元得到一台，并同时我会被邀请加入他们主办的什么“会”，并让我在学校再一个个地邀请其他老师如法购买和入会。这样每次成功邀请我都可以提成，发展成员越多，提成越多。学校有这么多的老师入会，一定能赚不少的钱。我听后十分吃惊，就想，我是搞机械的，这东西哪值 3000 元？那个年代这可不是个小的数目，而且，这种挣钱不是等价交换，是不断骗下家的钱，我拒绝了。那时还没听说过“传销”这个名词，更不知道后来传销应被取缔。那时之所以能够正确地判断，这就是理性的思维，它让我在传销一露头就识破了它。

上述多个例子表明谁都知道要理性地思考，可实际上常常不作理性思考。为什么大学生、研究生不会作理性的思考？这确实是值得思考的问题。如此说，大学生和研究生都要大力加强理性思维的训练，不仅对他们将来从事科学研究有益，就是对他们处理日常任何问题都是必要的。

4. “理性思考”还要问问你是基于什么理论

这个问题在前面例 15 已有所谈及，这里还想进一步展开。

例 19. 有位科技界的名人曾以“呼唤理性”发文，赢得了许多年轻学生的点赞。他认为“现今国内方方面面缺少理性，非理性的声音不好”“西方文化更强调理性”，接着他表明了“我们的核心价值观是：自由，民主，平等，法制”等等。文中他特别指出，中国的教育方针“使受教育者在德、智、体几方面得到全面发展，成为合格的社会主义接班人”不对，教育的目的应该是“人的自由发展！”这就是这位前校长的“理性”，最终他还算说出了他的“核心价值观”。

上述论断是否正确这里我不予评论，只是想指出，关于“理性”不同的人有不同的认识和解释。最明显的例子就是关于中国的“南海仲裁案”。中国人的理性思考认为，该仲裁法庭本身就不合法，法庭不合法，那么不合法的法庭得出的“南海仲裁”也就站不住脚，是非理性的。而美国、日本也“理性地”振振有词地要求中国尊重法院裁决，而且还得到诸如澳大利亚、新加坡等国的支持，强调要尊重法治。理论不同，两者的结论真有天壤之别！真如中国这句谚语所说“公说公有理，婆说婆有理”，问题是你听谁的理？

可见当人们呼唤理性的时候，一定要想一想，这个理性到底是基于什么道理，这里的“学”到底是什么？不要轻易地就上当受骗。否则那也还会陷入“思而不学则殆”。

5. 思考是要运用哲学观点以提高洞察力

遇到问题要思考，思考要有眼光，要使思考能够深入问题的本质，就要学会运用哲学的观点。什么叫有眼光？有眼光就是能够看见现在用肉眼看不到的将来。哲学就能够帮助我们看问题能够有眼光，能够入木三分，所以要学哲学、用哲学。复旦前校长杨玉良说：“一流的科学家都有深厚的哲学素养，甚至连哲学家都为之惊叹。”前面提到的“经验要上升到理性”本身就是一个哲学命题；例 12 和下面的例 20、21、23、24 都直接用到了哲学。

例 20. 1982 年我到美国时，全世界都在研究串联机器人，而美国佛罗里达大学的教授却在研究并联机器人。我们三位在佛罗里达大学的中国访问学者讨论过，我们该不该跟他们走？会有前途吗？一般都认为并联机构做机器人的工作空间又小，又不灵活。但我基于过去学到的一点哲学，一点关于哲学的“对立统一”原理。我想串联与并联正是一对对立的概念，对串联的优点并联确实比不上，也不要企图以并联代替串联；但是并联有自己的优点，这方面串联的也必然比不上，如图。如此看来，并联机构一定有它自己生存的空间。经如此分析，虽然当时尚看不到它有什么大的应用，可自那时起我就抓住并联机器人这个方向，十多年之后并联机器人才成为国际上机器人研究中广泛关注的热点，而我的研究却已经远远走在前面。可以看到并联机器人的兴起，代表了“二战”之后机构学的主要发展方向，它有着非常重要的应用意义。哲学让我在它成为热点之前十多年就能够预见它的价值，这就是哲学带来的洞察力，使认识入木三分。

串联机器人与并联机器人

例 21.1927 年，毛泽东组织了一个小小的游击队在井冈山闹革命，它处于敌人的四面包围之中，随时有全军覆没之虞。有人问：“红旗能打多久？”毛主席说：“星星之火可以燎原。”又如在抗日最困难时期他又提出“论持久战”，按此战略决策，在抗日战争中，中国人民逐渐积累了力量，迎来了抗日胜利。从这些例子都可以看出毛泽东确实以大战略家的洞察力和基于哲学所具有的深邃眼光，驾驭了中国革命并使之迅速走向胜利。这确实代表了中国人最高的思维能力。

反观一些地方的“石头与装甲车的对打”，几十年都这么打，却一直没有人问问这样下去何时能取得胜利，更没有人指出胜利的道路。两相对比，真有太显著的高低差别。

6. 当实践中出现了新问题，应该怎样思考呢？

出现的新问题应当如何思考解决，这里的“学”就是指明还需要创新，要学术创新。

例 22.“自由度的统一公式”问题在国际机构学界持续了 150 年未获解决，法国 Gogu 教授几乎收集了所有的反例，并分类为“现代并联机构和古典机构”。此问题如何去解决，首先你要考虑想用什么理论。当所采用的“理论”

不牢靠，结果的普遍性就不大。所以我们的研究一定要基于可靠的理论。这里除了我们正确地采用了“螺旋理论”去研究，特别是与国外不同的是我们着重应用的是“反螺旋理论”。这使得螺旋能够扮演数学、物理多方面的角色，运算更加方便；又如例 12 所述我们还创造性地提出一种新的逻辑思维方法。就在上述两条件下解决了“自由度的统一公式”问题，出版了《论机构自由度》一书。对于我们所应用的螺旋理论的有效性，我感慨地在该书“螺旋理论”这一篇的页眉上写道：

莫道昆明池水浅，
观鱼胜过富春江。

例 23. 当我们找到了对于现代并联机构和古典机构都能适用的“通用的自由度公式”后，发现有更加复杂的多环耦合网络式机构。确实，原有理论不能直接应用，怎么办？学生说，那让我们另想办法重新开始吧！这里就出现了当遇到新的问题时应该怎么去做的问题？

从哲学上说，当我们已经基于对一些事例的研究找到了规律性的结论，而再遇到新问题时，就应该以得到的共性为基础再去研究新事物，找到它们的普遍性和特殊性，用以解决新问题，并补充丰富我们的共性理论。所以，这时我们就是以原有的自由度理论为出发点，再去研究新的机构，再去创新，并发展我们的自由度理论。

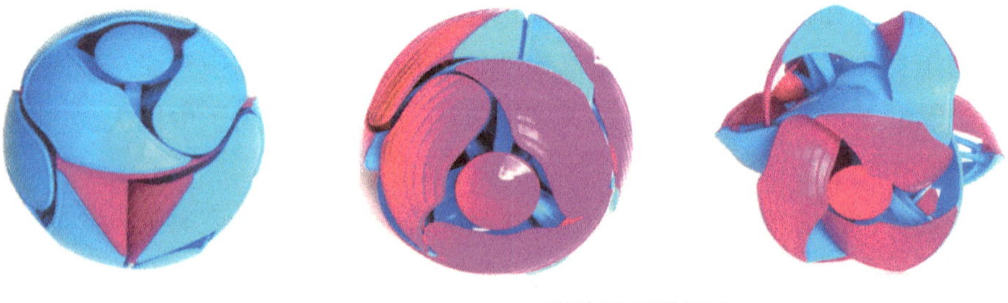

Hoberman Switch-Pitch 魔球的三种姿态

上图就是这种结构更复杂的双色 Hoberman Switch-Pitch 魔球玩具，当它被抛向空中时能够改变其外表颜色。我们就是通过此例进行了理论再创新。同时还要指出，对于这个复杂的例子我们用的就是“能用于逻辑推理的形象思维”解决的。这里的“原有的自由度理论和再创新”就是孔子说的“学”。

例 24. 中国改革开放 40 年，取得了伟大的成就，也出现许多问题。人们思考下一步往哪里走。这时思考的关键就是孔子的一个“学”字，你用什么理论来认识和分析。从网上我们已经看到了对于中国向何处去已经有了大相径庭不同的方案，不是吗，顶层设计却是天壤之别，这可是事关中国人民命运的大事！许多人呼吁“走西方的道路”。这个理论对吗？你想想看，你将拿什么理论在这里当成是孔子说的“学”呢？

前面的路怎么走？我想它就应该是依据我们中国人民为了推翻三座大山，为了中国的重新崛起，经过这100多年的前仆后继艰苦奋斗的经验总结得出来的“道理”，这个有亲身体验的“道理”是宝贵的，要基于这个道理来分析今天的新形势，提出解决问题的思路和方法，并以此进一步丰富上述这个“道理”。这就是“中国模式”，也是中国模式发展的逻辑。

对比例23和例24，我想，这个认识发展的逻辑，无论对自然科学还是社会科学都是一样的。

五、中华民族是最善于思考的民族

有人说，中国长期没有诺贝尔奖就是因为中华民族是不会思考的民族。对吗？非也。过去中国人确实没有及时将四大发明提升到理性，错失了发展而让西方在这些方面抢了先机。但中国人在其他多方面有深入思考的记录。比如《孙子兵法》，那就是对当时发生的许多战争经过思考后达到哲理层次的高度概括。至今美国西点军校还奉为必读教材，而且还被许多人用于商业竞争、体育竞赛，这本书的哲理也跨越了许多不同行业。中医学也是几千年中国人行医经验积累及理性思考上升的结果，是与西医完全不同的另一种科学的学说。

历史上中国创造了领先世界几千年的文明史，有人统计，16世纪以前，影响人类生活的重大科技发明约有300项，其中175项是中国人的发明。正是这些重大的发明，使中国的农耕、纺织、冶金、手工制造技术等长期处于世界先进水平。

更何况早在公元前500余年孔子的那12个字不仅是思考，更是对思考的思考，也是对思考的高度哲理概括。

历史上能够传承文明、生息至今的民族只有中华文明，历史上很多曾经辉煌过的民族，都已经消亡了。中华民族的强大在于总善于吸收外来文明的优点，而同化吸收外族文化，创造出适合自己民族的文化，因此越来越壮大。其根本就是有包容性，就是中华文化的中庸之道。无论是佛教、基督教、伊斯兰教，在中国都有存在，但逐渐被中国化，它们之间失去了在西方普遍存在于宗教及教派之间的严重“排他性”。马列主义来到中国，中国人将城市起义变成了农村包围城市。再说改革开放之路，不是我们搞得比俄罗斯、东欧更好吗？如今我国经济总量跃至世界第二，人民生活从严重的温饱不足发展到总体小康。中国的崛起是人类近代历史上第一次没有靠掠夺世界的崛起。有人说，“中国的复兴与再次崛起将是欧洲文艺复兴之后对人类思想的最大震撼”，这话是有道理的。

科学研究工作如同开矿、采黄金，要找到矿脉，再往里掘进，这就形成了掘进通道，可以称之为“管道”。西方的科学研究就像在一个开矿隧道里，不断挖掘，不断积累。不进到管道里面你就到不了前沿，乱挖就什么也挖不到。你没有系统学习科学理论，你也就做不出科学成绩。也可以说，此开矿之隧道就是一个封闭的“管道”，要做相应的科学研究，就要进入相应的管道。中国的中医学也是一个封闭的“管道”，在它外面是识别不了的。一些院士认为应该封杀中医，其错误就在于他在管外。当中国人也进入科学研究之“管道”（学习了科学知识），他们一定能挖到黄金，也一定能跑到最前面。许多事实已证明了这一点。

六、回顾与总结

对孔子那 12 个字的理解现在可以概括为：“学习时为了深刻领会，为了明辨是非，为了发展和创新，一定要思考；在对我们的实践做思考时，要读书，要总结提高，要基于科学理论，要理性，要应用哲学去分析，还要不断地创新。不然，就不会有正确认识，不会推动研究发展，不会成功，甚至会导致危险和失败。”而这 12 个字表达的核心就是一个“思”字，“思考是创新之母”。

孔夫子当年的那 12 个字，它不仅是思考，更是对思考的思考，是高度提炼凝结的哲理概括，又高度的抽象。高度的抽象竟然穿透这么长的历史时空，不仅指导了当今的教育改革，又渗透到不同的文理学科，还能对我们做科学研究的学者有这么重大的指导

学而不思则罔，思而不学则殆

意义。这就是伟大思想家的哲学的魅力。

今天，无论我们在做任何工作，我们都要常常思考和善于去思考，还要用科学理论、用先进思想来指导我们的思考，发展中国文化中的创新精神。毫无疑问，我们终能建设起创新型国家并回答钱学森之问。不仅让罗丹的“思想者”形象所表现的“思考”，更让燕大校园里那尊孔子塑像上镌刻的揭示“思考”内涵深厚哲理的12个字“学而不思则罔，思而不学则殆”，在我们学校里照耀我们前进，并永放光芒！

科学精神与科学的方法论①

（2016年5月1日）

在我的著作《论机构自由度》的扉页上，曾镌刻着脍炙人口的诗句“俏也不争春，只把春来报，待到山花烂漫时，她在丛中笑”，这给原本严肃枯燥的科学理论著作增添了一点诗意和哲理。哲学思想为我认识世界、为我选择人生指出了方向，它还为我在科学研究方面提供了方法论。站在哲学的高度往往能看到更多，看得更远，看得更深刻。当把哲学思维和科学思维巧妙地融合在一起时，享受着游走于科研与哲学之间的感觉十分美妙。每一学科大部类都分为三个层次：基础学科、技术学科和工程应用。每一门科学的成果提炼到顶层就是哲学。根据自己30年来的科研实践，深感哲学对科研的帮助，深刻体会到：“搞科学的人一旦掌握了哲学，认识就会入木三分。”有人说，“不懂哲学就没有方向感。”“哲学是成功人士所必须具有的一项能够增强理解和认识能力的学问。”更有如复旦大学杨玉良校长所指出：“一流的科学家都有深厚的哲学素养，甚至连哲学家都为之赞叹。”所以我们搞科研的人，想提高看问题的洞察力，想加速我们的科学研究，就一定要学点哲学。

所以本文集中于介绍和分析如何用哲学来指导我们的科学研究。

一、什么是科学精神

“科学救国，科学技术是第一生产力”，“科技兴则民族兴，科技强则国家强”，为此要全力发展我们的科学技术。努力造就一大批能够把握世界科技发展大势、分析科技发展方向的战略性科技人才，培养一大批善于凝聚力量、统筹

① 这篇有关科学研究中的哲学问题内容曾于2003年在浙江理工学院，2004年在河北科大，2005年在安徽理工，2008年在辽宁工业技术大学、在大连理工，2009年在江南大学，2010年在北航，2010年在台湾高雄科技应用大学，2011年当清华百年华诞在清华，以及在燕大机械工程学院演讲过。这次全文重新撰写。

协调的科技领军人才，培养一大批勇于创新、善于创新的企业家和高技能人才。所以，我们首先要有科学精神。什么是科学精神呢？

我体会科学精神的真谛集中概括起来就是八个字：“追求真理，实事求是”。

展开来说，科学精神首先就是要有广阔的胸怀，心里不仅仅崇尚科学，愿意献身科学，而且要关心我们人类所处的世界，关心人类命运。例如，关心世界和平问题、气候问题、环境问题、世界新能源问题等。我们看到来自湖南农村的学霸何江的哈佛演讲，他作为优秀学生代表在最高学府哈佛的毕业典礼上发表演讲，他以自己少年在农村家乡被毒蜘蛛咬伤的经历谈及要以自己学到的知识来为全人类服务。

何江的哈佛演讲

第二，不要保守，要敢于创新，我曾经也是很保守的，在出国选择方向时老强调自己46岁，年纪太大了，强调东重是小学校。后来事实证明这些想法都是错误的，是严重的保守思想。所以我们年轻人更不要保守，不要唯条件论。其实我国在核武器、在航母、在五代机、在航天上成就突出，其起点是很低的，完全是自力更生、自主创新。在这个领域只能靠自己，我们的潜力是无穷的，要相信自己。

有一句名言很有意思，对我们很有启发，“当一位杰出的老科学家说什么是可能的时候，他差不多总是对的；但当他说什么是不可能时，他差不多总是错的”。英国皇家学会会长、诺贝尔奖得主瑞利发誓“60岁以后再不要对任何新思想发表意见”。想想这些话的背后的意思是什么？所以，我们要开动脑筋，多思考，敢于突破任何框框，敢于挑战权威，敢为人先，敢于创新！

第三，要崇尚学术，崇尚真理。我们要尊敬师长，尊敬书本，尊敬权威，要诚恳、老实地、虚心地向他们学习。但我们不要迷信书本，不要迷信老师，不要迷信权威，更不要迷信洋人，要敢于质疑。“不迷信洋人”说来容易，到具体情况下，却又常常陷于迷信，在我的文章中也多次介绍，因为我曾经迷信洋人而丧失了许多的机会，这都是深刻的教训，所以我们应该时时提醒自己。为此，要大胆思考、大胆提问，要提倡打破砂锅问到底的精神；说到不要迷信，也包括不要迷信古人。我看到一个燕子的燕字写成左边少了一点“燕”，我一直奇怪为什么“燕”字少一点，我认为这样不好看，中国字讲究结构平稳，它缺一点，就像是要歪倒了一样。我真问了一位书法家，他说这是古代书法大师×××写的，他写的就是这样少了一点。原来它来自古代名家！我不知道其他的人看到是什么想法，能有几个人知道它是来自古代名家？古代书法名家字写得十分漂亮，但绝不是个个字皆好，只是绝大多数写得好。可我们却选择了不好看的字，我看这可真算得上是迷信古人。我们知道最著名的科学大师也说过错话，大家可以纪念大师，推崇大师，但并不包括他的错误。著名书法家，写字漂亮，但也并不是没有不漂亮的字。

对此，我不敢说我的这个说法就对，但我觉得能够让大多数人都获得美感才对。

第四，要有不屈不挠的精神，大家都知道，科学研究必定不是一帆风顺的，不是如北京长安街那样笔直，连一个微小的绕弯都没有。所以我们每一个人都要有思想准备，准备经历百折而不回，要有终身努力的献身精神；现在提倡对待做基础研究的人，应该更宽松一些，不要天天考核他的论文。

第五，应该具有严谨的和实事求是的学术风气，实验和计算的数据真实，不搞泡沫，不弄虚作假，拒绝学术不端，更远离抄袭剽窃，等等。现在社会上的一些不良作风也深刻地反映在学术界，这不足为奇，也是不可避免的。然而我们应该严谨要求自己，因为我们的目的是实现中国梦，我们不能搞泡沫，而且科学创新也并不是高不可攀，只要我们自己舍得献身科学，勤勤恳恳，刻苦努力，再加上学会把握好正确的研究方向，学会正确的科学研究的思维方式，努力总会获得良好结果，获得回报。再说，能否获得科研的成果，并不在于人的智商有多高，其实智商在人们之间相差并不大。你看高考成绩虽然有高有低，有的考入一流大学，有的只进入二本三本，但那些顶尖学校的学生并不是个个都能够成为拔尖人才，二流三流学校也不是就出不了拔尖人才。就说燕山大学的田永君老师，他本科毕业于哈尔滨科技大学，远不是国内顶尖大学，虽然后来他有中科院读博和国外留学的学习背景，他的这个研究题目却是他本科毕业来到燕山大学当老师后自选的题目，与中科院和德国留学无关。他也是基于自己的常年努力，打破了国际上认为不可能有比金刚石更硬的材料的说法，合成了比金刚石更硬的材料。你能说这些例子是偶然的吗？想一想，这偶然出现的例子中透露出了必然性。

第六，科学研究总是在学术争论中求真，学术争论推动学术的发展，发展是在矛盾中前进，学术需要“切磋砥砺”，不同学术观点的争论不仅不可避免，也是学术前进所需。但争论应局限于学术范围，不应针对人身。“学术之争在于求真，非为取胜”。

对于什么是科学精神，如果要概括起来就是上述八个字，“追求真理，实事求是”。

我们有心从事科学研究的人，一定要坚守这八个字。从事科学研究的人若没有了科学精神，以金钱、官位为努力方向，那是非常错误的！如果那样你就去走当官之路，好好地为人民服务；若想挣钱，你去经商，办企业，走经商之路，同时发展了国民经济，利国利己。还要说明一点，这里说的是“追求真理”，而不仅仅是“服从真理”。这是因为“追求”体现的是动态，我们要去努力，要不断地努力，不懈地努力，努力努力，再努力。再者这里提到的后面的四个字“实事求是”，按理说它本身已完全包括在前四个字的意思之中，追求真理则必然要实事求是，这里再说一遍的意思是为了想特殊地强调这一点，强调我们做科学研究必须是有一说一，有二说二，实实在在的，没有一点水分；而且特别强调的是不能夸大，不能无中生有，更反对弄虚作假，不能采取任何非科学的手段。

中国的知识分子要继承并保持中国传统文化中的精髓，那就是孟子所说的：

富贵不能淫，
贫贱不能移，
威武不能屈。

就是要有气节，如坚毅挺拔的竹子。中国文人把竹子空心、挺直、四季青等生长特征赋予人格化的高雅、纯洁、虚心、有节、刚直等精神文化象征。

挺直的竹子

二、创新思维

我们做科学研究要有科学的思维方式，科学思维中包含十分重要的辩证思维，这些思维方式都与哲学有关。思考是创新之母，在我们读书学习时，要多思考，多提几个“为什么”。中国人是勤于思考和善于思考的，孔夫子于2500多年前，就提倡并教导我们：“学而不思则罔，思而不学则殆。”遇到问题要思考，思考能锐利你的眼光，为能如此，就要学会运用哲学的观点。什么叫有眼光？有眼光就是能够看见现在看不到的未来。哲学帮助我们看问题能够有眼光，能够预见未来，能够入木三分。

我体会创新思维可以从如下几方面来谈谈：

1. 发展的无限性与发展的阶段性

首先要认识到发展的无限论，客观事物的发展是无限的，但它又常常表现为具体的阶段性，搞科学研究的人认识到这一点是十分重要的。常常听到很多人说，“我们的机构学从蒸汽机开始已有了好几百年的历史，早已发展到头了，没有什么课题可以再搞了”。其实，看看机构学几百年的发展历史，从来没有一时停顿，但也可以看到它确实表现为不同的几个阶段，一个一个阶段地发展前进。它从以平面机构为主，发展到空间机构；从单自由度机构，发展到多自由度；从刚性机构发展到柔性机构……，它是不断地变化前进的。这就是发展的阶段性与无限性的辩证统一。

从哲学上看，原来的问题解决了，又会出现新的问题，永远没有终点。“运动是永恒的，静止是暂时的”。有人十分幽默地说，世界上确实有一样东西不变，这唯一的不变的东西就是“变”！

当我们确立了这个发展的无限性观点，就不要认为研究已经到头了，不要说再也没有什么可以研究的了，我们绝不能止步不前。如果我们止步不前，世界却仍在不断前进，我们就会错失发展机遇。所以随时注意去捕捉世界上出现的新生事物或者是自己头脑中一闪的灵感。要抓住新事物的先机。

当今党中央确定把科技创新摆在更加重要位置，提出要“建设世界科技强国，加快各领域科技创新”。在世界科技发展变化中我们要去除保守，要努力去抓住发展的先机，引领发展的新潮流。

有位业界名人针对具体的机构学研究提出，以圆圈和直线表示的机构简图是“抽象机构”，是“脱离实际的”，“不要再研究这样脱离实际的机构了”。她主张研究的不是那种“脱离实际”的机构，而是越具体越好，越真实越好，并称之为“现代化”，主张越“现代化”越好，并起名曰“现代机构”。她说要研究实际机构，不要研究“抽象机构”，现在研究“抽象机构”已经过时了。

这个看似先进的说法却明显是错误的，而且正是错在哲学的层面上。不仅任何事物的抽象是科学的，而且更高程度上的抽象则更深刻地反映客观实际。任何科学研究都要摒弃一些与研究无关的因素而让其抽象化。其实即使是圆圈加直线的“抽象机构”还有许多问题没有解决或解决得并不好，不是不再需要研究，而是与任何事物一样，都在永不停止地在发展，没有止境。能以圆圈和直线表示的机构的机构学问题也在发展，也不断出现新问题需要研究，而且也永远不会终止。事物的辩证发展过程就是这样的，这就是辩证的发展观。确实，近半个世纪以来，机构学上出现了许多新的问题，传统的以圆圈和直线表示的机构运动学早已不能满足研究的需要，要加上质量、加上间隙、考虑柔性等因素的研究早已开始。但这个研究也绝不是真正的“实际机构”，不可避免地也必须采取相当程度的抽象。这个业界名人所犯错误的例子告诉我们，学点哲学是非常重要的。

所以当我们感觉到目前发展的进度缓慢了或者似乎是停顿了，必须立刻想到，静止是相对的、暂时的，新的方向会在不知不觉中萌发。有眼光的人就会立刻抓住，甚至，他提前就抓住了。

2. 感性思维、理性思维与灵感思维

我们这些做科学研究的人也应该了解和认识思维中的“感性思维”和“理性思维”。当然对我们来说，理性思维特别重要，做科学研究首要的就是有严谨的理性思维能力。我们不是画家不是艺术家，他们是特别注重感性思维的，但是做科学研究的也是人，是人就不能够离开感性思维，不能够离开情感。做科学研究的人的情感是什么？那就是热爱我们的科学事业，热爱我们的祖国，愿意为此而献身。

确实，理性思维对我们做科学研究的人有直接的关系，也更为重要，这里还要谈谈我对理性思维的一些看法。

一个应用发明只解决一个具体问题，而将其上升到理论，它就有了普遍意义。普遍意义在于它有普遍的指导作用。任何人都可能有发明创造，工人农民中自己发明创造的例子不胜枚举，全国总工会原主席倪志福，他是机械行业的工人，他开钻床，他根据自己的实践经验发明了系统成套高效的机械加工钻

头，被称为“倪志福钻头”。他确实是机械工程领域中一位有影响、有代表性的人物。但是，试问他有这么多的发明，燕大能不能够授予他博士学位？这是不可能的。为什么？原因只有一个，那就是他没有表现出学术水平、理论水平。虽然他有系统的发明，可没有系统的理论，更不用说高水平的理论。学校的学位教育，博士、硕士都要求有足够的学术水平，有理论的高度。这样做的目的就是追求更广阔的指导意义。当然，你若授予他“名誉博士学位”那是不受限制的。

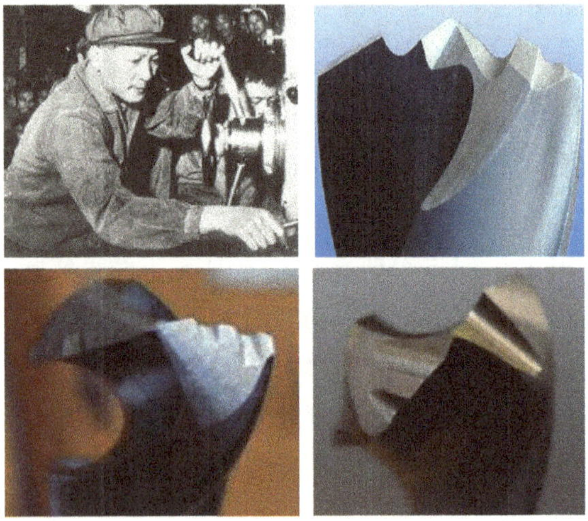

工人发明家倪志福和他发明的各种钻头

其实，大家都知道，在思考和处理问题时要理性。然而实际上却常常看到许多不能理性思考的、不能从学术深度上去思考的情况。

例如近年来，机构学文献中出现一个叫“伴随运动”的新名词，学生写文章也理所当然地用了这个名词。我看到后，我想这是一种什么运动，怎么没有听说过？对于这个新概念，我感到一定要从理性的高度来认识。怎样才是从理性的高度呢？就是要从书本上，从你学到的理论上来找根据。在理论上物体运动的形式应该属于“力学”，应先查查力学。可是在“力学”中也没有看到有这么一种叫作“伴随运动”的名词。现在机构学研究却发现了连力学中都没有的“运动”，那岂不就是说机构学发现了一种“新的运动形式”！？学生说“外国人都这么叫，同行也都这么用。”我说：“不行，应该以力学为准，再造出一种力学上都没有的运动会被笑话（当然，如果确实是新现象那另当别论）。”这里基于“力学”的认识就是“理性的思维”。

两个物体之间的滚动

其实，据我们后来的研究明确，这种所谓“伴随运动”，它像是转动，但不是转动，它是做相对滚动的物体上点的位移运动，如图。这种运动是力学上都没有新发现的特殊新形式的运动吗？也值得给它另外单独地起个物理学名字吗？没有必要。一些认为这是伴随运动的人曾经想从理论上设法消除这个伴随运动，或者通过数学的优化以减少它。但是因为那是两个物体之间的滚动，它是不可能被消除的，对它采取优化也是没有意义的。这个名词的出现就是没有理性地思考，不能正确认识，采取的措施也就没有意义了。

如此说来，对于做科学研究来说，任何相关思考都要从理性出发，要找到理论上的根据。如何能够从理性上找到根据呢？那就是多翻书本，要依据现有的理论。这是做严谨的科学研究必需的思维方式，也就是科学的态度。

我的博士生当时看到的那台飞行模拟器

有人说，“感觉到东西不能立刻理解它，理解了的东西才更深刻地感觉它，感觉只解决现象问题，理论才解决本质问题”。这就是理性认识与感性认识的区别和联系。

我的一位博士生到一个企业调研，看到他们研制的一台6自由度的飞行模拟器，如图，他立即指出它错了，它并不能实现所要求的6自由度运动。原来他们并没有弄清这种6自由度并联机构的理论，是照葫芦画瓢。这里就会看到理性认识的重要性。

我们知道，理性认识依赖于感性认识，感性认识有待于发展到理性认识。中国人善于观察与思考，这可以从古代《孙子兵法》中看到，那时孙武能够从众多的具体的战争事件中，由表及里地抽象化地概括提升得到有重要价值和长远影响的理性认识。中医学也是这样，它非常抽象，阴阳五行正是从无数次的经验中反复且高度地抽象而成。其中包括了在1700年前《肘后备急方》中记载的能够获得了“诺奖级别”的灵感：“青蒿一握，水一升渍，绞取汁尽服之”。这个原始创新的思想正是晋朝的葛洪提出的。可是历史上当中国人发明了火药、发明了指南针之后，却没有进一步思考，没有将认识进一步提升，没有上升到理性认识，错过了将这种认识提升到化学和磁学的理论高度，那真是十分可惜。所以今天我们做科学研究，我们带博士生时，都要努力地将我们的任何实际研究上升到理性，一定要追求高的理论水平，历史错误永远不能再犯。

我们通过实践得到的认识，要上升到理性，有了高水平的理性认识后，又要反过来回到实践，以高水平的理论指导实践，再取得更高水平的实际效益。这时我们的实践—认识—再实践的一个循环算是完成，然而实践在前进，新一轮的实践—认识—再实践又开始了，在新的实际经验中再提高我们的认识，在实践中取得创新。如此在经历实践、认识、再实践、再认识的不断循环不断上升中，既提高理论又不断获得较高和更高的效益。高的理论水平，高的实践，这就是现在说的高科技。高等学校就是应该这样从事科学研究，着重开展理论研究，又不断将理论研究转化为应用的地方。我们说高等学校是知识的殿堂，其意义就在这里。

现在可以看到燕山大学在并联机构学理论上的创新和贡献，正在对全国范围内发展高新技术作出巨大的贡献，其中燕大人自己还部分参与了如上海的65米和贵州的500口径的两种射电望远镜这样重大工程的研制工作，可喜可贺。我校材料学院的田永君教授也是这样，创立了理论，依据此创新的理论，做出了世界领先的高于金刚石硬度的材料。这些都体现了理论与实践高水平的结合，这正是高等学校从事科学研究应该走的正确途径。

关于要将感性认识提高到理性认识，这就涉及特殊性与普遍性的问题。感性认识之所以可能提高到理性，正是因为普遍性寓于特殊性之中。换句话说，任何事物都是共性和个性的统一，共性寓于（存在于）个性之中，个性中体现了共性，所以，要从特殊性中去找到普遍性。

至于如何能够将感性认识提高到理性认识，还是引用毛泽东的原话来得简明深刻：

“要完全地反映整个的事物，反映事物的本质，反映事物的内部规律性，就必须经过思考作用，将丰富的感觉材料加以去粗取精、去伪存真、由此及彼、由表及里的改造制作工夫，造成概念和理论的系统。”

再说到灵感思维，前面在《形象思维与科技创新》一篇中曾经指出，“灵感思维是属于形象思维这个范畴，这种灵感，通常是为了解决面临的某个难以解决的具体问题而闪现的。做科学研究要有强烈的兴趣，要有激情，只有有了激情，才会去冥思苦想，为解决问题而长期苦思冥想、搜索枯肠地思考，即使一时不能解决，也可暂时将其搁置转而其他，当再受到某种偶然事物的启发，心中期待的灵感之火花却又突然而至，瞬时迸发！解决问题的方案和想法也就突然获得！”

可见它是我们创新思维中重要的思维方式。我们应该在实践中细细体会它的作用和感受灵感火花出现的喜悦，并积累经验。

3. 联想使灵感火花为之闪现

上面所说在“搜索枯肠地思考时，当再受到某种偶然事物的启发，心中期待的灵感之火花却又突然而至，瞬时迸发！”这里的“再受到某种偶然事物的启发”就是当你突然碰到什么事情，发生了对该事情与你原先所思考的事情的关联性，突然得到启发，找到解决问题的思路。这就是联想所出现的“灵感火花”，得到的是顿悟。所以我们要学会联想，并经常运用联想。

例如，我们在少自由度机构的瞬时螺旋运动的研究中，做出了很好的创新性学术成绩，揭示了少自由度机构存在的各种瞬时螺旋运动，并用二维平面和三维空间图清楚地表示了螺旋轴线存在的空间和不同螺旋节距存在的平面二阶曲线。它对于深刻认识机构运动的本质有巨大的帮助。但是长期以来这个理论一直没有发现有什么实际的应用，我们在一直关注思考。直到我们发明优秀的具有纯转动的两转一移机构时，这时需要描述其运动学特征才想起过去的那个代数几何学方面的研究成果。当我们用这个代数几何学原理再去解释时，运动学原理就一清二楚了。这里就是由于发生了一次联想完成了这项研究。

再举一个例子，记得在2005年左右北航的高飞作博士论文时，他突然联想到他曾生活过的西北，想到那里沙漠中沙丘被风刮起流动的特点，这个无边无际的联想使他获得灵感和顿悟，使他在信息学的某个理论问题获得成功的突破。

4. 对立统一、一分为二的观点

对立统一、一分为二的这个哲学观点是唯物辩证法的基本观点，也是我们认识事物的基本观点，在思维活动中用辩证观点看问题，常常使你看问题能够拨开迷雾，看到事物的本质，也就是能够入木三分！过去我曾经介绍过我怎样以此哲学观点准确判断了科技发展的新方向，抓住了科技发展的先机。

第二次世界大战后的半个多世纪以来“机构”：从平面向空间发展，从单自由度向多自由度发展，从单环运动链向多环运动链发展，从串联机器人向并联机器人发展，从低速机构向高速机构发展。

这里看到机构学上出现了许多新事物，带来许多新问题，它是对我们的挑战也是难得的机遇。其中并联机器人的出现就是最具重大意义的事件之一，因为并联机构仅仅需要为数不多的构件就能够实现空间任何多自由度的运动，在高技术多个方面有着重要应用，例如应用在 500 米口径的射电望远镜的调焦机构。

早在 1982 年，我作为访问学者去到佛罗里达大学，那时在那里看到 Duffy 教授研究并联机器人。我们三位中国访问学者一起讨论，全世界研究的都是串联机器人，他却搞并联机器人，我们能跟着他跑吗？并联机器人有前途吗？确实，当时全美发表并联机器人方面文章的不足 10 人，而且还不断有人退出。对比两种机器人的结构（如下图），明显地看到，串联者活动空间又大又灵活，适合做机器人，而并联者却相差甚远。他俩都不看好，不赞成。不仅是他俩不看好，其实那时国际上有谁看好呢？没有。可我基于哲学对立统一原理想，并联之与串联，不也正是对立的两种机型，它们是对立统一的，有区别有联系，还各有长短，一分为二，并联者一定有其优点。我确信这种认识是正确的。于是我在这个并联机器人萌芽时期就抓住了这个重要的发展的苗头，把握了先机，抓住了这个方向，任何困难、诱惑下都没有动摇，坚持了 30 年，终于取得了好的结果。回过头来看，并联机器人直到 1995 年才真正成为国际上的关注热点，可我的研究已经远远走在了前面。我是 1983 年抓住这个方向，到 1995 年国际才得到重视，为什么拖了十来年这么长？值得深思。

串联机器人和并联机器人

事物的发展有内因和外因两种因素，内因和外因也是一对矛盾，也具有对立统一的性质。我们知道事物发展的根本原因，不是在事物的外部而是在事物的内部，外因是事物发展的条件，而内因则是事物发展的根据。一些人总认为中国没有自发产生“科学”，而且将其归罪于中国文化，这是不对的。科学的出现正是人类经深刻的思考抽象而得出，基于人类的抽象思考能力，这是科学出现的内因。这个抽象思维能力之内因中国人早就在多方面体现出来了。我的许多文章已经论及，这里就不再重复。

相对与绝对，这两者也是对立统一的，如前所说，运动不会停止，是绝对的。许多具体的“科学结论”常常都是相对的。事物在发展，新认识会突破旧的框框，有人说“我绝对领先”，这不符合辩证法。一个时期领先，其后必定会被超越。最典型的事例就是百米纪录，突破百米纪录十分困难，但总有人能够突破。现代运动历史上，100 米竞赛首次出现是在 1896 年第一届现代奥运会希腊雅典奥运会上，纪录由美国人托马斯·伯克创造，11.9 秒；后经 17 次突破，到 2009 年又为牙买加的博尔特所突破，达到 9.58 秒。还会不会再被突破，答案完全是肯定的。

李政道说：“在探索知识的过程中，我们可以取得很快的进步，但是我们必须记住，即使到了如来佛手指的底部，我们离绝对真理还很远很远。”这真是既深刻又形象的说法。

5. 基础理论研究与应用研究

基础理论研究与应用研究有什么关系呢？应用研究是直接为社会经济发展服务的，有直接的经济效益，对社会有所贡献，自然十分受到关注。这方面多年以来也一直为学校领导和社会所重视，这是对的。然而我们更应该思考，为什么都说“学校是科学的殿堂”？“科学的殿堂”有什么意义，意义有多大许多人并不了解，甚至包括学校的校长和学者教授。他们长期不重视，不提倡基础理论的研究。

其实，基础研究的重要性是第一位的，早已为国际国内学术界所公认，然而它总是被排在不重要的位置。即使常有科学家不断呼吁也枉然，难以贯彻。

基础研究是指为获得关于事物运动的现象或所观察得到的事实的基本原理而进行的研究，它常常并不以任何特定的应用为直接的目的。它仅仅是为了认识客观事物，解释现象的本质，揭示物质运动的规律，或者为提出和验证各种设想、理论或定律而做的研究。

简单来说，“基础理论研究就是创造知识”。它并没有能直接看到的经济效益。然而，基础研究所带来的新知识、新认识、新理论其效果切不可小觑。近代史上无数重大的技术进步都是依赖基础研究的成果，没有牛顿的万有引力定律，就没有今天的载人航天；没有巴斯德发现微生物，就不会有今天的疫苗；没有电磁理论，就不会有后来的电动机和无线通信；没有原子理论、核物理理论，就没有核武器，没有原子能的和平利用。所以基础研究是科技之本，没有好的基础研究，一定不会有杰出的技术创新。再说到并联机器人，我们是采用数学中的“螺旋理论”解决了它的运动学问题，而数学中的这个螺旋理论提出是在19世纪，此后，它被默默地放在图书馆无人关心，直到20世纪中叶才有个别人将它应用到机构学上，最后是我们让它发挥出了意想不到的效益。这个平常的道理却长期不能形成共识。所以现在习主席明确指出：“要尊重科学研究灵感瞬间性、方式随意性、路径不确定性的特点，允许科学家自由畅想、大胆假设、认真求证。”

我常常被问到，你做那么多的理论研究你自己又有什么具体应用？长期来我真是回答不了，我没有在这方面下功夫。我心想，我的并联机构学理论在全国众多高校被那些搞并联装置的人们拿来作入门教材，他们搞出了那么多的并联装置，这不是应用？非得要求我自己也搞出才算数？非得燕大也做了才算？真是说不通，这是什么逻辑。现在，大家不是也看到了燕大人参加了如国家重大装备500口径射电望远镜等的研制，也作出了重要的实际贡献吗？

所以，高等学校一定要重视开展基础理论的研究，基础研究一刻也不要停歇。如果我们不发展基础研究，老是不断地吃老本，虽然当前也有实际应用，也受到一定欢迎，但当该技术、诀窍被普遍掌握之时，就会失去指导作用。这样的吃老本不是高等学校发展应有的主要模式。

从上述习主席的话“要尊重科学研究灵感瞬间性、方式随意性、路径不确定性的特点，允许科学家自由畅想、大胆假设、认真求证”中已感受到应有的对理论研究的尊重。

6. 抽象思维、形象思维与灵感思维

抽象思维、形象思维和灵感思维都是常用于科学研究中的思维方式。抽象思维的工作方式就是做理论推导、代数推导、上计算机计算，包括通过实验取得数据验证理论等，这些大家很熟悉，做研究是离不开的。而形象思维大家不太熟悉，这里先举一个小例子。

有过这样的情况，我的学生在计算机前做了很长时间，又推导公式，又进行数值计算，等拿到我这里，我一看就说“你错了”。学生做了那么长的时间，做了那么多计算，怎么导师没经过计算仅看一看就说不对？其实，只不过是学生习惯于代数思维，也即逻辑思维，而老师只是用上了一点形象思维而已。举例来说，如学生分析某个机器人的工作空间，老师一看就说错了。原来学生分析的是一个对称的机器人，那么不对称的工作空间显然是不对的。用形象思维就发现了学生的问题。所以，我们要求并教会学生形象思维，并要求他们经常将抽象思维和形象思维相互转换，这样，他们可以少走许多弯路。

关于这方面更多的分析已另有专门文章论述，这里不再重复。

再谈谈悟性与灵感。大家知道读书要有悟性，常说创新是依赖灵感，其实悟性也是从灵感而来。灵感和悟性的出现是经过认真或长期的思考而来。在另一篇文章中曾提道：“灵感思维通常是为了解决面临的某个难以解决的具体问题而闪现的。做科学研究要有激情，只有有了激情，才会去冥思苦想。为解决问题而长期的苦思冥想、搜肠刮肚地思考，当再受到某种偶然事物的启发，心中期待的灵感之火花却突然而至，瞬时迸发！解决问题的方案和想法也就突然获得！”再说“悟性”，它是当你学习读书或是思考某事时，能够从书中文字表达的思想之外，感悟到一些书中所没有讲出的认识，它常常是更深刻，更有价值，对科学研究更为需要的。1982年我在佛罗里达大学听Duffy的课时，先生仅用含六个元素的螺旋来表达空间的一条直线，对比在国内学到的解析几何就太使我吃惊，“这么简单，它将来一定大有用处。”这里不仅有联想，特别是得到了悟性，就是这个悟性使我抓住了螺旋理论，以螺旋理论解决了许多机构学上的问题。所以读书时一定要多想一想，总要从书的后面悟出些什么才好！

灵感何时发生？它也常常发生在联想之时。确实，在科技创新中特别需要联想，要通过联想从诸种看似不相关的事物中找到它们的关系，让认识得到启发，灵感就在联想时发生，在联想中获益。

7. 发散思维与收敛思维

创新思维中发散和收敛两种思维方式也是十分重要的。一方面由于科学研究常常不是一蹴而就的，在研究一种解决问题的途径时，要准备另一条解决问题的思路，甚至可以准备多条解决问题的思路，以便在确认一条路行不通或失败时，可以立即打开另一条路，也可以多个方向同时进行。记得当年梁崇高先生在向机构学的“珠穆朗玛峰”问题冲击时，就是让他的两个弟子

苍耳子

采用不同的方法，结果呢，俩人分别从不同的两条路线都登了顶。多个方向就像一种植物的种子叫苍耳子，它浑身长刺，全方位分布。它正好表现了我们需要的发散性思维的模式。

而与它相对应的是收敛性思维，这种思维模式是让人们在做完一件事时，要好好总结并提升，将实际研究的认识提升，将获得的感性认识提升到理性认识。这符合人类认识的辩证发展过程，由感性到理性。之所以要如此，那是因为只有达到理性认识，它才能体现出具有普遍的指导性，才能覆盖指导更多的事物。一次《机械工程学报》邀我为之审稿，那是某著名大学有关高技术的一篇研究，我读起来发现怎么是叙述性地介绍他们研制的装备的结构，没有理性的分析，看完后我回信告诉作者说，你们的高技术方面的创新研究对国家是十分有意义的，但是发表文章不能是产品说明书，必须将你们的创新提升到理性，要提升你们的学术水平，这样才有更广泛的学术意义，才能够为学术期刊所录用。

发散性思维的另一种说法就是“正向、侧向和反向思维”。相对正向思维，侧向思维和反向思维也都是在科学研究中经常用到的思维方式。例如，一次，我去北京，下火车时我看到人们都挤向站台的同一侧，而站台的另一侧只有很少的人去利用。大家知道，北京站站台是这样的，进站是从上面经天桥楼梯下来，出站是从地道出去，这样天桥和地道就把站台一段段地分成两部分。可是你见到人们，不论是否忙都挤在这一边，就不看看闲着的那一侧。这说明什么呢？人们习惯定势思维，随大流。其实只需稍微动动脑筋，用到侧向思维，就能自如地实现尽快赶路。我常常把这个比作“创新就在你的脚下”。做科学研究也是这样，用不同的思维方式会大大加快我们的研究。例如，我的一位博士生在做同构识别时，那时几乎所有做这项研究的人都是想用不同的代数方法去求解，这里代数方法就是当时的正向思维，而这位学生没有采用这种正向思维，而是另辟蹊径，用了形象思维。例如，为了对所见到的两伙同样数目的人，要判断他们是否是同一群人，如下图，就可以让这两伙人都按高矮这个规则排队，这样很容易就会得出判断的结果。他的这个形象思维就是这里说的侧向思维。至于反向思维的例子就更多了。

让这两伙人都按高矮排队以区别之

再看苏联和当今的俄罗斯，它们的电子工业并不发达，但是他们却有一手熟练的系统整合技术，特别是在雷达技术上，他们能把单个性能不起眼的零部件整合成性能与西方持平的水平。这是让人敬佩和值得学习的。这也就是一种侧向思维下的创新。

关于形象思维，这种思维方式对科学研究自然也是十分重要的，我另有一篇文章专门讨论，这里也不再多重复。

8. 高低结合，远近结合

高低结合与远近结合这两种思维模式也是做研究中重要的并且常常用到的。

一方面我们用“高低结合”来端正我们的研究方向。当我们在做研究时，我们经常是低着头，如推导公式、进行计算机运算、做实验等，但我们还需要不时地以高的视点、高的角度看看自己的研究，判断和检查自己的方向，这就叫高低结合，或高低转换。你做研究，你在计算机前分析、计算，你可以几天甚至一个月都不抬头。然而长期这样做研究往往会迷失方向。确实学生就是这样做的，包括许多博士生也是这样。他们从中学到大学养成的这个不思考的习惯，就是这样做、做、做，做完就完。这也是现在的应试考试带来的弊病，不思考。我们做研究工作自然要不断地思考，此外研究方向的判断更是十分重要的，方向偏了，要走许多弯路，会浪费很多时间。所以在低头做研究工作时必须要思考，要经常抬起头来考虑你的研究方向是否正确，是否偏移了方向。

这个高低结合并不仅仅在课题做完时进行，而是在做课题中间要经常地进行，也就是经常检查自己的研究进行中的方向是否变化。这样就能够保证你的研究较快地进行。

远近结合。这个远近结合与高低结合意思上有点相近，但也有不同。高低结合是为了观察研究的方向，而远近结合正是指如何进行高低结合，也就是说，你想站得高，你就要距离你的计算机“远”一点，甚至躺在你的床上。举个例子，学生在写完学位论文后，结论常常写不好，一写就是好几页，它就是概括不了，提升不了，不会把他自己做出来的最重要的研究创新点以至多4～5条的形式表达出来，甚至在计算机上反复修改多遍也不能让导师满意。为什么？他看什么都认为是重要的，什么也舍不得删去。这时我就告诉学生，你不要坐在计算机前，你回宿舍，去躺在床上再想想。这样他离得远些，他才能够把最重要的东西抓住。

另一方面，高低结合还是用来判断事物重要性的一个办法，它不是通常所说的“站得高看得远”，而是“站得高，能够看到的东西多”。看到的东西多，你就可以低头对比这些东西，从对比中看出哪个重要哪个不那么重要，这也就是中国人常说的，“不怕不识货，就怕货比货”，从比较中来判断，因此只有你站得越高，看到的东西越多，你能够拿来对比的案例越多，对比后你的结论也就越准确。

当然，这里说的高低结合对我们在最初做选题立项时毫无疑问那更是非常重要的。

在这一节的最后，还想更扩大一些地说，我们做人也应该站得更高一点，我们要从高的视点来看我们应当担当的责任。

三、不要过于在乎SCI引用率之高低

在学术界大家很关心所发表文章被SCI收录与引用的数目。被SCI收录与引用确实反映了学术界对于该文章的关心程度，被SCI收录表示了它一定程度上被学术界认可，文章的SCI引用数目较多说明学术界关注人数较多，那些历史上重要的有关键意义的文章都是受到学术界极大的关注的。被SCI收录与引用的数多，这些都是好事，是对学术界的贡献，也是发表文章所追求的。

如何能够使你写的文章被SCI收录以及经过一段时间后能够为很多人所关注？是否能够被SCI收录取决于你写的文章的创新性。你写的文章是否有创新性表现在题目和所研究的内容是否新颖。特别是对于从来没有人讨论过的问题更容易被收录，比如分析“魔方机构”的文章。确实，在机构学界尚未发现在此之前有人研究过魔方机构，因此它是很容易被SCI收录的；再者，老问题用

全新的数学方法求解的文章，如当初对于机构综合采用李代数求解的文章也是很容易发表并被SCI收录的；再如，对于学术界关键问题有重要推进的文章也容易发表。例如在2000年前后，对并联机构综合是机构学界的一个热点，大家很快综合出一些三自由度并联机构，而自由度为四和五的并联机构却无人能够破解，此时若能够破解它们，文章是极易被SCI收录的。

至于引用数目高低的原因主要是文章讨论的是否是热点问题，热点问题关注的人多，参与写文章的人也多，引用率也就高了。非热点问题可能较长时期引用率不高。

《机工学报》中有一篇文章题目是《论文题目越短，被引用机会越大》。作者的大意是："简洁是智慧，冗长是肤浅。"而我对此却有不同的理解：题目越长说明其题目的定语越多，其限制性越强，则其研究对象越具体，题目也就越窄，因而在同样那个小范围内的研究者也就越少；题目越短，其定语越少，研究所覆盖的范围越大，参与这个范围的学者也越多，关心的人也越多，自然引用的也越多。

在关注SCI引用率的同时，我要告诉青年朋友的是，不要过于在乎引用率一时的高低。我们更应当关注的是有重要意义的"原始创新"。从上文中可以体会到，这种原始创新的思想常常并不是当前大家研究的热点，不是热点关注的人也就不多，短期内关注的人不会多，引用的人也不多这是自然的。当然，重要的原始创新时间一长也必定会得到更多的人关注，最后会有相当大的引用这也是必然的。比如，现在能够提出一种智能化的机构分析综合的方法，显然有重要意义，且符合科技发展的大趋势，但当前它的受关注度肯定不会很高，它尚不是当前众学者所关注的"热点"题目。

在谈到这个问题时，一个更重要可能被忽视的情况需要指出，当选题创新性十分超前，就可能出现不被同行看好，还极易被否决掉，更不用说引用。很长时间以来，评审项目上都要求与国内外研究情况对比，但当连国外也没有此项研究时，项目就可能不被承认，遇卡。网上看到最初中科大的潘建伟回国后，他以量子纠缠申报国家基金时，评审专家不仅不看好，还有人认为是伪科学！但当后来他的文章为国际著名期刊刊登，这才为国内专家承认。

这里需要思考的是，为什么国内外专家观点有这么大的差距？在这个差距下，以后中国的原始创新还能够顺利地诞生吗？

我们机械工程的发展当然也要以"创新引领"，鼓励提倡原始创新，一方面年轻朋友要多多努力，提出原始创新的研究，但也要告诉大家，不要完全以SCI的收录和引用率来论英雄。

四、要有应对挫折的准备

年轻的科学工作者在科技路途上的发展是不会一帆风顺的，因为科研本身就已确定不会一蹴而就，它本身就有多次失败的可能，所以要有百折不回的毅力。然而还有一种不好的情况，那就是常常会遇到不公正的对待。你的很有创造性的文章被拒了，很有价值的申请书被否定了……许多人感受到学术界中存在严重的不公与腐败，十分无奈，盲目向往西方的学术环境。其实学术上存在的这些学术不端行为全世界哪里都有。曾经有年轻老师问我，国内的风气不好，国外好多了吧？实际并非如此，民间有一句话：“有人的地方就有江湖”，确实如此，国外也这样。

你看看《数学恩仇录》一书，其中记录了历史上许许多多数学权威之间的恩仇的例子，甚至包括了我们非常熟悉的牛顿和莱布尼兹等人。牛顿和莱布尼兹分别独立创立了微积分。牛顿却污蔑莱布尼兹“剽窃”，并利用自己是英国皇家学会主席的职权处罚莱布尼兹，使莱布尼兹抑郁终生。我们还知道类似这个问题甚至也多次发生在诺贝尔奖获得者之间。

我感到西方学者常常去抹杀别人的成就，而俄罗斯学者常常突出地坚持表述自己的学术成就。例如，机构学中自由度公式大家习惯称之为Grübler-Kutzbach公式，那是德国学者Grübler在1917年和Kutzbach在1929年分别提出的；其实俄罗斯学者Chebyshev早在1869年就提出了一个平面机构自由度公式。西方著作中就是不提Chebyshev的首创，真是有些不太公正。

牛顿和莱布尼兹

中国国内有一个时期博士点较少，许多有创见的导师还不具有博导资格，于是靠挂到其他具有博导资格处以能够为学生答辩。这样做的后果就可能造成学术创新成果轻易且合法地失去。再例如，当今不时可以看到某个教授担任了某个国际权威学术期刊的总编，他每年发表文章的总数就突然能够显著地增加。还听到有人说：“凡是见到他的文章，我就‘枪毙’。”做学问的人，不应该这样，我们是学术共同体，应该共同推动学术前进，即使有的人一时犯了什么错误，也不能够一棒子打死。特别是对年轻人更要给予帮助，批评指导，要与人为善。

竞争、嫉妒确实常常发生在学术共同体中，发展中竞争是正常的，不仅是不可避免，也是需要的；嫉妒也经常被看到，因为学术研究只有第一没有第二，因之嫉妒发生。可是如同中国的俗话所说，长江后浪推前浪，事物就是这样发展的，这是自然界发展的不可抗拒的规律，所以我们都应该有一颗包容之心，把失败的苦看得谈些，甚至能够向第一者表示祝贺，能够承认别人取得的每一点成绩。这样的学术共同体才更有活力，才能共同推进学术前进。你看足球比赛，竞争那么激烈，胜负明确后，双方却都握手祝贺。

我自己也有许多这样的经历，记得在某个重要的国际会议上我们的一篇关于许多新机构的文章被拒了，并告诉我说除非同意 Post，就是不给宣读，只是在会议上张贴。我想这篇文章是关于发明许多新机构的文章，又是第一次发表，文章都已发给你们，你们都已看到，不发表，那不知会不会有谁自己再拿去发表，那样这个发明不就成了他的吗？ Post 就 Post，我决定就 Post 发表。我们自己要坚持学风道德，但在现实环境下，也要多留一个心眼。

所以对我们年轻的朋友说，你们一定不要幻想存在一个一尘不染的环境，你们要准备承受压力，要像黄山上的青松一样能够从石头缝中倔强地生长出来！

这里讲了一些哲学问题，是否正确，请读者批评。

赞叹螺旋理论高效地应用于机构学研究

（2016年4月1日）

本文探讨关于学术研究中应该如何选用数学工具，应该以何种数学理论来解决科学研究中的关键问题。在研究机构学问题时我长期以来坚持应用螺旋理论，而与此同时现代微分几何这个新的数学理论被引进了中国，一大批学者转而学习和企图将它应用于机构学研究。十余年过去了，两种数学理论的出现与竞争值得我们思考、分析和总结。

一、应用螺旋理论解决的机构学问题

首先，螺旋理论是一种严谨的数学理论。做理论研究不依据严谨的数学理论，其结果必然是没有意义的。螺旋理论形成于19世纪末，却一直没有得到具体应用，直到20世纪中叶才有人将其应用到机构学。我是在1982年到佛罗里达大学做访问学者时，有幸聆听了Duffy教授给研究生上的20余学时螺旋理论课，才认识了螺旋理论。虽然我的英语听力较差，但教授每次上课都发讲义，我可以课下抱着字典啃。Duffy深入浅出的系统螺旋理论课堂讲解，使我很快抓住了螺旋理论的精髓，并感受到螺旋理论的美妙，让我有所顿悟。可惜该讲义Duffy本人并未出版；在螺旋理论方面大家最常引用的是Hunt的那本书，公认是螺旋理论的经典之作。然而由于其语言艰深晦涩，致使读者如坠烟海，常常让人望而却步。可是Duffy对那本书却有极高的评价，认为“那本书解决了螺旋理论的全部问题！”于是我下定决心，无论如何要啃下这本书。前前后后加起来大约共花了1年多的时间攻读Hunt的书。读完后，才发现它最精彩之处也不过就是明确了螺旋系的分类，这个分类对我的研究大有帮助，而其他的理论并没有什么太大的意义。可是回过头来看，毫无疑问的是，如果让我先看Hunt的那本书，一定难以让我对螺旋理论有系统的认识，也不会产生兴趣、获得顿悟，并且相信如果那样我可能不会继续沿螺旋理论再向前走。

我应用螺旋理论先后在机构学上解决了许多关键性的问题：

首先在 1984 年，那时我还在佛罗里达大学尚未回国。我通过螺旋理论又结合从 Tesar 学来的影响系数理论，依据螺旋理论首次建立起最一般、最典型的 6/6-Stewart 并联机构的运动学关系，包括位移、速度、加速度。

回国后，在 1987 年再次应用螺旋理论建立起 6 自由度并联机构 6/6-Stewart 的 Jacobian 矩阵。这是为这种复杂的最典型的并联机构建立起的第一个 Jacobian 矩阵。我们知道 Jacobian 矩阵对多自由度机器人在理论上有十分重要的意义，是研究其他理论问题的基础。1973 年 Hunt 就提出了要研究并联机构，然而它的 Jacobian 矩阵一直未能确立。这第一个并联机构的 Jacobian 矩阵的确立，自然是并联机构发展史上很重要的事件。而且，也是第一次发现这种复杂的 6/6 并联机构的“主奇异位型”，它们都具有很大的理论意义。

1992—1994 年，以影响系数结合螺旋理论作了一些关于并联机构的动力学研究。

1994 年和 1999 年我们以螺旋理论和影响系数理论从事仿生学研究，分析了海中螃蟹的步行足系，讨论了最合理的六足步行机足系的机构学结构和参数。

1996 年我们有了一种新的思想，基于反螺旋理论分析机构的自由度，并讨论了若干个并联机构的自由度例子；1997 年，在我的著作《并联机器人机构学原理和控制》一书中首次写出统一的机构自由度分析原理并建立了一个统一的公式。说它具有统一性是由于它既能够用来分析现代的并联机构，又能够用来分析古典机构。这是第一次用同一个公式分析这样两种不同类型的机构自由度。该书作为研究生教材广为应用。而这本书也是国内第一部、国际上第二部以“并联机器人”为专题的著作（其后得知，第一部是 Merlet，J-P 以法语出版的，国内长期未见到）。

在我 1997 年及其后的若干文章，应用螺旋理论首先讨论了少自由度并联机构的主螺旋的识别，并建立少自由度机构的无穷多运动螺旋节距的平面分布和螺旋轴线的空间三维分布，并绘出其对应图谱。而且当给出任意输入，就能够获得输出的螺旋运动。这些文章分析了少自由度机构所能够实现的全部的空间螺旋运动，这使我们能够更加深刻地认识三自由度机构的运动性能。这个研究是一种十分困难和有趣的问题，丰富了对少自由度并联机构运动学的认识。

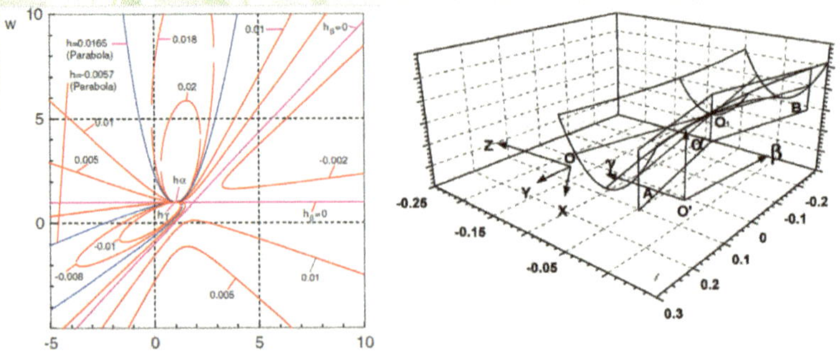

无穷多运动螺旋节距的平面分布和螺旋轴线的空间三维分布

在我 1999 年及 2003 年以及其后的若干文章中，应用螺旋理论深入分析了 6/6-Stewart 并联机构的奇异问题，包括首次找出了少自由度并联机构完整的空间奇异曲面，对其奇异有了一个完整的认识。

在 2000 年及其后不少的文章中，由于我们有机构统一自由度理论，在讨论少自由度机构的综合问题上取得很大优势，在国际上领先突破当时认为是具有相当难度的少自由度机构的综合问题。机构的自由度分析和自由度综合是一个铜板的正反两面，分析上的优势也就能够在其综合上体现出来。当时少自由度机构的综合已成研究的焦点，人们首先陆续综合出来的是较简单的各种三自由度并联机构，至于含过约束的自由度为四和五的并联机构长期没有人能够综合出来，公认它是一个难题，是研究的焦点。在这方面我们弯道超车，首先取得突破，并形成系统的综合理论并系统完整地综合出各种类型的少自由度并联机构。

在 2000 年，我去剑桥大学开会时认识了戴建生教授（英国伦敦大学国王学院），并与他以及和我在佛罗里达大学的同学 Lipkin，一同讨论了关于《并联机器人机构学原理和控制》书中提出的自由度原理所应用到的各种螺旋，2006 年合作写成一篇关于自由度分析中的各种螺旋系之间关系的系统性文章。这篇文章后来有很大的影响，SCI 他引次数极高。

在 2008 年及以后数年，以螺旋理论研究了并联机构包括含过约束的并联机构，讨论它们在外载荷作用下的主动力和全部铰链内力的计算。

在 2011 年写出了著作《论机构自由度——寻找了 150 年的自由度通用公式》，这本书一方面系统论证了为什么说我们的自由度原理具有普遍性和通用性，另一方面总结了这 150 年自由度理论的发展过程，历数了历史上许多学者所作出的贡献。

2016年出版的《机构自由度计算：原理和方法》，最后将此自由度理论，进一步应用于平面机构和更一般的各种空间机构，它不仅丰富和发展了这个自由度原理；特别是可以看到，对于至今人类所设想到的和应用到的所有类型的机构的自由度，都完全可以用这个统一的基于反螺旋理论来进行分析，因此可以说最终完成了求解机构自由度的统一理论。按国际上通行的命名方式，我曾称此理论为“黄氏自由度原理”。出版这本包罗万象的书的目的，主要是为推广应用这种自由度理论和方法，读者对象是广大的机械工程的大学生和众多的机械工程师。

这样，我们也就最终完成了关于机构学中通用且统一的自由度原理的研究和写作。机构的自由度计算常常可以仅以一支笔、一张纸几分钟内就可以解决，非常方便，特别是对于正处于进行机械的方案设计阶段，这时需要分析许多不同的机构方案，快捷的方法显得更重要。

我的并联机构学研究，是理论创新，它不仅有助于全国众多高校和研究院所开展并联装置的各种研究，而且燕大老师们也在这方面作出许多重要的实际贡献。

Duffy 教授

在我2015年写完著作《机构自由度计算：原理与方法》后，在其前言中写道：

“作者要深深感谢尊敬的Duffy教授，就是因为1982年在Florida大学做访问学者时，聆听了Duffy教授20学时的有特色的研究生螺旋理论课程，从中得到的感悟和启发，30年后解决了机构自由度计算的历史问题。作者愿意以本书的出版纪念已故的Duffy教授。

“螺旋的数学表达方式，无论是在几何学上还是物理学上都有很重要的意义。在几何学上：一个螺旋能表示直线在空间的方向和位置；在物理学上：当它用来表示运动螺旋时，还可以表示转动运动，可以表示移动运动；当它用来表示力螺旋时，还可以表示力，可以表示力偶；当用来表示自由度时，可以表示转动自由度，表示移动自由度，还可以表示节距不为零的空间螺旋运动。当用来表示约束时，可以表示约束力，还可以表示约束力偶。正是由于螺旋有这么丰富而多变的表达能力，而且上述多个概念之间容易以互易积而互相转化以讨论不同的几何和物理问题，再加上螺旋又容易转化为其他的数学形式，这样又方便了数学计算以获得需要进行的数值分析。这些特点使得螺旋在机构学上发挥了重要作用，解决了机构学中多方面的问题，包括在机构学上有重大的历史意义的自由度统一分析的问题。

“通过以螺旋理论研究机构自由度问题，我深深体会到螺旋理论在解决这些实际问题中所表现出的‘数学之美’。螺旋理论的妙处在于能够给出较完整和系统的理论和方法，它具有解决实际问题的巨大能力，包括用它不断解决新的机构学问题，它对众多对偶概念的包容和轻易地相互转换，它体现出的简明、对称、协调、韵律和节拍，无不让人感叹数学之美。也希望读者能够从文中欣赏到其中的数学之美，从审美的体验中掌握这种理论和方法。”

二、现代微分几何的引进

当我发表了若干关于螺旋理论研究并联机构的文章之后，在国际上有了一点影响，国内一些学者也开始关注并研究起螺旋理论。

“二战”后机构学中出现的最重要的新事物之一，就是有了多自由度多环的空间机构，由于这样的机构能以数量不多的杆件而实现复杂的空间运动，这使它有了广泛的用途，特别是在高技术领域有重要的应用。但其机构学问题却十分复杂和困难。求解的路子在哪里？多种数学和方法曾被引入这个领域，哪种方法有效？它们相互之间自然存在许多的竞争。其中最突出的问题就是：到底应该应用什么数学能够最有利于解决这个机构学的科学问题？从一般的道理看，人们普遍认为应该是所用的数学理论越深将会越有效、越合适。对并联机构也是这样吗？

20 世纪 90 年代初，一位从美国回来的教授，他具有较高的数学功底。回国后他引进并大力推广现代微分几何（以下简称现代微分）。现代微分理论确实十分深奥，于是国内同行学者纷纷转向研究现代微分，掀起一阵一阵研究的热潮。中国人有一个特点，能够快速地随风向而转。这可以在过去许多问题上看到类似的这种情况，如 20 世纪 60 年代的诺维克夫齿轮、谐波齿轮、射流技术等都曾是一哄而上进行研究。

我真不明白，这种能够快速随风而转是好还是不好？应该说，转得快则能够抢得先机，能够快上；不随风转，也或许他坚持的才是正确的。真是要一分为二，“提倡一种认识，也要防止它过热”，相似的是“反对一种倾向时，也要防止另一种倾向”。辩证法就是这样。如何正确选择，那就要看你的眼光。

然而现在回想起来更有意思的是，我是从 Duffy 处学到了螺旋理论，同时听螺旋理论课的那届研究生坐满一屋有 20 来人吧，另外 Duffy 还可能给前后数届研究生讲过，累积起来我想听过他的螺旋理论的学生至少也有近百人吧，而且那时 Duffy 自己还用螺旋理论发表了一篇关于并联机构的文章。在回国后我继续应用和研究螺旋理论。然而，让我奇怪的是，此后却再也没有看到 Duffy 自己应用螺旋理论发表文章，见到他的文章中却是用现代微分，也少有看到 Duffy 的其他学生应用螺旋理论。1994 年在天津开的 IFToMM 会议上，我在作主题报告时曾介绍了我和 Duffy 的师生关系。作完报告后 Rico 先生走过来找我，告诉我他也是 Duffy 的学生，是在我走之后去的。原来我们是同门弟子。但 Rico 却也不搞螺旋理论。这时我才明确知道，在我离开佛罗里达大学后 Duffy 也转向了。我从老师那里学来螺旋理论，老师自己却转向了，我却沿螺旋理论取得成功。历史的发展真是十分有趣。

应用现代微分等理论于机构学做得最好的也是起步较早的是法国的 Hervé 教授，确实 Hervé 取得了不错的成绩，后来台湾的李聪庆与 Hervé 合作也做出不少好的成绩。

都说十年磨一剑，可十几年来一直没有看到国内在机构学方面用现代微分搞出什么特大的亮点。数年之后，慢慢地，现在国内现代微分的热潮也就冷却下来了。人们开始思考，“到底现代微分有什么用？”

有人评议说，“他们有较高的数学修养，其结果也表现出难得一见的数学之美”，但是这些数学家却常把机构学中的本质问题似乎放在其次。我们也确实从他们的研究中看到了数学之美，但是把机构学中的本质问题放在其次，这就颠倒了我们把握理论之目的。我们搞机械工程的人，真心欢迎数学家能够将各种数学上的新理论介绍到机构学的研究中来，并欢迎他们能够与机构学学者相结合，目的是解决机构学在实际中存在的问题，这是我们所最关心的。

我想绝不能，也绝没有因此而对现代微分等较高深的数学理论有丝毫的不敬，有道是“东方不亮西方亮”，它对目前的机构学研究好像是无能为力了，但是完全不能怀疑它将来在机构学的某个方向上或其他某个方向上取得好的应用，实际上它在其他方面的应用也已经有许多进展。这也是辩证的，“反对一种倾向的同时要防止另一种倾向”。相反地，应该感谢这位先生，是他大力将现代微分引进，不仅打开了所有搞机构学研究同仁们的眼界，许多人也学习了现代微分，这也会为将来的某种研究做了数学理论上的基础准备。

三、应用螺旋理论成功原因和经验

再回过头来，我想，为什么螺旋理论在解决机构学问题，特别是在其中的机构自由度统一分析原理上能够发挥这么大的作用并取得成功？在研究机构学中，最先将螺旋理论应用到机构自由度研究方向上的是 Woldron 和 Baker，他们都是机构学界的“大师”，他们采用了正螺旋（运动螺旋），先用正螺旋分析并联机构的每个分支，得到分支的运动螺旋系，再通过求交以找各分支间共同允许的螺旋运动。这个思路显然是十分合理的，但是用正螺旋只能分析最简单的机构，他们也仅分析了最简单的机构，这个方法在原理上是完全正确的，可是应用到稍微复杂的机构就困难了。这里我却能够应用螺旋理论解决这个问题，那是由于基于以下三点：

（1）首先，我采用了螺旋理论，以螺旋来表达空间机构的运动副，这是绝妙的选择。原因在于它不仅如矢量一样能够表示其大小和方向，特别是能够表示此矢量在空间的坐标位置。这点对于像机器人这样的空间机构特别有意义，它有众多的空间轴线，而且这些轴线在空间里还不停地运动。这个能够完全表达轴线在空间方向和位置的螺旋，仅仅需要六个标量！相比与其他的方法它特别简单。在选择螺旋理论这一点上我与 Woldron 和 Baker 是相同的，也是我在佛罗里达大学时学到的。

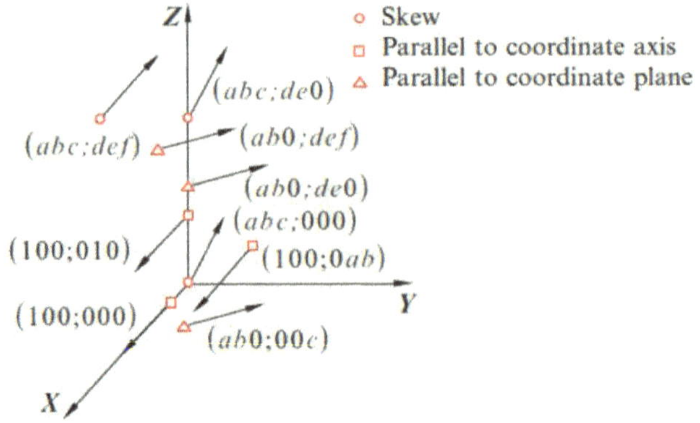

螺旋在空间方向位置的不同其零元素的数目和位置不同

（2）我没有如 Woldron 和 Baker 一样采用正螺旋，而是用到从 Duffy 处学到的“反螺旋”。先求各分支运动螺旋系的反螺旋，再求各分支反螺旋之并。在对比以正螺旋系求交和以反螺旋系求并两者的优劣后，可以看到两种操作的复杂度差别太大了。

因为分析并联机构的反螺旋，仅有不超过对应6个分支的6组的反螺旋，每个螺旋都是六维向量，6组反螺旋之并不会大于6，这是确定的，这样就容易了。若以正螺旋求交，可能对应地有6个螺旋系，每个螺旋系的螺旋数目都可能达无穷多个，要从无穷多中找出若干位置、方向相同的螺旋，这显而易见是有相当大的难度。

取反螺旋的另一个重大优点，就是能够容易地分析出机构的自由度性质。在我的《机构自由度计算：原理和方法》一书的第一章中曾指出，"当两个螺旋的互易积为零时，若一个螺旋表示了物体的运动，其反螺旋则是机械系统对物体所产生的约束；反之，若一个螺旋表示了机械系统的约束反力，其反螺旋则是为机械系统所允许的物体的运动螺旋。再之，若一个螺旋系表示了末端物体具有的某种多自由度的运动，其反螺旋系是机械系统对物体所产生的约束螺旋系，表示了物体被约束了的运动；而此约束螺旋系的反螺旋系（二次反螺旋），则反过来又能表示机械系统的运动螺旋系，而且能够反映机械系统存在的自由度类型。由此，互易积为零和不为零这一种对偶关系，是分析机械系统自由度特性十分简单的有效工具，奠定了本书自由度分析的理论基础。这里再次看到'螺旋'所具有特别丰富的物理内涵这个性质 。"

这里特别有意思的是，由螺旋理论求得的运动螺旋它既能够表示自由度的数目，又能够表示自由度的性质。后一点对多自由度的空间机构分析也是特别重要且不可或缺的。许多声称是自由度的通用方法，但它们仅能够确定自由度的数目，确定不了自由度的性质，这也就不能够用于现代的机构自由度分析，这是它们最大的缺陷和遗憾。

螺旋理论能够快速确定机构自由度，上面所说是依据反螺旋，反螺旋又是基于螺旋的互易积以求得，互易积又非常容易计算，这也是一个重要的优点。前面提到，机构的自由度计算常常可以仅以一支笔、一张纸几分钟内就可以解决，非常方便，特别是对于正处于进行机械的方案设计阶段，这时需要分析许多不同的机构方案，快捷的方法更显得其优越。严谨的螺旋理论只需20来节课程学习就能掌握，理论并不十分深奥。这也是螺旋理论方法的一个突出优点。

（3）第三方面，基于反螺旋的思想，我想强调的是它系统地揭示了对机构分析有重要意义的对偶螺旋的诸多对偶概念。这就如在本文第一节中所指出的螺旋和相应的反螺旋表达式所能具有的多种对偶概念和它们所包含的诸多方面的物理意义。那就是说包括螺旋系：

它既能够表示运动，又能表示自由度：

表示运动时，既能够表示转动运动，又可以表示移动运动；

表示自由度时，既能够表示转动自由度，又能够区别移动自由度；

在表示运动的同时，它又能够表示力：

在表示力时，既能够表示力矢量，又能够表示力偶矢量；

在表示力时既能够表示主动力，又能够区别出约束反力；

既能够表示约束力，又能够表示机械系统对物体的约束，等等。

螺旋有如此丰富的表达能力，才开拓了螺旋理论在机构学中应用的一条宽阔道路。

上述分析概括起来，一方面说明螺旋的这种数学表达简洁的方式以及其丰富含义再加上采用了反螺旋，另一方面又由我们揭示出了一系列独到的几何学和物理学上相关的重要概念，这也就回答了为什么螺旋理论能够较好地解决现今机构学中的一些难度较大的理论问题。那真是：

莫道昆明池水浅，

观鱼胜过富春江。

如果需要概括起来说就是这样，我并没有在螺旋理论的理论体系上有何重要建树，若夸张一点说仅仅是将螺旋理论应用得炉火纯青罢了。

最后，再回到本文一开始所提出的问题，在科学研究中应该如何正确地选择数学工具。我自己正是基于在佛罗里达大学学习螺旋理论时获得的两方面的感悟，一方面我对仅含六个标量的螺旋能够表示空间一条轴线的方向和位置这个能力的赞叹；另一方面，对用简单的互易积算法就能够如此巧妙地将对立的运动和受力两个物理量联系起来，那时就感受到这个理论对机器人研究必有帮助。加上后来独具美感地扩展了螺旋和反螺旋的多种数学物理含义，并用于机构分析。有了这个感悟和发展我才坚持采用这个螺旋理论，并取得一定的成绩。

再从相反的例子看，前面曾分析过对于当时那么著名的螺旋理论的 Hunt 的著作，我费了九牛二虎之力去学习它，然而我却没有获得多少令我动心的感悟。而且毫无疑问的是，如果让我先看 Hunt 的那本书，确实它不会吸引我继续沿螺旋理论往前走，不会选择这个数学工具。

对比这两种情况，我想一般来说在选择数学工具时，首先要能够对该数学工具有相当的了解，并有一定的独到的感悟或得到某种启发，感悟越大、越多则成功的可能性也就越大。所以，我想获得“感悟”也许是你决定采用某种数学工具的一个重要因素吧。

有道是一把钥匙开一把锁，自然界还有太多未知的领域，要进到那里去，可那些门却还都被牢牢地锁着。我们真是需要多学一点数学，掌握更多的钥匙，去打开那些想要打开的大门！

这里考虑到“螺旋的数学表达方式，无论是在几何学上还是物理学上都有很重要的意义”，这也就回答了为什么螺旋理论就能够较好地解决现今机构学中的一些难度较大的理论问题。

说到最后还想补充的是，在现在这个阶段上螺旋理论表现出相对其他数学而言较好地求解机构学多方面问题的能力，但随着时间的推移，完全可能出现新的更加适合的数学或某种其他方法，它们用到机构学上，将会使问题变得更简单更方便。事物的发展是无限的，是不断由低级向高级发展，将会不断地螺旋式地上升，达到新的高度。学术无止境，科学无止境！当用钱学森著名的一句话来结束本文，那就是：

“Nothing is final!”

在担任行政工作中体现人生价值

（2016 年 4 月 15 日）

在 1984 年我从美国做访问学者回来后，又被林秀安校长推荐参加机械部机器人专家组，专家组去了西德、瑞典考察机器人。回来后林校长要我出马当机械二系的系主任，当时我却没有答应，我愿意搞我的科研工作，我要集中于已经开始了的并联机器人这个科研方向。在出国之前，那时我还没有明确的属于自己的确定方向，东一耙子西一扫帚，现在有了明确方向，我愿全心投入。到 1986 年，在东重我仅凭三篇 IFToMM 会议文章就评上了教授，那时在东重有国际会议文章就十分了不得啦。1988 年林校长再次邀我出马当系主任，说“教授都评上了，不出来你还想什么？！”于是，没有办法也不好再推脱，答应了。

剑桥大学图书馆

我当时想，要我当系主任，也不能白坐在那里，一定要想法把全系的学术水平推上去，我要“以学术建系”，把二系的学术水平提高，这样我的系主任工作才有意义。从 1988 年开始担当了约 6 年的系主任。我认为，大学应是一个高尚精神的殿堂，大学要培养精神境界高的学生，培养国家民族的栋梁。大学还应该是知识的殿堂，能够不断地创造知识，知识就是力量。而我们的任务就是“认识世界和改造世界”，用创造的新知识来改造世界。看看剑桥大学的图书馆那丰富的馆藏、厚重的历史沉淀、众多著名学术大师的著作，这些才真正体现了知识殿堂的神圣。

那时，我是这样想的，要做行政工作，就应该集中精力做好，我也预料到科研业务肯定就会受到影响，会耽搁，但我既然同意做就要全心全意，一定要把全系的学术水平提升上去。在我真正走马上任坐在系主任的椅子上时，我确实是做到了尽心尽力。

我十分上心地做了约 6 年的行政工作。回想起来，这 6 年中自己在科研上确实没有多大的进展，以致老伴常说我不应该对行政工作如此上心，人家双肩挑的人，科研一点也没有耽误，你若不搞行政，6 年的科研可能取得更好的成绩。可我一直并不这样认为。我不答应则已，去集中搞研究，现在我答应做了，我就想把这个系的工作做好。那时我就把系主任的中心任务确立为“提高全系的学术水平”。确实，我不仅在主持提高全系学术水平上取得重要成绩，没有想到的是还在一些单纯的处理人事问题的行政工作上，也体现出我的工作能力。这 6 年的行政工作也体现了我的人生价值，这是我非常高兴的事，我从不遗憾我在科研上失去的 6 年，因为我有了一个完整的多方面的人生经历，这是有价值的人生经历。

在这之前我从来就没有做过任何除教学业务以外的工作，都说我是“一介书生”。这次坐到系主任椅子上了，该怎么做才能做好工作？我想起了毛主席著作中的教导，其中讲了许多工作方法，我就要遵循这些教导去做。我很同意南开大学原校长毋国光所说的，办大学最重要的就是办一个氛围，让社会看起来，你真的是一个纯洁的学术殿堂。

那时东重规模还比较小，机械二系只有两个专业三个学科五个教研室：锻压、机制、原理、零件、公差，约有教师 100 余人。

为了了解全系的情况，我常常下到各个教研室，参加他们的各种会议或活动。也常常召开全系大会，不仅用以传达学校的上情，也常常谈到我对全系如何提高学术水平的看法和我的分析、动员。我还常走访教授家庭，了解老师们的思想。说到这里，想起过去的马西林校长，他是从哈工大转来的老干部，不是老师。他经常在院内走来走去，熟悉了全院的一草一木，也爱护一草一木，他更熟悉学校的每一位老师，能叫出许多老师的名字，全校老师的名字都记在他的小本子上。他重视人才，重视学术。这种工作模式一直是值得我学习的。

我当系主任时，学校刚从东北搬到秦皇岛，又是在 20 世纪 80 年代末，学校那时真是一无所有，零件教研室老师连一台计算器（不是计算机）都没有，这时零件设计已经没有人用计算尺了，我想了想，从我的不多的科研经费中为零件教研室的每位老师买了一台计算器。

林秀安校长（左二）在燕山大学建校之初

我还支持二系办工厂，有人问，这位主张提高学术水平的主任，怎么会支持办厂？那时，恰巧锻压教研室的老师发明了一种汽车零件的准确弯曲变形的加工工艺方法与模具，他们申报了专利。这时在他们那里出现了争论，是直接卖专利来挣一大笔钱呢，还是用此发明办个工厂自己生产？前者有直接快速的收益，后者却有长期的效益。怎么办？我考虑后，支持了办厂的意见，并协助开办了学校的那个冲压件厂。本以为以此企业的盈利作经费可以支持和补充我们二系的教学和科研经费，可是真到了有收益时，学校采取了“一平二调”收了上去，二系一分钱也没有得到。

回想起来，在我担任系主任其间两件事情最有价值，最有代表性，不仅使我难忘，也是很有意义，还说明问题。一是经我主持的机械二系在 1993 年同时评上两个博士点，再一个是正确处理了一位女生跳楼的事件。这是性质完全不同的两件事情，代表了两个不同方面的工作。

先来说说评博士点这件事。在我上任后，我常思考，如何才能够提高学术水平？一方面我经常在二系的各种大小会议上号召和鼓动教师们积极参加科研活动，多去工厂了解实际生产情况，倡导阅读科技文献，从科技文献和生产实际中发现和提出存在的问题，找到科研的方向，在研究问题时也注意开展学术交流。这是普遍的动员号召。我采取“普遍号召与具体指导相结合”的工作方法。1990 年我们还举行了一届大型的全国机构学学术年会。

另一方面，我一上任就抓住博士点的申报。到了 20 世纪 90 年代初，燕山大学还只有唯一的一个轧钢博士点。那时学校并不在意学科的建设，也不在意学术水平的提高，不像现在这样年年抓学科点建设。可我特别关注学校的学术氛围和学术水平的提高，认为高等学校一定要不断地提高自己的学术水平，要用高的学术水平去为生产实际服务，因此要重视学科的建设。为了更好地创造提高学术水平和学术环境，应该尽可能地发展学校的博士点，然而是否发展博士点，学校并没有提上日程。不管怎么说，这事我报告了校长，我要按照我的想法去做。

我在系里提出要大力提高学术水平，对这三个专业：锻压、机械学、机制分别提出要求。其中前两个我认为申报博士点还是比较有希望，已经具备了相当不错的条件。这样就可以一方面继续努力以进一步提高学术水平，并同时开始收集整理材料准备申报。那时机械学的力量比较大，有杨基厚的机构设计的空间模型，有刘宝棋的机构轨迹研究，有曲继芳的活齿传动以及我的并联机构学。锻压也有较强的实力，特别是在大锻件、水压机、旋压等方面在国内都有较大的影响。

关系国计民生的重要的大锻件

当宣布要申报博士点时，立马出现了严重问题，发现锻压专业内部严重的不团结，内部分为好几派。有的人说，别想要我拿出材料；更有人拍着桌子说，如果你们这样申报，我就要放横炮！而且这些人都是锻压的大腕。看来要组织好申报材料也很不易。而对于我自己所在的这个学科——机械学却是毫无问题，不仅材料体现的学术水平较高，而且大家的想法都高度一致。

人们思想的不一致。怎么办？思想不一致就要从做思想工作开始。于是我逐个到教授家中访问，下了这个三楼，又爬那个四楼，有的人家不止去过一次。去谈我的想法，谈学科建设的重要性以及它的长远意义，谈我们难得的机遇。谈着谈着慢慢地教授们的思想统一了，材料都拿出来了，也答应不放横炮了。经过几年的努力，慢慢也就理出了头绪，准备工作有了很大的进展。

对两份申报的材料，经反复审查修改直到大家满意后，在 1992 年时将材料递交上去，转年 1993 年，机械学、锻压两个学科博士点双双获批！真是大快人心，也轰动了整个燕大。十多年来，燕大仅有一个博士点的局面得到了改变。

从此，老师们的思想也得到解放，接着不断地有新学科点提出申请，不断有新学科点获批，这样大大改善了燕大的学术环境。后来，还多次有锻压的老师见了我就说，“真感谢黄老师那年的严厉督促才获得了我们的博士点！”听后我自然是感觉到工作的成就感。

这里还有一个小插曲。我在抓提高各个学科的学术水平时，曾有几次因学科建设上不是很给力而点名批评了某个学科。这事当然给当事人以压力。因此该老师就对我有很大意见，心里形成疙瘩并长期难以释怀，甚至到我不再担当系主任后好长时间他还念念不忘，见面也不说话。我想我和他之间本来就没有什么矛盾，而且曾经是关系很不错的朋友。回想几十年前在富拉尔基我搞对象的时候，还是请他随我去齐齐哈尔帮忙给我们照的相，再加上他和我同时都是入党积极分子，经常在一起活动。现在我们都退休了，我想我们这个疙瘩真是不应该再窝在心里。于是赶上一次随退休办外出的机会，又恰巧把我俩分配在同一个标准间住宿。机会来了，晚上躺在床上，我就和他唠起嗑来，谈起我们当初的友谊，解释了我那时的言论完全是从工作出发，没有什么个人攻击的意思。交换心思之后，我们总算是解开了心结，重归于好。

另一件事也是我担任系主任做出的值得回忆的另一方面的工作，就是处理一位女学生 ××× 自杀的事。那时正是暑期在我刚刚接到任命的那个学期开学的时候。开学了，学生回来了，暑期出去实习的学生也回来了。突然有一天中午我在家里，辅导员杜 ×× 打来电话说，×× 班的女生 ××× 跳楼自杀了。一听发生此事吓我一跳。我问他告诉贾 ×× 主任了吗？他说“告诉了”。这种事一般都是管行政的副主任来处理。不一会儿贾 ×× 来了，正是为了这事。谈话中我发现他十分不安，也看出来他很害怕。我能够理解，因为过去学校里发生过一些类似这样的事，也许他过去还处理过类似的事情。这种事情发生后，当事人的家长与学校因牵涉到许多利益问题，经常是弄得矛盾十分尖锐，骂的闹的告状的都有，总之是一件十分棘手不好处理的事。我想了想说，我来管吧。

大家都害怕的事，怎么我这么大胆主动来承接？我想到从理论上说，对于这件事的处理首先要“相信群众”，群众还是讲理的，不会那么捣乱，当然我们一定要“实事求是”地处理，要本着“为人民服务”的精神，为学生家长合理地解决他们的疑惑和实际发生的困难问题，这样应该能够处理好这件事。

于是我首先去找辅导员杜 ×× 调查研究了一番，详细问他发生这个事情的前后经过，问他都做了些什么样的应对措施。这里我还先想到了我对这位辅导员相处不短时期所积累的对他的看法和印象，我认为他说话做事一贯还是老老实实的，对他我是能够信任的。他说，在齐齐哈尔实习期间他一直跟着这班学生，没看出有什么问题，只是临回来时，有同学反映她有些不正常，常常一个人在一边沉思不说话。回到学校后在发生事故的头一天他还约她谈过一次话，要她如有什么包袱放下就是，要她好好休息休息准备开学上课。我还仔细追问，在实习期间和回来的路上有没有和同学发生过什么口角或交友之类问题，杜都否认，说没看出什么异常。我又找了这个班的几位男女同学分别了解，他们也都说没有看出有什么问题。于是我心里有底了，这件事的发生主要责任在学生本人，学校并没有直接的法律责任。

第二天，××× 的妹妹先到了，她是牡丹江一所大学的学生。我在宾馆接待了她。当我见到她时，她哭丧着脸，还一脸生气的样子。我告诉她，我是她姐姐的系主任，对这件事的发生我们都表示十分遗憾和同情，并对她的家人表示慰问。她告诉我，她们仅姐妹两人，父母都在齐齐哈尔第二机床厂工作，父亲现正在出国考察，母亲明日到来。我想这件事对她们家庭的打击肯定是非常大的，她父亲出国在外也不可能回来处理这事，这更使我同情她们并感到身上的责任重大，一定要处理好这件事才对得起在国外为国家作贡献的她的父亲。我和她说，这件事对你母亲的打击是最大的，你姐姐走了，你父亲又不在家，你是你们家唯一能够发挥作用的大学生，你母亲来了一定是非常非常悲痛，这种情况下什么事都可能发生。现在正是发挥你的作用的时候，要好好劝劝你妈妈，要她不要过分悲伤，这是大事。她听到后，收起了眼中的泪花，默默地点了点头。看来她能够理解我的话，我感到了一丝的放心，有了她的支持与理解，再做她妈妈的工作就容易些。

转天，××× 的妈妈到了，在培训楼我接待了她，我将我所了解的情况都告诉了她，她十分仔细地听了，并不断提出了许多的疑问，我就我知道的情况回答了她。最后她说她想见见她女儿的同学。我当即表示："完全可以，没有问题，你自己再具体地了解了解更好，你可以见她的所有同学，询问这几天发生的所有事情，让我们共同来调查清楚这件事情。"我也告诉学生，你们的同学发生如此不幸的事情，她母亲来了，你们要像自己的长辈一样尊敬她，亲切地安慰她，她有什么问题你们都不用顾虑，如实地告诉她。陆续几天，同学们一批批地去到她的房间。数天之后，再见到她，我问她有什么想法，她没有再提出什么。

后来我告诉辅导员，让学生暂时先别再去见她。她来找我，质问我为什么不让同学来见她，是不是我们有什么见不得人的事。我听了笑道，并立即回答，"我们没有什么是见不得人的，要有见不得人的事，当初你来时我就不会允许你见所有的学生。既然允许你见，又过了这么长的时间，没有怕你问到什么问题，这说明我们心里没有鬼，反而是愿意共同来调查清楚，若是真有鬼的话我们共同把它抓出来。今天我不允许同学再来，是因为我发现同学中出现了不应有的内部矛盾，我不想因此造成同学之间的分歧。你有问题可以问，但要经过我们同意，并当着我们的面去询问学生。"她又说："你尽向着你的学生。"我说："你又错了，我当然要向着我的学生，可是你的大女儿也是我的学生，虽然我一天也没有给她上过课，甚至连她我也还不认识。可是我是系主任，全系的学生都是我的学生。我向着我的学生，更应该向着你的女儿，是她出了事，如果她受了什么委屈，甚至受到什么人的迫害，我一定会为她伸张正义。再说，我自己也有两个女儿，她们也在外地上学，将心比心，我非常同情你的遭遇。现在我了解到的是没有什么异样的情况。你不信，你可以继续了解。"她听了后无话可说。这期间我们也看到，她的二女儿确实对她做了不少的工作，发挥了作用，让她的情绪比较稳定。

第一阶段就这样过去了。她同意去处理后事了。学校也派了车去火葬场，我陪着去的，我坐在她们后面的第二排。后来她对我说，她非常感谢我。她女儿对她说的，"黄老师这人很好，在汽车上你靠着椅子背闭着眼似乎睡着了（不会是睡着，她受到如此大的打击，承受这么大的悲伤，现在要去面见故去的女儿，心里一定是悲痛万分，神情恍惚，无心睁开眼睛），头随着车不断晃动，黄老师怕你的头撞到，一直用手托着你的头”。

大概过了一个来月，她又来学校了，还带来了律师。在那个年代，有律师出席还是很稀奇的。但这个阵势我并没有害怕，怕什么？没做亏心事，半夜叫门心不惊。我们一切按政策办事，有先例的可以按先例办，总之一切按规矩办。她们获得了政策规定的应有的补偿，这件事就这样结束了。最后 ××× 母亲临走前还特地对我表示了感谢！

事后，我感到这件事办得不错！我想，我凭什么？凭的就是按照为人民服务和实事求是的精神。按现在的说法是人文关怀，以人为本。

后来，校领导要换届，机械部教育局领导曾考虑过我，在全校民意投票中，我得到了高票，但因换届时间拖得太长，最终我的年龄就不合适了。虽然如此，但我仍十分高兴，从高票的民意中我看到了我的工作得到了大家的认可，感受到人生的多方面价值，这就足矣！还渴求什么？再说，我又能够再回到我一直热爱和追求的科学研究工作之中了，能够促使中国科技发达，这是我从小的愿望和梦想！

中国的高等教育模式和教育改革

（2015 年 10 月 23 日）

本文讨论关于中国的教育模式和教育改革。由于我是 20 世纪 50 年代哈尔滨工业大学的学生，那时接受的大学教育完全是苏联模式，改革开放后又学习和实践了西方的教育模式，对于两种模式都有亲身体会，我又经历了多次的教学改革，对教育模式和教学改革这两个问题作一对比分析，总结一下我们的经验教训，我认为这也许是有益的。

一、如何看待新中国成立初期学习苏联的教育模式

现在普遍认为，苏联的教育模式是有缺陷的，它的“专才教育”过于强调专业化，还不利于培养创新型人才，是计划经济下的产物。然而探讨苏联的教育模式要考虑到他们当时的历史背景。众所周知，在苏联十月革命前，俄国还有农奴制的残余，国家远未工业化，生产力十分落后低下。1917 年革命胜利到 1941 年发生了德国入侵而开始了卫国战争，其间还有约 3 年的苏维埃政权保卫战，历史只留给了苏联人 20 多年的和平时期，只有在这个时期内他们可以稳稳当当地发展他们的工业。让我们先看看从战争开始到 1945 年打败希特勒，此期间苏联生产出的重型军事装备：

坦克和自行火炮：10.8 万辆

火炮：83.4 万门（含迫击炮 34.8 万门）

飞机：158218 架

同期美国生产：

坦克和自行火炮：102351 辆

大炮：372431 门

飞机：296429 架

德国生产：

坦克和自行火炮：49341

飞机：113514 架

虽然说当时苏联资源严重匮乏，自制的武器也相当简单粗陋，劳动力严重缺乏且是经过全民极限地动员，但比较起来看生产力确实是大大提高了，其工业化的发展速度也还是显得相当惊人。而且 20 多年中苏联面临无情的现实就是它处于敌对势力的严密包围之中，四面楚歌。工业化、建设国防，这是他们的第一任务。

有文献记载；“一段时期内，实行计划经济的苏联，发展速度大大超过了实行市场经济的国家。1929—1933 年，美国爆发经济危机，随后蔓延到资本主义各国，企业大批破产，工人大量失业，资本主义世界工业生产总体上下降了 37.2%；其中美国下降 40.6%，法国下降 28.4%，英国下降 16%，日本下降 8.4%。一些国家的经济退回到 20 世纪初、19 世纪末的水平。苏联经济却没有受到冲击，反而蓬勃发展，仅用 20 余年时间就走完了西欧资本主义国家用 100 年走完的工业化道路，成为欧洲第一、世界第二的强国，奠定了后来能够与美国争霸的基础。第二次世界大战，苏联模式也成功经受了考验。”到 1975 年，苏联的工业总产值已达美国工业总产值的 80% 以上，而农业总产值更达到美国的 85%。

苏联工业化过程有如此高速的步伐，他们高等教育的贡献率高必定是其中主要原因之一。从这个角度看，不能不说他们的教育为此立下了大功，而且时间上仅仅只有短短的 24 年（1917—1941 年）！

再进一步看，在“二战”之后的冷战时期，苏联军工更是突飞猛进，几乎与美国并肩，成了世界上的两霸之一。导弹、核武器、人造卫星……都能够达到领先水平。而且这些成果是在美国的绝对封锁下独立完成的，其中自然包含了大量的创新。例如在航天上，是苏联的航天员加加林首先遨游太空。

第一个太空飞行员苏联人加加林

因此，也就不能说，苏联教育体制下培养的人不能创新，不会创新，不能说苏联的教育模式不利于培养创新型人才。

从实践是检验真理的唯一标准看，苏联教育满足了苏联工业化和大力发展工业的需求，其教育模式十分适合苏联那时的国情，达到了让它能够快速发展的目的，而且创新也层出不穷，所以对当时的苏联教育应该给予恰当的正面的评价。在他们的这个计划经济阶段的“专才教育”模式是正确的，虽然它也有自身的缺点，但是适合苏联当时的国际和国内的现实。

对于那个在特殊历史条件下的苏联教学模式，最后还应该从它这个特殊性中，发现其所具有的有意义的普遍性内容。首先就是苏联的教育模式也可以培养出大批创新型人才；其次，它的专才教育模式仍有一定的意义，能尽快地大批地有针对性地培养出适用的人才。第三，苏联教材具有的理论的高度系统性，这是培养高层次人才学习理论所取的正确之道。我想，这几条是有普遍性意义的。

再谈到我们新中国在成立初期的教育，由于那时中国也是计划经济，当时的大学教育模式完全是学习苏联，采用苏联教学模式，包括苏联教材。我就是在苏联教学模式下读完了大学，有亲身的体验。改革开放后的几十年，又学习了西方的教育模式与经验，我也一直在教育战线上奋斗，因此可以感受和对比两种教育模式。

我是 1953 年上的大学，大学时正值“全面学习苏联”时期。上的大学恰巧是中国学习苏联教育的样板——哈尔滨工业大学，它完全是按照苏联模式进行教学的。我体会那时苏联的基础教育还是十分严格、十分系统的。具体地说，那时哈工大正是采取苏联一流的鲍曼工业大学的模式，许多教授也直接请自鲍曼。在学制上，鲍曼是实行五年制，哈工大也是五年制；在专业划分上，鲍曼是专才教育，哈工大也是专才教育，专业划分得很细；再看看那时学的课程，学习了鲍曼重视的基础理论。就拿“高等数学”来说，这门课要学习两年四个学期，我们高等数学课程的主要教学参考书就是他们用的内容非常系统丰富的斯米尔洛夫著的 6 卷本《高等数学》，再看机械工程专业的四大门专业基础课“理论力学”“材料力学”“机械原理”和“机械零件”也都是用的苏联教材。这四门教材后来又由我们自己根据国内情况不断地改编。改革开放后近 40 年来，我们又学习西方的教育模式，包括引进他们的教材。可是这四门课的教材不断地改编来改编去，最后还都是又回到了苏联教材模式，或看到原苏联教材体系的影子。可是我们却没有看到西方有更适合这四门课的教材。另外，因为哈工

哈尔滨工业大学

大重视基础理论教学，教材理论体系完整，所以学生的基础是很扎实的，基础的扎实也使后来转行的一些学生并没有产生太大的困难。从道理上说，“理论越深，其覆盖面越宽”，这应该是不争的哲学道理。

几十年过去，回过头来再看看。我们都知道，思考问题要理性，做科技工作的更要理性地思考分析。什么是理性的思考？就是要依据已有的理论。因此，理论学习就很重要了。如何能够深刻掌握理论？这只有系统地学习才行，不系统地学理论，蜻蜓点水那是学不到手的。如此说来，系统性强的苏联教材是非常好的教材，中国继承了这个好的传统。这让我们看到教学改革改来改去，现在的中国教材又显现出苏联教材的影子。这个回归方向是正确的，这也是合乎规律发展的必然结果！

说到苏联机械类专业的划分，确实是“有一个机械工业部门，就有一个对应的机械类专业”，是典型的细分的“专才教育”。拿我在哈工大所学专业来说，那时我的专业就是“轧钢专业”，其实轧钢专业又被分为更细的两个专业，当时北京钢铁学院和东北工学院的轧钢专业是“轧钢工艺”，而哈工大的是“轧钢机械”，偏重于轧钢机械的设计与制造。看来学习苏联的专业划分真是细得无法再细，真正是计划经济下的“专才教育”。可是再看看东重“轧钢机械”这个专业培养的学生，毕业后大都按“计划”分配到全国重型机械行业众多的工厂、企业、研究所、学校。不可否认，中国今天能够成为制造大国，以重型机械制造为培养目标的东北重型机械学院培养了大批需要的人才，他们为建立和发展重型机械行业作出了巨大的贡献。这些学生在学校里学的是重型机械，而工作需要的就是重型机械人才，他们出去就能胜任工作。如此说，那时的“专才教育”模式确实也真是适合当时的中国国情，为中国工业化作出了贡献。

如今我国的主要教学模式已经不再是“专才教育”，国家也已不是那时的计划经济体制。但其实学校里的“专才教育”的优点也真不能完全否定。例如长期以来儿科大夫严重缺少的问题，特别是当放开二胎之后问题更为突出。我总想不通，难道不可以把其他学科的大夫转过来吗？应急调些其他学科大夫来是可以的，但舆论界都说那仅是暂时的应对。1983 年我国曾设立儿科本科专业，但从 1998 年开始被合并取消。今年政协委员联名致信教育部，请求恢复本科中的儿科专业。事实证明还是应该由儿科专业来培养儿科大夫，由其他专业转来是不能满足要求的。所以专才教育有时是不可或缺的，是不能够否定的。

说到这里，也牵涉到计划经济下优先发展重工业和自由市场经济下优先发展轻工业两种发展途径的对比。若中国当时不发展重工业，一直按自由市场运作搞轻工业，从暖瓶发展到热水器，从电扇发展到空调，从高压锅发展到电饭锅、电磁炉，从计算尺发展到计算机……这将会是怎样的一个缓慢过程？何时能够制造飞机、汽车、核潜艇？当时的国际环境允许这么缓慢发展吗？而且“教育”又是不着边际的“通才教育”。如果是这样，今天的中国绝成不了制造大国，更难望何时能成为制造强国。印度就是这样的反例，他们没有坚实的重工业基础，又总幻想成为军事强国，这正是一直为人们所诟病的原因。

我们且看，印度首架国产先进战斗机——“光辉歼击机”2015 年 1 月才交付了空军。该机研制从 1983 年至今用了长达 32 年的周期。截至 2014 年，共计生产了 14 架。而中国的歼 -10 战机 1984 年正式立项，2004 年列装部队，在 2014 年时中国空军已经装备了 200 架。这就是为什么有人说：“唱不衰的中国和赞不起来的印度！”

俄罗斯以及今天的中国，都放弃了计划经济，原来的教育模式也发生了变化。市场经济下，专业过细难以找到对口的工作，教育也就要口径宽些。要想达到宽的口径，其基础不仅不应该缩减，相反应该加强甚至应该更宽些，唯如此才能以适应不同的工作需要。美国的那几所世界顶级高校是那么重视基础理论学习，他们对基础理论重视的程度还远远高于中国，那么我们想要在科学技术的探索上获得更多的原始创新，就不能不考虑是否应该和如何再加强基础理论的学习。

当然，我们现在的教育模式许多方面也存在应该提高和改进的问题，包括如何克服应试教育的弊病、学校在科研中如何去行政化，但这些不是本文主题。

二、于教学改革

“理论要结合实际，教学要适应宽口径，更好地适应社会需求”，我想这真应该是像我们这样类型大学教改的出发点。而对于国家希望建设的那些“国际一流大学”则不应该是这样，像清华、北大不应该以就业为培养学生的直接目标。

理论要结合实际，这不仅是原则，也需要具体体现在教学的过程中，是大学课程教学的一个大方向。人类的知识包括两个方面，理论知识只是其一，另一半就是实践知识。不仅任何理论知识都是来自实践，是实践认识和经验的理性升华，而且理论只有回归去服务实践才有其理论的价值。在学校里我们集中精力学习了理论知识，毕业了也还仅仅掌握了人类知识的一半，所欠缺的实践知识就要在毕业后的实际工作中努力去弥补，努力向实际学习。虽然在学校以学习理论为主，但完全脱离实际不仅学不好抽象的理论，而且不符合人的“由感性而理性”的哲学认识规律，更不符合我们的培养目标。

潘建伟在实验室

但就理论与实践两方面来说，学校里当然毫无疑问应该是把理论学习放在第一的位置，而且是完整、系统的理论学习，这才能为将来出去做实际工作打好理论基础。我们只有把理论掌握得更深、更宽，才能适应出去后宽阔的就业面，在工作中才能够举一反三地处理所遇到的各种实际问题。如果在学校里没有学到完整的系统的理论，遇到实际问题，将很难作出理性的思维判断，出去到实际中再系统学习理论，困难就大得多了。所以无论怎样进行教改，完整系统的理论学习是不可缺少的。我们掌握教改的干部，必须要有一点哲学功底，掌握一点理论与实践辩证关系的哲学认识，这样才能正确地把握教改方向。

袁隆平在稻田里

袁隆平说“我培养研究生的第一个条件是你要能下田，你怕下田，我就不接收你。我说电脑很重要，书本知识也很重要，但那些都是基础，水稻还是要到田里面种出来……”

这正说出了理论学习的目的。机械工程专业的学生，学习机械工程理论的目的就是要去发展和提高我国的机械工程水平，把它做大做强。大学里学习那么多理论，目的都是为了去改造世界。这就是认识世界与改造世界的关系。去农田、去生产车间可能脏一点，累一点，这没有什么，洗一洗、歇一歇就过去了，况且今天的农业生产和工业生产的现代化及环境水平都大大提高了，大强度的手工操作几乎没有了。

关于向实际学习，我还想说说下面这件事情对我的触动。我在美国留学时的导师 Tesar 教授，有一次他到中国参加学术会议，会后我邀请他到燕山大学来讲学。一天抽空我带他去北戴河游乐园转转，去看看在地理上具有特殊性的海边高大的沙丘。当我们进了游乐园大门，正要穿过轨道车铁轨时，他站住了，凝视着地面说，中国的铁路道岔为什么是这样？我大吃一惊，教授竟然关注这个再普通不过的东西！再往前走，要坐缆车去到大沙丘上面，他又站住了，对着缆车的大转轮的齿轮传动系统他又观察了许久。我真是汗颜和自愧不如！作为机械工程教授的他处处关注实际机械，而我这个机械工程教授却从来没有像他这样处处关注实际生活中的机械。我多次将这段经历介绍给机械工程也包括其他学科的同学，我们就应该像 Tesar 教授那样随时随地地向实际学习，心里永远装着向实际学习，做到处处有心地向实际学习！有心与无心大不一样。

所以我们在学校学习理论时也要尽量安排实践性的教学环节，教改的目的就是寻找和最优化“理论与实际两方面教学的最佳配比”。什么样的配比是最佳的？在我当老师那几十年里，经历了无数次的教学改革，下面介绍我所经历的正反两面的教学改革经验。

1958 年“大跃进”时，我大学四年级，为结合实际题目，我的课程设计就参加了轧钢教研室王老师领导的实际轴承环轧机的设计。五年级时做毕业设计，我们班同学被分别组队派去到不同的工厂，有的下到哈尔滨平房某厂为它们设计铝板轧机，我去了富拉尔基为重机厂设计小型轧机机组。

毕业后我当了老师，参加了多次教改。每次教改都是围绕教育如何结合实际的问题。1958年，为了教育更好地结合生产实际，哈工大的重型机械类专业搬到了富拉尔基的第一重型机械厂旁边，建立了东北重型机械学院，想以此取得最好的厂校结合效果，这是一次大的教改举动，那个时期类似的事情还有北京农业大学搬出了北京，北京石油学院搬到了石油基地大庆，等等。1959年东重建校时，教学设备极度缺乏，为了教学联系实际，我们老师自做教具，那时我设计出许多既形象有趣又能够深刻反映物理实质的教具模型，自己动手做出了许多铁木结合的教具模型。1960年，教改提倡做真刀真枪的课程设计题目，于是中断了学校的教学，我带着一批学过机械零件的学生去到昂昂溪电机厂，驻厂了几个月，结合该厂电机的转子的矽钢片生产，搞了一条冲床上下料自动生产线，我们完成了测绘、图纸设计、零件加工、装配、调试的全过程。

“文化大革命”中为了教学更紧密联系实际，又有一个大的教改动作，就是改变了学校的教学组织形式，拆散了原有的教研室，组成“专业连队”，将所有包括基础课的各科老师全部分别下到各个专业连队。教学不再按年级大班上课，而是直接结合每个专业的实际进行基础课的教学。

那时教改中曾出现尖锐的思考与争论，就是发生在那个建专业连队时期，是教改中最具有典型性和值得我们回顾与思考、值得去总结和汲取经验教训的。那时清华大学的汽车专业提出：力学课应该是按“汽车力学”，还是“力学汽车”进行教学？一些人认为，应该彻底结合汽车专业的实际，力学课就应该是汽车上遇到什么力学问题，老师就讲相关的力学部分。而坚持“力学汽车”的人则认为，力学是应该按力学本身系统地讲解与学习，但讲授要去结合汽车，结合汽车学习力学。到底孰是孰非，也分别进行了许多实践，还争论了不短的时间。

我认为，理论学习就应该按理论的科学体系完整系统地学习，就应该取“力学汽车”而绝不是“汽车力学”。力学课程是理论，是科学，它有自己的完整体系。这个体系表现在它应该先交代基本概念再逐步深入到定理、定律；逻辑上它是逐渐由浅入深，先静力学而后动力学。如按汽车力学讲授，那力学一定会被讲得支离破碎，失去体系，汽车上能够遇到的就讲，遇不到的就无法讲，先遇到的先讲，后遇到的后讲，这样也就没有了力学的合理学习的系统，力学学习也就不完整了。理论学习一定要掌握系统、掌握体系，这样才能真正学到这个重要的基础理论。掌握理论，才能在以后解决与汽车不同的其他力学问题时，有理性地思考，才能够发生举一反三的效果。不然，没有体系，那知识就是零零碎碎的。前面已经提到，理论学习掌握越深，它就越有普遍性，越能够解决遇到的各种不同的实际问题。这才是我们大学要学习到的知识。

关于理论学习要系统性的问题，这里举一个例子，在我的另一篇关于《赞叹螺旋理论》的文章中是这样介绍我学习螺旋理论的："在螺旋理论方面大家最常引用的是 Hunt 的那本书，然而由于该书的系统凌乱，且其语言艰深晦涩，致使读者如坠烟海。但我下定决心，无论如何要啃下这本书。前前后后加起来花了不少的时间。可是回过头来看，如果不是先从 Duffy 那里学到系统的螺旋理论，让我先看 Hunt 的那本书，毫无疑问的是它难以让我对螺旋理论有系统的认识，……相信如果那样我不会继续沿螺旋理论再向前走。"确实，那本书它不是教科书，它不会系统地给你讲螺旋理论。而想从 Hunt 那本不系统的书中，学到系统的螺旋理论知识，那几乎是不可能的。所以学习理论一定要系统，要系统地学习理论才能真正掌握理论的系统。到用的时候，才会有理性的思维。

毫无疑问，理论是应该与实践相结合的。问题是结合要摆清主次、结合的配比以及如何结合。上面说到的"汽车力学"与"力学汽车"之争就集中反映了这个问题。我认为年轻时上学读书，是人生最理想的、最适合学习的黄金时段，是人一生难得的学习的好时期，毕业后再想系统读书不是不可能，但遇到的困难要多得多。因此上学以学习为主，且主要是学习理论，实践也仅仅是帮助理论的学习。两者的主次关系、配比关系应该是这样的。特别是对于想要在更高的学术理论程度上取得创新，想和国际上顶尖大学展开竞争的学校，更要进一步加强他们学生的理论学习，否则会影响到我们的长远发展。这特别要紧，我们不能不深思，不能不具备一点长远的战略眼光！

回想在哈工大上学时，开始时工大说按苏联模式，毕业发"工程师学位毕业证"，后来因故而取消。那时工大五年制，有三次工厂实习，两次课程设计，一次毕业设计，实践环节真不算少。这个模式已经是十分重视理论学习和实践学习的结合了。而且也已证明，如此方案下培养出来的学生是能够完成实际中的各种各样的技术任务。

以上是我过去几十年的教改经验，希望对今天从事教学工作的老师能有所帮助，有了过去的经验教训就会少走弯路。

为什么中国培养不出高端人才①

（2016年1月12日）

一个时期以来，特别是当人们无法回答“钱学森之问”时，网上众多舆论以此反复炒作：为什么中国本土教育培养不出杰出人才，为什么中国出不了诺贝尔奖；并出现对中国教育特别负面的评价，甚至扩展到就“科学”没有产生于中国而说中国文化不适合科学，以至抨击中国的社会制度，等等。这些舆论是压在每个教师和科技工作者头上的几座大山。这些评价正确吗？有道理吗？

虽然近些年中国也有一些科技成果走到了世界领先的位置，如卫星“墨子号”、量子通信、超级计算机等，但许多人仍然对少有中国人获诺贝尔奖耿耿于怀，严重存在唯诺奖论。真有必要对这个问题从道理上弄明白。下面将就中国的高等教育、中国的科技创新能力以及中华文化谈谈我的看法。

有人劝我：“钱学森的问题你也敢回答！？”对此，我真是有点诚惶诚恐，但想想我还是应该表达自己的观点，希望和大家讨论，就当抛砖引玉吧！

一、中国工业化的起步点很低

中国工业化的起步点是非常低的，从文献上看到，在1949年中华人民共和国成立时中国的GDP是179亿美元（对比2016年GDP高达110000亿美元，实在是太低）。那时，中国的现代工业很落后，工业产值占工农业总产值的比重只有17%，而且这17%中几乎没有重工业，都是什么面粉厂、火柴厂、暖瓶厂、纺织印染厂之类的轻工业。基础实在是十分薄弱，要建设工业化强国就要加速、要追赶。从1953年开始，国家开始了第一个五年计划，集中于建设重工业。而

① 本文内容曾首次于2016年8月4日在北戴河第二届中国机构学中青年论坛作过演讲。2016年10月27日为燕大“红色旋律”作过报告。此文被收录于2016年出版的我的《随想录》中，又有所修改。

加速追赶最好的方式或捷径就是“模仿引进”。

1. 要工业化就要采取模仿方式追赶

1949 年成立的中华人民共和国，正像十月革命后的苏联，面临着强大的敌对势力的封锁、遏制，自己工业的基础又薄弱。而百余年的历史告诉中国老百姓，国家贫弱一定会挨打，不仅挨打，甚至要被瓜分。西方强国信奉的是森林法则。什么是森林法则？那就是弱肉强食。我们面临的就是一群恶狼。它们无数次通过炮舰政策打开我们的大门：鸦片战争，甲午战争，八国联军侵华战争，日本侵华战争……甚至 1999 年公然轰炸中国大使馆，如今，美国太平洋司令部司令哈里斯上将甚至叫嚣“准备今晚开战”。中国人民被羞辱、被践踏、被蹂躏的历史，罄竹难书！所以中国必须尽快发展自己，这是关系国家民族安全的大问题，刻不容缓。

对森林法则的信仰

而想尽快地发展最好的方法，就是“向他们学习”，尽量学习他们的先进科技。模仿和引进就是最快速的学习方式，就是捷径。在新中国成立之初一段时间内确实苏联给过了一些帮助，可是在向西方学习时，“老师”却是千方百计封锁你、限制你。你就只有在努力学习的同时，坚持“自力更生”的道路，坚持必不可少的创新，同时又要努力培养自己的高端人才。

“模仿”就是捷径。比如，人家成功地造出了原子弹，我们看到它威力巨大。我们也想搞原子弹，我们搞原子弹并不是从连“原子弹”这个原始概念也不知道开始的，而是已经得知“它有巨大的威力，知道它有可行性”。只要知道这两点，就已经获得了最关键的信息，后发优势就在这里，这就走了捷径。在学习的基础上再加上我们自己的艰苦奋斗，作出不可或缺的理论创新和技术创新，终于我们也搞出了原子弹。

历史上许多模仿者在战争中最后却成了更成功的一方。回忆一下坦克的历史，它是英国人首先发明的，但却是德国人让它在法国战场上大放光彩，然而最后德国人却输给了苏联人。

2. 成功的模仿离不开理论创新和技术创新

应该看到，模仿中必须有对理论的消化和创新，不然，既没有理论又完全没有创新，单纯模仿是模仿不出来的。为什么都说许多新式武器让中国人看一眼，中国人常常就能做出来？为什么有的人教也教不会呢？原因之一就是理论水平不同，即理论基础不同。

举个例子，当初以色列为了发展自己的战斗机，从法国窃取了幻影机的图纸，即便如此以色列仿制的“幼狮机”仍然长期没有成功，其主要原因是理论基础水平的问题，当然这其中也有以色列航空工业基础的限制。这也说明跟踪模仿并不容易。

博士生看到的飞行模拟器

再如前文曾提到我的一位博士生到一家企业参观，看到他们制造的一台高技术的6自由度飞行并联运动模拟器，他仔细一看，发现其并非6个自由度。该企业仅仅是照葫芦画瓢，并未理解其原理，所以模仿错了。而我的学生作为博士生他有深厚的理论基础，看一眼就发现了问题。其实这种装置国内已有许多可以作为参照，这种条件下他们还做错了。所以要模仿要从提高基础理论开始，再加上不断地创新。

再看中国制造航母的过程，当我们得知航母有重要战略价值，可是我们的跟踪模仿过程是非常不容易，从生产航母用的特种钢板算起，到阻拦索、弹射器、核动力……到舰载机和舰载机的起降，再到航母的大编队等硬件系统，再加上复杂的大编队指挥控制网络通信系统等等，困难重重。真是如东北的一句歇后语所说“横垄拉滚子，一步一个坎”。

所以，在人家对你严格保密的情况下，要获得成功的“模仿”，首先必须要去消化、去理解，要有较高的理论基础，同时不可忽略的是还要有许许多多的创新。没有理论如何消化？没有创新也是什么也做不出，模仿不了的。虽然这些创新总的说并非“原始概念”的创新。即便如此，对于我们中国，它们确确实实常是关键性的有重要意义的创新。有人贬低模仿，认为模仿中没有创新，认为模仿在科学创新上完全是没有价值的，这说法显然是错误的，可能他根本没有做过科学研究，更没有参与真实的科技“跟踪”，而只是在那里舞文弄墨。

追赶中的困难正如宋代杨万里的诗所云：

莫言下岭便无难，
赚得行人错喜欢。
正入万山圈子里，
一山放过一山拦。

立足于中国土地上的知识分子，感受到的是再次被挨打的威胁，因此他们都在全力为国家的复兴而舍生忘死地奋斗。1968年12月5日，首都机场一小飞机降落时着火失事，现场发现两具紧紧抱在一起黢黑烧焦的尸体，当人们把他们分开时惊讶地发现，两人中间夹着一个完好无损的皮质公文包，包中是“热核导弹试验数据文件”！这两个人是著名核科学家钱学森的美国同学郭永怀和他的小警卫，他们用生命捍卫了他们为之奋斗的“中国梦”。昨日闪烁的星辰陨落了。

二、模仿的性质

1.“原始创新”在创新中占第一位，是具有决定性的

爱因斯坦说：“提出一个问题往往比解决一个问题更为重要，因为解决问题也许只是一个数学上或实验上的技巧而已。而提出新的问题、新的可能性却需要创造性的想象力，而且标志着科学的真正进步。”

爱因斯坦

屠呦呦获得诺贝尔奖对中国人最大的启发是什么？是让许多中国人明白在各种创新中唯有“原始创新”才是最重要的，是决定性的。在屠呦呦获得美国的拉斯克奖时，许多人不服气，认为他们也都作出了突出的贡献，为什么该奖只给她一个人？殊不知在一系列的突出贡献中，第一个提出的创新概念称为“原始创新”，按爱因斯坦的说法唯原始创新才是最有价值的，其他的都比不上。可是许多中国人到那时还不明白什么是原始创新，更不明白原始创新的首要价值，因而在那里喋喋不休地争论。

确实作出了“关键性创新”的远不止屠呦呦一个人，他们都应该获得奖励，中国政府所颁发的科技奖项允许同时申报五个人，这也是合理的。但是问题是，

这样的奖励混淆了原始创新的价值，其顺序仅说明贡献大小的差别，完全忽视了其性质上有什么差别，评奖时也从来不考虑“原创性”。长期的这种授奖方式也造成人们认识上的偏差，看低了“原始创新”的决定性意义。所以，今后当我们再遇到一件新的科技创新时，就要挖掘它的原始创新在哪里，要特别尊重那位原始创新者，特别地鼓励原始创新，这也将促使更多的原始创新出现。

下面基于“原始创新的意义是第一位”的这一观点来作分析。

2. 模仿中不会有诺贝尔奖

如前所述，要获得成功的“模仿”，首先要去消化、去理解，要有技术创新，还要有理论创新，其中有些甚至还是非常重要的创新。然而这些创新并非“原始概念”的创新，那么它也就不是诺奖水平的原始创新，也就不会有诺贝尔奖！

因此，这就从理论上说明了为什么当处于追赶模仿阶段一般不会有诺贝尔奖，说明了为什么回答不了“钱学森之问”的最主要的原因。

对于上述分析，有人并不十分同意，他们认为影响中国少有获得诺贝尔奖的因素还有很多。是的，因素确实很多。比如有许多人认为中国做学问“不自由”，认为在现今体制文化下科研不自由。不自由吗？不是这样的，我做并联机器人研究就是我自己确定的，回国后，教研室主任曾多次邀请我参加他的团队，按他的方向去做，我没有同意，还惹得老先生十分生气。我自己选定了并联机器人方向，还获得了国家自然科学基金支持。可见做研究完全是自由的。至于基础研究投入少、经费不足、研究用的高端实验装置没有等问题，这是因为那个阶段经费都投向“赶超”了。还有人说，我们开展科学研究的基础薄弱，一些基础研究没有走到或没有找到学科的前沿，且时间短，应试教育模式对学生创新精神的遏制（关于这一点，可看下文），学界存在“官本位”“金本位”，学风又不好等。这些问题确实存在，但想想它们都是次要的，且它们多少都与处于这个赶超阶段有关。

哲学告诉我们：“在复杂的事物发展过程中，有许多的矛盾存在，其中必有一种是主要的矛盾，由于它的存在和发展决定或影响着其他矛盾的存在和发展。研究任何过程，如果是存在着两个以上矛盾的复杂过程的话，就要用全力找出它的主要矛盾。抓住了这个主要矛盾，一切问题就迎刃而解了。不懂得这种方法，结果如坠烟海，找不到中心，也就找不到解决矛盾的方法。”

在分析中国为什么培养不出高端人才这一问题时，若依上述哲学观点，主要矛盾就在于中国长期处于追赶跟踪阶段，其他都是次要矛盾，不是决定性的。所以问题就出在那个阶段。

一个时期以来，因为没有中国人获诺奖，对此网上一片非议。许多人也跟着心虚。其实主要就是没有看到发展的这个阶段性使然，与非议中的其他因素完全无关。一旦中国在模仿中实现了赶超，中国的众多知识分子必将会拿出骄人的让人眼前一亮的原创性新成果，原始创新必将会如井喷出现。

3. 模仿中的某些创新还具有超越的性质

近年中国在模仿中已实现全方位快速地赶超，缩小了与发达国家的差距，特别是在军事科技上消除了与美国的代差。与此同时，在模仿和赶超中锻炼和成长了大批有创新作为的年轻人，又加上中国各方面的大型实验装置纷纷上马，学术创新和科技创新已初显蓬勃发展之势头。

（1）中国已取得成功的模仿

实事求是地说，在科技上中国与西方的差距仍然是很大的。且我们又处于被严格封锁、被遏制这种情况下，所以这时我们特别要看到自己的成绩，不要丧失信心，要看到光明，要有冲破迷雾的勇气。下面就介绍我们在模仿中已取得的成功。

中国 1964 年成功爆炸了原子弹，1967 年又爆炸了氢弹，后者完全是独立创新完成的。而且氢弹的模式与西方的模式不同，更小型化，技术上也优于西方。虽然如此，但大前提下的原始创新，即氢弹的原始概念的提出还是人家的。

现今，中国拥有人类历史上最大规模、最完整、发展能力最强的工业体系。联合国对工业化产业门类的分类是这样划分的："工业制造业所涉及的有 39 个大项，91 个中项，561 个小项。"这些大大小小的工业门类中国全部拥有！这也是世界上唯一一个拥有如此全面工业体系的国家！我们可以自豪地宣称：中国拥有世界上最完整的工业生产体系！真了不起！（美国原来也有，但许多被转移出去了）。在看到中国有了完整的工业体系的同时，我们也要看到在这个体系的高端、尖端的技术上，与西方仍有十分大的差距。

中国制造业的总产量已达美国的 140%。这在美国人眼中已经是非常可怕的事实了。更让美国人感到可怕的是，中国军事工业在近年来呈现井喷爆发状态。中国已不再局限于模仿，大量中国独有的创新已经让西方刮目相看。

中国人很善于在学习中创新、在赶超中创新。从中国发展的结果来看，虽然面对西方，特别是在美国的处处设障、遏制，甚至"重返亚洲"、围堵中国等，给中国实现现代化梦想增加了那么大的压力和难度下，为什么还能在短短30来年从逆境下迅速崛起，能够从远远落后的情况下迅速赶上西方许多传统大国，乃至达到了GDP世界第二，在军事科技上也迅速崛起？这些充分体现了中国人在学习、模仿和高度的创新中发展自己的能力！

由此看来，跟踪中的创新是必不可少的，开始时它的创新常常不是原始创新，是看不到的，隐藏在“跟踪”之中，确实它让一般人看不到，让局外人无所知之，因而引起他们错误的判断。其实跟踪者在跟踪中做了大量的创新性工作，甚至是高端的创新。这些创新使我们实现了“后发优势”。对于这些不仅仅要看到，要认识到，还要给予充分的高度的肯定！

中国科技大学袁岚峰写的一篇文章《解读中国科技实力正以多快的加速度逼近美国》非常好，他写道：

“再来具体比较中美实际生产中的技术水平：第五代战斗机，美国已服役的有F-22和F-35，中国有试验中的歼-20和歼-31。航空母舰，美国有11艘核动力航母，中国只有一艘用买来的瓦良格号改装的辽宁舰，国产航母还正在建造。卫星导航系统，美国有GPS，中国有北斗，中国发射了高分四号地球同步轨道光学成像卫星，是目前世界上空间分辨率最高、幅宽最大的。导弹防御系统，中美都有。导弹打卫星，中美都有。弹道导弹打航母，只有中国有。有源相控阵雷达，中美都有。预警机，中美都有，中国的更先进（注：有源相控阵雷达在原理上比无源式先进）。超高音速飞行器，中美都在试验中。空间站，美国和俄罗斯有16国共用的国际空间站，中国有天宫。太空探索，美国的探测器登陆火星，中国只登陆到月球。芯片，美国有Intel、AMD，中国有龙芯、华为麒麟。操作系统，美国有Windows、iOS、安卓，中国没有像样的代替物。电信，美国有思科，中国有华为、中兴。4G标准，美国有FDD-LTE，中国有TD-LTE。搜索引擎，美国有谷歌，中国有百度。电子商务，美国有亚马逊、eBay，中国有阿里巴巴、京东。社交媒体，美国有脸书、推特，中国有微信、微博。汽车，美国有通用、福特、克莱斯勒，中国有奇瑞、吉利、长城。电动汽车，美国有特斯拉，中国有比亚迪。手机，美国有苹果，中国有华为。高铁，美国还没有，中国占世界一半以上。大飞机，美国有波音，中国的商飞C919正在商业化。这个名单还可以列出很长很长。”

当在电视上看着美国福特号航母使用电磁弹射器弹射战机时，可曾想到中国在电磁弹射器领域也取得了不逊于美国的技术成就，马伟明院士不仅完成了

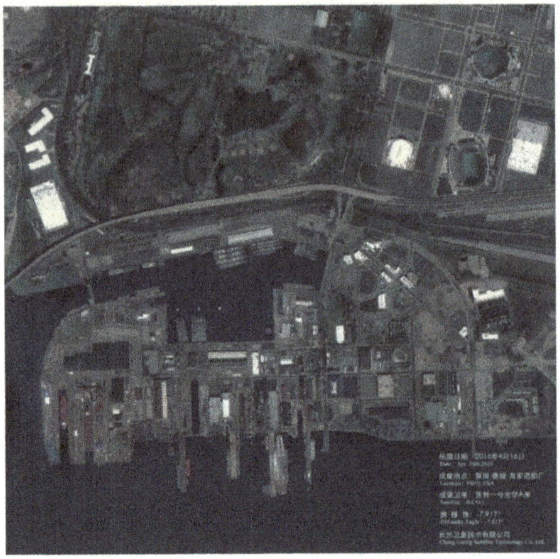

中国卫星拍到的美国航母

电磁弹射样机研制和试验的全过程，还攻破了电磁弹射技术的所有障碍。过去，老是看到美国卫星拍到中国的军事设施，内心十分不安。今年4月16日中国的商用卫星“吉林一号”也拍摄到了美国费城海军造船厂的影像，看到至少有一艘航母和数艘驱逐舰停靠在港内。

中美比较后可以看到的是，差距正在缩小，而在发展的速度上我们却是世界第一的！当然中国的发展时期很短，其所积累的科技成果的存量与美国的相差还很巨大，这特别突出地表现在中美两国的航母的质量与数量上。

当中国全面追赶的坚强有力的脚步声，由远而近，越来越近，惊动了走在前面的“山姆大叔”，他回头一看，“惊回首，相距仅三尺三！”不得了，中国人撵上来了！为了再领导世界100年，赶快提出“亚太再平衡”。要不是中国全面追赶得紧，离得近，“大叔”怎么会提“亚太再平衡”？它为什么不是“印度洋再平衡”？中国的科技成就绝不是自己吹的，是客观的，都惊吓到了一向傲慢的“山姆大叔”。

（2）追赶中的超越

① 学术创新方面

一向傲慢的山姆大叔

中国科学技术已经追赶并接近世界前沿，理论创新、学术创新也已经开始欣欣向荣。说到学术和理论创新，下面对袁岚峰的那篇文章再次引用。

“国际上有一种评价各个国家科技创新的评价体系，称加权的分数指数（Weighted Fractional Count，WFC）。2014年12月，自然出版集团公布了2014年的统计结果。美国的WFC排第一，18643；中国第二，5206；德国第三，4077。四到十位是日本、英国、法国、加拿大、西班牙、瑞士、韩国，从3371到1151。可以看出美国非常强大，WFC是中国的3.6倍。但中国排第二。

“这个结果对科学界之外的人来说可能会有点意外，但对科研工作者来说感到很正常，因为符合他们的日常的感受，现实就是这样。仅仅十多年前，中国的一流文章还非常少见，进入21世纪后，中国科技论文的数量和质量都出现了爆炸性的增长。进步还表现在广度上，以前只有中国的一流院校才能指望作严肃的研究，现在连一些二流院校都不时发一篇《自然》或《科学》了。”

燕山大学不是也做出了领先世界的研究吗？田永君老师完成了“合成出具有空前硬度和热稳定性的纳米孪晶金刚石”，即发明了两倍于金刚石硬度的材料。他的团队数次在《自然》或《科学》发表高水平的文章。

真是“春江水暖鸭先知”，在赶超第一线奋战的中国科技知识分子最先感觉到了科学春天的到来。

②中国建设了许多重大高端的实验装置

多数自然科学要求严格的实验，以实验最终检验理论的正确性，而现代的这些高端实验装置的造价是十分昂贵的。在今天中国的GDP上来后，许多高技术复杂的现代化实验条件也已紧跟了上来。比如国防科大的“银河”系列巨型计算机、国家跨音速风洞、北京正负电子对撞机、中国科大建成的国际最先进的反场箍缩磁约束聚变实验装置、神光Ⅱ高功率激光装置、兰州重离子加速器冷却储存环的加速器驱动的次临界系统相关核数据实验测量装置、中国可控核聚变实验装置、世界首个全超导人造太阳实验装置等。这些高级实验室的建立为我国高尖端科技的研究提供了可靠条件，为将来的研究建立了非常好的条件。

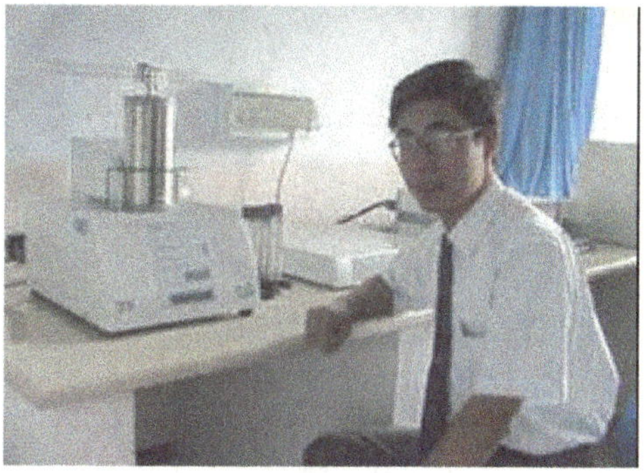

田永君在实验室

中国还建成了世界埋藏最深的暗物质实验室。超大型激波风洞：JF12风洞265米的身长使其能提供100毫秒试验时间，国外仅为30毫秒，可复现25～40千米高空、5～9马赫的飞行条件，整体水平领先全世界。2014年上海建成了65米射电望远镜，是亚洲第一；贵州建成的500米口径的射电望远镜，是世界第一大的单口径射电望远镜，其技术领先世界20年，比美国阿雷西博天文望远镜灵敏度高 2.25 倍。它将获取宇宙中的遥远信号，将在多方面获取重大突破。其接收信息的核心调焦距并联机构部件——馈源仓，正是依据了燕山大学创新的“并联机构学理论”。更令人高兴的是燕大学者先后参加了这两个项目的研制。

③中国将现原始创新的高潮

为什么还没有新中国培养的人获得诺贝尔自然科学奖？不要急，会有的，时间还不到嘛！诺贝尔奖授予的是要经过检验、得到公认的成果，往往是几十年后才会得到考虑。日本近年来多次获奖，是因为日本在 20 世纪八九十年代是科研经费高速增长时期，获奖者的成就大多是那时做出的。中国现在已经有了一些非常重要的成果，可以确信，若干年后一定会出现中国科学家获诺奖的高潮。

诺贝尔奖奖章

三、中国的高等教育培养出了大批杰出人才

为什么中国能够这么快速地赶上？为什么中国发展的加速度这么快？我们常说中国人勤劳、勇敢、智慧，确实如此。中国知识分子愿意勒紧裤腰带搞追赶，大家不曾忘记的一个比喻“做原子弹挣的不如卖茶叶蛋的”，但中国知识分子深知“落后就要挨打”，中国人民深刻认识到，必须发愤图强，必须改变落后的面貌，深刻认识到“国家兴亡，匹夫有责”，所以中国知识分子勒紧裤腰带也要干。

从上述分析看到，中国在模仿追赶中做出许许多多重大的创新，这些创新才促成了全面追赶的成功。中国在追赶中能够取得如此众多的创新成果，这不正是广大中国科技工作者努力而获得的吗？他们之中绝大多数都是中国自己的高等教育培育出的，可以看到许多高端研究队伍都已经由年轻人组成，并担当起了领头羊！比如让歼 -15 上辽宁舰的沈飞集团的罗阳，运载火箭系统总设计师荆木春，他们都是北航的学生；歼 -20 的总设计师杨伟是西工大的学生；载人飞船系统总设计师张柏楠是国防科技大学的学生；空间实验室系统总设计师朱枞鹏是哈工大的学生。他们并不是海归，也完全没有国外学习的经历。

再说我们燕山大学吧，从东重开始我们培养了 50 多届毕业生，大多都在重型机械行业，为中国的重型机械作出了巨大的贡献，为中国的工业化基础作出了贡献，为此我深感骄傲！

中国高等教育培养出的知识分子的实际贡献，证明了中国的教育是成功的（说它成功，并非说它没有缺点，还有许多应该改进的地方），为实现追赶，中国的教育为国家培育出大批急需的、有学识能担当的、高端的而且是创新型的人才。当然，还有许许多多的海归也为国家作出很多的突出贡献。他们也是在中国受到了良好的高等教育后出国的，在海外受到欢迎和器重。

毫不夸张地说，中国知识分子在追赶中爆发出巨大的创新能力。他们的创新隐藏在追赶之中，不为人所见。在追赶的阶段少有原始创新只是这个阶段的特点，并不是中国人不会创新，更不是中国文化不利于创新，仅仅是所处发展阶段使然。说到这里，我奉劝那些并没有亲身参与科技追赶的人士，不要再凭空设想妄论中国人的“创新”，妄论中国的高等教育！

对比杨振宁和他的同学邓稼先，他们不仅是同学，还是世交老乡，还都是学理论物理的。人们看到杨振宁在美国就获得了诺贝尔奖，而邓稼先回国只能做模仿性的工作，因而有人就攻击中国的学术环境。杨振宁立足科技最先进的美国，他的研究自然容易有原创性，只要方向正确他每往前一步，哪怕仅仅是一小步也都是原始创新。而邓稼先等回国为强国梦全心做模仿性的工作，献身于中国的科技追赶，自然无原创性。然而，他选择了回国，建设自己的国家，他为中国的发展作出的贡献是特别巨大的。他更加受到全体中国人民深深的尊敬，让中国人民感到骄傲！

许多中国学生去美国都是因为他们所具有的学术水平，包括所掌握的坚实的基础理论和科研能力而得到许多美国顶级高等学校的青睐、认可与欢迎。虽难以达到如微软创始人比尔·盖茨和苹果公司创始人乔布斯这样超强的创新水平，却也能够成为著名高级教授中的佼佼者。

如果前面关于“钱学森之问”的分析还不能令你满意的话，那么还可以请你以逆向思维想一想：美国是当今世界上科技最发达的国家，这个“发达”特别集中地表现在美国的军事科技上。而美国这么发达的尖端军事科技，毫无疑问正是有史以来数百年数百个科技诺贝尔奖拉动的结果。若没有这些诺奖牵引，其科技不会达如此之先进。

然而，中国在追赶中，仅仅用了60余年，已达到世界第二的地位，军事科技也迅速赶上并接近美国，甚至还局部超越。抛开由于跟踪而非原始创新外，能说其中独立的创新一文不值吗？这些创新主要不都是中国教育培养出来的人搞出来的吗？难道我们可以低估在中国科技追赶中杰出的领跑者们的创新成就吗？！

再看看，同样在跟踪模仿中的印度，美国对其倾囊相助，手把手教，却落后中国老远。为什么？那就是跟踪模仿都离不开创新！离不开技术创新和理论创新。美国海军工程师最近视察印度第一艘国造航空母舰"维克兰特号"，原本预期该舰能协助美国制衡中国海军。结果却让他大吃一惊，因为这艘航母的质量实在是太差了：美军发现三年前下水的该舰可能要再等十年才有作战能力。

看过这些还能说中国教育没有培养出杰出的人才吗？

四、思考是创新之母

孔子曰："学而不思则罔，思而不学则殆。"孔子这12个字表达的核心就是一个"思"字，而这12个字所引申的结论就是"思考是创新之母"。

"思考"是人类最重要的一个能力特征，思考会引发好奇心和奇妙的想象力，思考能让人不被表面现象所迷惑，能深入事物的内部，认识事物的实质和规律；思考，还能把许许多多的事物联系起来，这样常常就能够萌发出灵感和新的创意。

例如，当艺术家有个意念要创作一幅山水画，他头脑里构思出许多画面，它们一幅幅地闪现，他思考并判断哪一幅最美。这个过程就是形象思维，经过形象思维萌发了灵感而创作出"杰出的艺术品"。

当牛顿在家乡看见苹果从树上掉下，他问这是为什么，他思考，想象各种可能，这也是形象思维，不断地思考萌发出灵感，他意识到这应该是地心引力，就这样得到了科学史上的重大"发现"。有了这个发现，有了这个创始意念，他继续思考研究，经过许多抽象思维的努力，最后形成了牛顿力学的系统理论。这时思考告一段落。当有了这个力学理论，回过头来又用以指导工程实践，在实践中又有所创新，一方面补充丰富其系统理论，另一方面在指导工程实践

剑桥大学院内的苹果树

中又有理论创新。这前后两件事形成了一个完整的循环。这样的一个个循环，周而复始，就是人类的文化科技活动发展的历史。这个文化科技活动可以概括为：实践—思考（形象思维）—创新（艺术品，科学的发现和发明）—建立新的意念—再经思考（抽象思维）—创新系统理论—再回到实践中再继续新的循环。

这里可以把这个包括艺术、科技的发现与发明称为文化科技活动的话，那么这个科技文化活动是一个反复周而复始的大循环过程。我们知道人体有血液循环系统，血液循环的动力来自心脏，心脏推动血液流动形成循环。那么我们的这个文化科技循环是靠什么推动的呢？这个文化科技大循环的推动力就是“思考”，这个思考就包括上面所说的形象思维和抽象思维活动。思考就是文化科技大循环运行前进的动力，相当于血液循环中的心脏。所以说“思考是创新之母”。

说到这里要回过头来顺便看看中国教育存在的一个问题。中国因高考而形成的应试教育的缺点，是灌输式，死记硬背，结果是不思考，使学生的创新精神有所缺失。所以对学生要提倡思考，这一点非常重要，是解决问题的关键，所以中国教育的问题并不是什么非常困难的问题。

我有一位博士生，他以前学习成绩很不错。到我这里做博士生时，我先给了他几篇论文要他先看看。没几天，他说看完了，还说“验证了文中的例子都没有错”。我问：“说完了吗？”他说：“完了！”我很吃惊，我再次碰到了典型的“学而不思”的例子。我说：“你过去学习成绩很好，不是100分就是99分，可是到我这里，你的第一次成绩是‘59’分！没有及格！为什么？你现在已是研究生了，研究生是要创新的，没有思考，就没有创新，就是不及格！至少你也应该给出你经过思考后的点评，而连这一点你都没有。”

这就是典型的应试教育所造成的后果，失去思考质疑的精神，失去创新精神。对此，一些人给出了药方，最多的方案就是：去学习西方的“寓教于乐”。

其实，谁的方案也没有像2500多年前的孔子那样，抓住了2500年后当今问题的实质，没有一个能够像他那样一语中的，言简意赅。

他说过："学而不思则罔，思而不学则殆。"我的那位博士生所犯的错误正是学而不思。应试教育的问题就是养成了学生学而不思的习惯，他们学会而止。因此应试教育应该立即改变。

大学的同学们，你们也是经历了应试教育的过程上了大学，当你们遇到与上面相似的情况是不是也仅是"学会而止"？如果是这样，你们应当立即改变，学习中要多多思考，多多点评，多多提问，提倡打破砂锅问到底的精神。这用不了多少时间。特别是你们要改变过去"学而不思"的习惯，要主动地养成"学而再思"的习惯。你们前面要走的路，正是国家的"创新驱动"引领之路，不爱动脑筋怎能创新，又怎能适应国家的发展和需要？

在观察和分析中国教育模式时，上述这个缺失创新精神的毛病常常引发众多人的悲观情绪。然而他们却没有看到在每次高考中总有相对数量极少的学生，他们天资聪明，学习对他们是乐趣而不是压力。例如，我看到一个企业办的中学（既非市重点更非省重点）的学生，备考期间，因她父亲不在家，母亲是老师，上课又忙身体又不好，这孩子要天天为家买菜做饭，而晚上到9点她就困了会准时睡觉，就这样她却轻松地考上了中国科技大学。我又看到一位老师的女儿，她钢琴弹得特别好，比赛获过大奖，考大学时她以前几名的成绩考入北京大学。后来听她姥姥说，她是轻轻松松考上的。从整个高考人数看，类似他们这样的人是绝对的少数，但想想看这些年累计起来的总数可也是不少。现在就来分析这些孩子，由于在他们这个群体并没有受到上面所说的应试教育带来的压力与抑制，这些孩子他们可以轻易地进入中国最好的大学，后来他们或出国深造，或到了国家的重要科技岗位，很快发挥出他们的巨大创新的能力。若他们有志于献身科学，又有质疑力，必定会在他们的事业上作出贡献。分析中国教育时，这部分人的情况不应该不考虑。对比美国的那些所谓杰出顶尖人才，如比尔•盖茨、乔布斯，他们在数量上也一样是绝对的少数。

五、中华民族的创新能力和中华文化

中华民族的创新能力绝不低于世界上的任何民族。不要说古代的四大发明，只要看看中华民族能够在短短30年把这个人口众多的国家从极度落后发展到世界第二就能说明，而且中国所处的国际环境极端险恶，所受到的打压遏制巨大，中国的崛起真是太不容易，能够崛起真是太伟大了。这个伟大之中经历多少的思考，诞生了多少的创新，难以估计！

这里再回到屠呦呦的获奖，她的获奖无疑证明了中医是人类一个丰富的大宝藏，证明了中医理论中富含了许多科学的思想与科学的结论。屠呦呦为医治疟疾从1700年前葛洪的著作《肘后备急方》获得了“诺奖级别”的灵感：“青蒿一握，水一升渍，绞取汁尽服之”。其实，这个思想真正的原创，正是1700年前晋朝的葛洪提出的，他科学地、原创性地指出了青蒿的正确应用之法。葛洪的《肘后备急方》就是科学的。

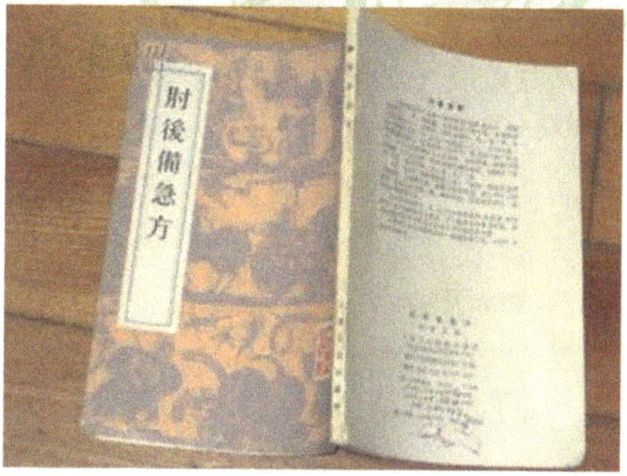

葛洪的《肘后备急方》

科学的定义是什么？教科书上说：“科学定义就是对一定条件下物质变化规律的总结。科学的特点：是可重复验证、可证伪、自身没有矛盾。”若严格按“科学”定义看，中医“似乎”（注意：我这里用的仅是“似乎”二字）是有差距的。中医的形成确实是依据许许多多行医者的经验，但又不是简单经验的积累，它是在实践经验基础上认真地加以思考总结，去粗取精，去伪存真，由表及里地将实践经验加以理性总结、提高与升华。中医的发展过程中间有思考，有深入的思考，这个思考使认识得到升华，上升到理性，达到了极高度的理性程度，中医理论以高度抽象的语言概括表述为“阴阳五行”。“阴阳五行”“金木水火土”，让门外汉去看，越看越糊涂，它简直就如玄学。其实，哲学上说认识得越抽象就越具有普遍性。它能够把人体内五脏六腑的问题联系起来，辨证施治，常常可以达到最佳的治本之效果。当然，也正是由于中医的这个极高度的抽象，很少中医大夫能够真正完全地掌握，或者说，要能够正确地掌握它有相当大的难度，这就造成它是否“可重复性”问题。但是在许多著名中医那里，他们对中医理论掌握得炉火纯青，许多实例表明一些西医认为的疑难杂症中医却可以诊治，这也体现了可重复性。都说西医科学，其实西医中也有许许多多的依据经验而确定的东西，如标准血压定为90～130 mmHg。为什么是这个数值？ 是用科学公式计算出来的吗？扩大来说，血相中那么多数值指标怎么来的？也是依据理论用数学公式导得的吗？也都不是，它们也都是经验积累经统计而确定的。我也希望中医诊断更多地采用现代科学仪器，更多地依靠仪器的数据以取代简单的直观的“望闻问切”。

中医经思考而提升为中医学理论，在这一点上也正与西方人形成的科学是经过思考上升为理论的那个过程是相同的，都形成了对客观事物的深刻认识，从这点说有如殊途同归。但他们又是发挥各自的才能，你研究你的“科学”，我研究我的医学，可说是分道扬镳。整个说就是分道扬镳，殊途同归，都对人类文明作出了贡献。

中国人的会思考，还表现在研究战争规律的《孙子兵法》上，2500 年后《孙子兵法》仍旧得到全世界高度认可，并在当今得到更广泛的应用，远不止于军事，还用于商业，经济、体育等众多存在竞争的领域。与《孙子兵法》相提并论的西方最著名军事科学理论，是 1832 年克劳塞维茨的《战争论》，公认他是西方战略学的鼻祖。然而，后者晚了 2300 余年，且仅仅适合军事。从仅适合军事这一点来说，它的思考并没有达到如《孙子兵法》所具有的深度和高度。所以那种否认中华文明的论调是完全不科学、无根据、站不住脚的。

有人说：“方块字无法用于代数表达！”中国的方块字也成了罪魁。中华文字既不同于世界上其他国家的字母文字，同时也有别于古埃及和古巴比伦的象形文字和楔形文字。中国的汉字具有象形、指事、会意、形声、假借、转注等不同原则的造字法，这既超越了简单的象形文字，将语义的表达大大扩展，同时克服了字母文字容易引起方言向新语言转化的现象。

东汉的许慎在《说文解字》中对汉字构成概括为六书：象形、指事、会意、形声、转注、假借。一个字就像一个小的图画一样，既要表达声音，又要表达含义，又要表达它的逻辑关系，又要表达某种形状。

说到中国的象形文字，它不仅不会约束中国人头脑的创新，相反，它十分有助于创新。因为创新的原始思想完全不是由严格的、连续的、前后具同一性的逻辑思维（抽象思维）推导而获得的。相反，它是依据形象思维的活动而突然迸发的，因为形象思维是跳跃的、不连续的，虽然前后无同一性，但跳跃的思维能使人产生灵感，由灵感而获得原始创新。中国的象形文字富含形象信息，中国的书法还富含形象之美，美的享受能促使人们的形象思维活跃，活跃的形象思维让人们在思考中迸发出灵感的火花，促使人们产生“想象力”的大量迸发。中国的象形文字有利于获得创新所依赖的灵感。至于有人说方块字无法用于代数表达，这有什么难，把拉丁字母希腊字母拿来用就是。反观西方呆板的

孙子兵法

拼音文字，完全没有这个重要的思维功能。

有人统计16世纪以前，重大科技发明约有300项，其中175项是中国人发明的。这些重大的发明，也使中国长期处于世界先进水平。这个历史事实证明了中国人善于思考，说明了中华民族富含善于思考这个“基因”，这个基因的存在正是依赖于中华文化的底蕴，它也促使中华文化绵延5000年不断地发展。

中国人不仅仅是在科学技术上会有众多创新，还能够接二连三地出现具有大战略眼光的伟大政治家，这都依赖于博大精深有数千年积累沉淀的中华文化。勤劳、勇敢、智慧的中华民族确实是伟大的民族，是最善于思考最善于创新的民族。记得在抗日战争那么艰难困苦的时期，虽然我们一度战场上节节败退，然而中国人还信心满满。为什么？就是因为相信中国的五千年文化不会被任何其他民族所淹没。

再看看犹太民族，他们的创新精神和能力确实值得佩服，出了许多世界大师级人物，如爱因斯坦、冯·卡门、尼尔斯、玻尔、奥本海默、布朗……还出了伟大的卡尔·马克思。另一方面，犹太人在世界上还是最会做生意的民族，他们积累了大量财富。可是与中国人比较，中国人改革开放才30年，拿浙江人、福建人说，连外语都不会的他们却最早把生意做到了全世界，现已积累了巨额财富，再假以时日绝不会输于犹太人。对犹太人来说，我认为他们在思考创新方面有一个最大的缺陷，就是连自己国家民族生存的基本问题——政治问题都没有人去研究，没有加以深入思考，以提出一个长期有效的具有战略意义的解决之道。那看不到头的延绵至今数十年的巴以冲突，使它陷于四面楚歌的恐惧。它们在解决民族生存大战略问题这个大方面太无能了，至今仍没出现一位具有大战略眼光、有大智慧的政治家！

最后，再具体分析中华文化没有产生“科学”的问题。对这个问题先要从“科学”发生的历史来分析。现代自然科学产生在西方，现代科学的源头是基于古希腊知识文化和哲学体系，而后来古希腊却从人类历史上完全消失湮灭。欧洲在经历了中世纪很长的“黑暗时代”之后，14 世纪的意大利人才想起从过去掠夺来的古希腊文物中找出书本，翻译了许多古希腊的文献，这才从其中引起注意并广泛学习，从而继承和发展了古希腊文明，开始了从 14 到 16 世纪的西方文艺复兴，而近代意义上的科学是在文艺复兴运动之后才出现的。

这里先从时空间隔来分析科学的发生。

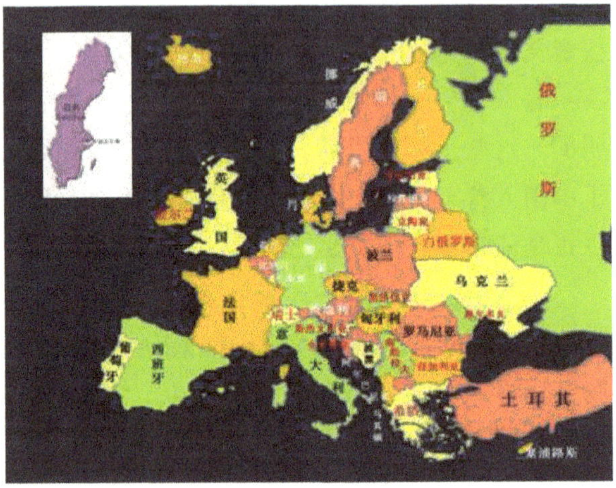

脱离欧洲的瑞典还会有诺贝尔奖吗?

若看看时间上的差别，古希腊文明存在于在公元前 300—500 年，而文艺复兴是公元 1400—1500 年的事情。若说西方产生科学是很自然的事，那么我问：为什么启蒙科学的文艺复兴与其传承的古希腊思想脉络时间上相隔这么长，达到 2000 年之久？为什么这其间冷却了这么长时间？这个不能够连续地发生说明什么？要不是意大利人偶然出来翻译又会怎样？这说明它的发展不具有必然性。

再从地域上看，如果将西方细分数块，每个国家都相对远离。试问其每一部分都能够独立产生出科学吗？绝无可能！若瑞典也远离并孤立于欧洲之外，西方的瑞典还有诺贝尔奖吗？其实，自己不能产生科学，可以学习嘛，日本的“科学”也是学来的，中国人去学习又有什么值得怀疑的呢！？中国人会学习，善思考，中国人的文化富含学习和思考的“基因”，中国人有这个基因，“科学”不就是一学就会吗？意大利不就是翻译和学习了古希腊而发展了近代科学吗？

说“中国文化不会产生‘科学’”是毫无意义的，本来不是问题，可是在舆论炒作下，越炒问题就越被放大。中国人学习了科学，也已经和将会做出许许多多具有诺贝尔奖性质的原始创新。说“中国文化不会产生‘科学’”切切实实是一个“伪命题”。

曾几何时，国人对从未获得诺贝尔奖无比纠结，一些人更是扬言这是因为“中国的教育模式有误”“中国文化不利于创新”，甚至还怪罪于中国的象形文字，他们断言中国只有改变整个体制将来才可能获得诺贝尔奖。这些真都是奇谈怪论。上面列举的这些事实不正终结了这些奇谈怪论吗？

最后回到本文开始的提问，要“回答钱学森之问和回答为什么中国本土教育培养不出诺贝尔奖的问题”，主要的答案就是中国的科技一直以来处于落后追赶的阶段，追赶中是不会有原始创新的，但追赶中中国人做出了大量的重要的创新。中国的高等教育总体说也是成功的，中国高等教育培养出了千千万万的学者和科技人才，他们为现代中国的工业化、科学技术的赶超做出了巨大的不可估量的创新性贡献。中国人也必将在下一个发展阶段作出许多能够获诺奖的原始创新。我们要有“教育自信”“科技自信”，最终要有“文化的自信”！

同志们，朋友们，放下包袱后，让我们共同努力迎接中华民族的科学春天吧！中国会对人类作出更大的贡献！

如何培养中国的高端科技人才

（2016 年 6 月 15 日）

习主席提出了要实现中华民族伟大复兴的中国梦，他指出：科技是国之利器，国家赖之以强，这就吹响了建设世界科技强国的号角。要建设科技强国首要的任务是发现和培养中国的高端科技人才。本文想就此问题展开讨论。什么是高端的科技人才？我认为他应该是科学研究某一方面的领军人物，他“能够适时地有所发现和提出科学研究的重要新方向”，这应该是领军人物不可或缺的最主要的特征之一。

本文取这个标题，我们“如何培养中国的高端科技人才”，我自己也有些心惊胆战，连钱学森都问为什么我们培养不出高端人才，我却企图指点培养高端人才的道路，岂不是胆子过大？话说回来，我只是想对像燕山大学这样一般的高校里已获得博士学位的这些人谈一谈如何再去提高的问题。希望他们能够像鲤鱼跳龙门一样，能够经过自己的全力一跃达到一个新的高度，具有能够作为科学研究方面的领军人物所需要的思维能力。现在的中国真是非常需要一大批这样的人才。教育的基本功能就是铸魂育才，而高校的宗旨则是浇铸厚重之魂，培育精英之才。

鲤鱼跳龙门

科学研究的领军人物应该具有什么样的创新思维能力呢？什么样的表现能满足这样的要求呢？那就是他能够适时地发现或提出新的有意义的研究方向，或者提出有价值的原始创新思想。如果是这样，他就真正地跳过了龙门。

对于“原始创新”这个概念，中国人特别是连许多搞科学研究的人也长期并不了解，不了解什么是原始创新，不了解它的意义和作用。在屠呦呦获得美国的拉斯克奖时，不是有许多人不服气，认为他们也都作出了突出的贡献，没有他的贡献绝不会有青蒿素，问为什么该奖只给她一个人？殊不知在一系列的突出贡献中，只把第一次提出的创新概念称为原始创新，按爱因斯坦的说法，唯原始创新才是最有价值的。在屠呦呦获诺奖之后，更多的中国人才认识到原始创新的价值。

中国的科技发展到现在，长期以来主要以“追赶”为阶段性目标的任务，虽然它还要继续不是很短的时间，确实，就在我们机械工程领域的高精尖技术方面还存在有很大差距。但我们也要开始关注自主创新的发展，要逐渐以“原始创新”为我们的主要目标，以此向科技强国迈进。为此，我们在科技战线上的朋友，要努力培养创新思维能力，为获得较多的原始创新做好准备。

一、如何提高创新思维能力

1. 许多博士仍需要再提高创新思维的能力

一般来说，已经取得博士学位的人，说明他有了一定的做科学研究的能力，也取得了一定的创新成果，具有一定的科学素养。但我们看到许多毕业多年的博士，毕业后研究没有明显进展，更没有新的研究方向。对于“博士论文”，虽然答辩获得通过，也的确有足够深度，但并不能因此就说博士自己的知识面就很“博”。他们常常仅是在一个窄的方向上做得很深，因有深度且又有创新而通过了答辩，取得了学位。在取得博士学位后，却长期停止于此狭窄的方向上，在此方向上也并没有什么突破性的新进展。这种问题甚至发生在曾经把博士论文做得十分出色、为同行羡慕的学者身上。这说明什么？我想，他们在做博士研究时，最有可能的是那个博士研究的原始创新思想是来自导师。而当他博士毕业，自己独当一面时，一直没有新思想，没有创意，更没有好的原始创新，也就不能大步前进。

所以对于这样一批博士人才，他们就真正有一个再提高的问题，必须再提高，只有再提高才能再恢复他们有过的创新的能力。思考是创新之母。他们需要学会的就是创新思维，要具有创新思维的能力，这样他们就会如“鲤鱼跳龙门”一样，跃上一个新的台阶。

试问他们要想获得创新思维的能力，应该向什么方向努力？又怎么去提高？

杰出科学家和艺术大师们作出了许多杰出的贡献，许多人总是把创造性思维能力看作是只有那些少数的杰出科学家和杰出艺术大师所专有的。我认为，任何人都具有创新能力。历史上有很多著名的原创性工作就是作者在其做博士期间做出的，例如，控制论中的李雅普诺夫稳定性理论就是他在攻读博士期间做出的。博士生可以作出创新，本科学生可以作出创新吗？你可以看看每年为大学生举办的创新竞赛。一般的工人农民能不能创新？这还用说吗，比比皆是，现在甚至提出了“全民创业、万众创新”。人人都要努力思考，创新自己的工作。谷歌，世界上第一个搜索引擎是两个美国大学生在宿舍里发明的。乔布斯开始研制他的苹果电脑是在他老爸的汽车库里。

我在一篇文章中曾这样说：“创新不难，创新就在你的脚下。”我举了一个例子，一次从北京站下火车，我走在最后面，看到人群都挤在站台的同一侧，另侧仅有少数几个人，着急的人不是完全可以从另一侧走吗？却很少见到。这说明什么？随大流！其实只要稍微动动脑筋问题就解决了。这是侧向思维，从这一点看创新真的就在你的脚下，只要多动动脑筋。

从上述分析可以看到，我们的一大批已获博士学位的朋友，应该关注自己，来一个较大幅度的再提高，努力来个鱼跃龙门。

2. 创新思维三要素

人们说创新思维来自好奇心、想象力和质疑力这三个方面，这正是创新的三个要素。

第一是好奇心，它是从人出生开始就立即具有的。你看刚出生的婴儿，一出生就表现了强烈的好奇心，那是天性。你看他咬着小指头，东张西望，什么东西抓来都要咬一咬，通过咬来认识世界。人的一生中总是会对世界上的许多事物不知道、不懂、不理解。这种不知道、不懂、不理解就引起人的好奇。当一个人站在电杆下向上不停地张望，一会儿就会引来一群人也跟着张望，他们甚至都不知道看什么，这个就是好奇心。

有了好奇心才会去探索、去研究，才会有创新，才会有科学的进步。在人成才的道路上，兴趣是起点，有爱好才会有行动。产生兴趣的直接原因就是好奇心，没有好奇心就没有研究的激情，没有激情也就没有灵感，没有创新。

要想创新，必须具有强烈的好奇心，创新的火花才会随之而来。善于观察，见微知著，善于联想，是产生创新思维的重要前提。好奇心是走上科技发明创造之路的起点，是创新的最初动力。

虽然好奇之心人皆有之，但并非每个人都能够做到有所发现、有所发明。只有把好奇转化为对科学的兴趣，进而发展成志趣，多加观察、大胆设想、追求理性、锲而不舍的人，才能从好奇中探幽取胜，才能最终有所发现和创造，从而打开成功的大门！

谷超豪先生有句名言：“要取得成就，需要对创造感兴趣，对新鲜事物感兴趣，对解决问题感兴趣。但最重要的品质，就是愿意为祖国作出贡献。”

创新思维的第二个要素是想象力，想象力是形象思维的能力，灵感的火花是用表象以表示，它在创新中体现出重要意义。

中国人富有想象力吗？中国人最富有想象力。盘古开天、女娲造人、女娲补天、后羿射日、夸父逐日、精卫填海、嫦娥奔月、八仙过海、愚公移山，等等，这些神话故事完全可以和古希腊神话媲美；明代，许仲琳写出《封神榜》，吴承恩写出《西游记》。当今世界名著《哈利·波特》所表现的想象空间也不及数百年之前的中国的那些名著。

有这么一个故事：古代有一位画师要考学生的想象力，以“深山藏古寺”五个字为题要学生作画。一个学生画的是四面高山悬崖，苍松翠柏，中间显露了一座有三进大殿的寺院；第二个画的是峰峦起伏，松柏挺立，古寺仅在林间显露一角；而第三个画的是在连绵起伏的山峦里，一个和尚从松林中沿青石小道下到溪边，正弯腰以桶提水。你看这第三幅画，画中茂密的松林中并没有古寺，却因和尚挑水使林中隐藏的寺庙跃然纸上。要是画中的和尚跨着包袱背着雨伞，你会说那是云游的和尚，那么林中未见得就有寺庙。看来这幅画更体现了作者丰富的想象力和逻辑思维能力。

深山藏古寺

那次我去美国普林斯顿女儿的新居，那是一个大树四面环抱中的独立的两层房屋。进门后自然我要挨个看看各个房间，当我走进正读小学的外孙女二楼的居室，我看到光溜溜的墙上仅画有几只小鸟站在略微下垂的电线上。“这幅画没有画完吧？”我问，她妈妈回答：“这是女儿的作品《夜莺在歌唱》！当晚上熄灯后，邻居后墙上的灯光穿过树叶从篱笆上投射到屋里墙上，微风吹着，树叶上下翻飞，小鸟随之而歌舞，这时你将听到夜莺的歌声。”这令我又惊讶又欣喜，好生动且深藏不露的想象力，太奇妙了！这就是想象力，小外孙女这么富有想象力！

夜莺在歌唱

钱学森关于教育谈道：“一个有科学创新能力的人不但要有科学知识，还要有文化艺术修养。没有这些是不行的。小时候，我父亲就是这样对我进行教育和培养的，他让我学理科，同时又送我去学绘画和音乐。让我把科学和文化艺术结合起来。我觉得艺术上的修养对我后来的科学工作很重要，它帮助我开拓了科学创新思维。”

美术给人以美感享受，音乐的节拍和韵律能让听众产生共鸣。它们共同的特点是还能够让人浮想联翩，形成许多运动变化中的形象化的联想。科学研究中的形象化联想，促使不断出现不同的解决问题的方案。

想象力对创新意念的出现至关重要，创新意念的出现，不是经由逻辑思维按部就班一步步地依推理而得，而是在深入思考后从突然迸发的灵感中获得。灵感是以表象、以图形出现，图形又依赖于想象力。

创新思维的第三个要素就是质疑力。质疑出现在什么地方呢？可能是自然现象中的疑点，可能是对于权威著作中的重要漏洞，也可能是科学研究中的关键问题等，在质疑中我们可以发现新的问题。

你看，在质疑亚里士多德的“物体下落的速度和重量成比例”时伽利略做了比萨斜塔的实验，阿基米德质疑为什么会挤出那么多的水，牛顿就质疑苹果为什么会掉到地上，爱迪生质疑当水开了为什么会推动壶盖……我们看到这些质疑真就推动了科学技术的进步。质疑的重要性就表现在这里。

上面的论述充分表明了质疑力对创新具有第一位的重要意义。创新从质疑开始，因质疑而探究，因质疑而思考，因探究而推动创新，所以说质疑就是创新的推动力，没有质疑也就没有创新。我们要特别重视培养质疑的能力，以启发我们的原始创新。

某些人只看到中国一时还没有诺贝尔奖，就因此而妄下各种结论，是太早了点。中国人有质疑的能力。那么中国人执行质疑的效果又如何呢？请看我在另一篇文章《为什么中国培养不出高端人才》中所列举的大量事实，那些都证明中国人作出了大量的科技创新，这里不再一一重复。当然，至今我们主要做的并非原始性的创新，我们在跟踪，跟踪中我们长期也是在质疑，并思考“人家是怎样做出来的”，在琢磨他们解决问题的窍门。

好奇心促使人产生兴趣，逐兴趣而去研究，去思考；想象力是形象思维所需要的，创新依赖于灵感，灵感依赖于形象的表象；质疑，会发现科学研究中的新问题，所以质疑力才是三者中最重要的。它促使人们不断地提问从而发现问题，通过研究所发现的问题就可能达到要获取的科技的原始创新。其重要性正如爱因斯坦所说：“提出一个问题往往比解决一个问题更为重要，因为解决一个问题也许是一个数学上或实验上的技巧问题，而提出新的问题、新的可能性，从新的角度看旧问题，却需要创造性的想象力，而且标志着科学的真正进步。”

二、核心问题就在多思考、多质疑

当我们知道了质疑在科技创新中所具有的非常重要的地位，那么我们应该如何提高质疑的能力呢？

1. 要多提问，敢于提问，鼓励打破砂锅问到底

“质疑”是人类独有的思维能力，它是一切创造性活动的起点，是创新的开始，由质疑开始思索，步步深入，可获得创新的灵感。因此，对我们大学老师来说，要培养学生的创新能力就可以从鼓励学生质疑开始，培养学生敢于质疑的勇气和善于质疑的能力。在前面的一篇文章中我曾直白地表达了相同的意思，“要提高创新的能力就是要多提问题，敢于提问，鼓励提问，鼓励打破砂锅问到底。”这正是培养创新意识可行的和重要的手段与途径。

质疑的方式其实很简单，就是多提问，要养成提问的习惯。关于如何提问、如何思考的问题我在《论思考》一文中有详细的分析。这里仅引用其中的一段：

“我自己是一个能力很一般的人，可是在大学的六年时间里，爱思考，爱提问，总爱刨根问底。常常一路问去，追问到底。什么是‘到底’？或者就是当我真的明白和理解了课程的内容，或者是发现连和老师讨论也得不出让我信服的结论。那时在大学里就养成了这个习惯，这个习惯对我却大有裨益。使我明白存在权威教授也不能解释的问题，权威的洋教科书也没有说尽的真理，让

我明白世界上还存在着许多未知的领域。也就让我后来不迷信书本、不迷信权威、不迷信洋人，有敢为人先的理念，让我敢于推出新的创造性研究。‘追求真理，实事求是’成了我的座右铭。”

要提高质疑的能力并不难，就是一句话，多思考，多提问，提倡打破砂锅问到底的精神。仅仅如此而已。

2. 发散性思维的重要性

创新思维表现为发散性思维状态，哲学上说就是“求异性”的思维。发散性思维活动也就是思考要多采取侧向思维、反向思维等多种变换方向的思维活动，更形象地说就是在空间应呈球形向四面八方辐射。我曾比喻它像个“苍耳子”，它浑身长刺，全方位分布。这正描绘了我们应该培养的思维方式。

上面说过的我的那位博士生，在他研究机构的拓扑的同构问题时，稍微动了动脑筋，剑走偏锋，取得了成功。俗话说“眼观六路，耳听八方”，为训练学生的创新思维，最好的方法就是在学生中竭力提倡多思考、多提问，让他们学会采取发散性思维解决问题。

在运动链拓扑综合时，可能发生“一对多”的问题。如何保证综合出的运动链不发生一对多，能够识别同构，这也成了一大关键的历史性难题。我的那个博士生另辟蹊径，他采取如同“将人群按高矮排队”就能得到唯一的队列一样，提出“特征周长拓扑图”的判别方法。在运动链与其拓扑图之间改变“一对多”变成了“一对一”，因而解决了历史性难题。

3. 中国人有善于思考的基因

当今，许许多多的舆论认为中国人不会思考、不善于思考，说中国人是不会思考的民族。他们的根据就是因为我们回答不了“为什么中国培养不出高端人才”。

一百多年前一个美国人曾骂我们是不会思考的民族，说你们发明火药，但没有经思考上升为化学，发明指南针而没有经思考产生磁学，说我们只知应用不会思考。

中华民族真是不会思考的民族吗？非也，在他说那两点上中国人确实没有及时提升到理性层面，错过了发展的最佳机会，但中国人在其他许多方面有特别深入思考的记录。比如《孙子兵法》就是对当时发生的许多战争的高度概括，可称为哲理很高的理性认识，至今美国西点军校还奉为必读教材。而西方的最著名的军事理论著作是 1832 年克劳塞维茨的《战争论》，后者不仅晚了 2300 余年，而且它仅仅适合于军事。《孙子兵法》至今仍得到广泛的应用，应用范围远不只在于军事方面，还用到商业、经济、体育等众多存在竞争的领域。试问西方不是也有过那么多的战争，仅举公元前发生的如下数例：决定希腊命运的马拉松之战、波希战争、萨拉米斯海战、亚历山大三战波斯、与匈奴的沙隆血战、汉尼拔的坎尼之战、挽救罗马的梅托罗战役、公元前 50 年自由高卢的最后一战，再加上公元 1000 年左右持续了 200 年著名的十字军东征，等等。试问发生过那么多战争，为什么对战争的思考在《孙子兵法》出现的 2000 多年之后才有了克劳塞维茨的《战争论》。再问，为什么克劳塞维茨的《战争论》的思考这么浅薄，仅仅适合于军事，没有上升到更高的、更抽象、更具有普遍性的高度。若有人也因此按照他们的逻辑试着提问，比起《孙子兵法》，“西方的思维能力和抽象能力不是远不如中国人吗？”我不这么看，因为类似这样的推理同样是不合逻辑的。还有经过深刻思考而提升并抽象化的“中医”是另一个很好的例子。这里不再特意展开分析。

所以，上述那种否认中华文明的论调完全是不科学的，不合逻辑的，站不住脚的。

更何况早在公元前 500 年左右孔子的那 12 个字“学而不思则罔，思而不学则殆”不仅是思考，更是唯一的“对思考做的思考”，那是对思考必要性和思考方法的高度概括。我在《论思考》一文中曾有过详细解析，那高度概括的 12 个字对当今做科学研究有非常重要的指导意义。对比世界其他民族，我们中华民族是特别能思考会思考的民族。这个结论并不过分，你只要再对比一下当今动乱的世界，是谁处理得最平稳、发展得最好？所以我们要有自信，对中国人善于思考要有自信，对中国人能够作出原始创新要有自信，对中华文化、文明更要具有自信。

中华民族是伟大、勤劳、勇敢、智慧的民族，勤于思考也善于思考。中国文化富含思考这个“基因”。

许多人把这前述的第三要素称之为“批判性思维”，并认为中国人不善于批判性思维，我还注意到这些人竟然大多是搞文科的，为什么没有请学理科的人，没有请有过科技创新的人也来参与讨论，他们又会怎样看这个问题呢？

再看看中国的传统文化确实是主张质疑的，历史上许多名人都主张质疑，古人云“学起于思，思源于疑”。

2500 年前的孔子深刻教导说：学而不思则罔，思而不学则殆。这 12 个字教导中国人民学会思考；

北宋思想家张载说过“在有疑而不疑者，不曾学，学则须疑”；

宋代张陆说过“为学患无疑，疑则有进”；

明代学者陈献章说过“前辈学贵有疑，小疑则小进，大疑则大进。疑者，觉悟之机也，一番觉悟，一番长进”；

宋代朱熹也说“读书无疑者，须教有疑，有疑者却要无疑，到这里方是长进”；

杜甫《曲江二首》中有这样二句“细推物理须行乐，何用浮名绊此生”。他对于思考有很深刻的理解，他的意思是“何必让虚浮的荣誉束缚自身呢？不如高高兴兴地仔细推究事物盛衰变化的道理”。

诺奖获得者李政道关于杜甫的这两句话也做了精辟的解析，他说：“‘细’，什么是细，仔细观察；‘推’，什么是推，精密推理。‘细’讲怎样做实验，‘推’讲怎样做理论。要用两个字来说明怎样研究科学、实验和理论，很难找出比‘细’‘推’两个字更确切的词。”

这里李政道特别强调：一个人从事物理科学的研究，一定要有对大自然和事物的好奇心和乐趣，而不是以获得诺贝尔奖为目的。李政道指出：科学家进行科学研究本身是枯燥的，但是它又有一种动力，在科学里面存在美的艺术感，就如数学家讲数学里有美感一样。

类似的例子真是不胜枚举，这些不都说明中国的传统文化教导中国人读书做事要具有质疑能力吗？上述这些分析可以充分地说明，中国人具有思考这个“基因”，这是一个传统的基因，是不能够抹杀的历史传承的基因。有了这个基因，中国人经过学习，对现代科学及其思维方式完全能够接受与掌握，并发展现代科学技术。

4. 眼界要高

我总想中国要培养出高端的科技人才，总希望他们能够脱颖而出，在拿到博士学位之后，再接再厉，还能够鲤鱼跳龙门。

然而，我接触到一些具有博士学位的年轻朋友，总感觉这些博士眼界不高，甚至可说是眼界太低，不是他们自己不想往高跳，而是他们看不到高处在哪里。

一些人在撰写论文时，不是完全采取科学态度，而是把一项完整研究拆成多篇文章去发表，或所发表的多篇文章各篇之间在学术意义上仅有微小的梯度。

也有的年轻人基础也不错，也有创新，但他们醉心于点滴的创新，文章常在小问题上徘徊，眼睛不往高处看，不努力去做大。

一些人在申请课题时，不是关注项目的水平高低和意义大小，而是从项目是否容易获批着眼。甚至一些博导在他指导博士生选题时，也是如此。不是关注项目的水平高低和其意义，而是关注其结果是否容易发表论文，能够取得 EI 或 SCI 的收录。

这几个方面的问题都说明他们在做科学研究时是采取实用主义。为克服这种实用主义思路必须要站得高，看得多，看得远。要努力开辟有较大前景的研究方向，要瞄准中国的高端指南，如中国制造 2025，人工智能，努力寻找符合中国高端指南的研究方向。哈工大校址在边远的黑龙江，完全没有地理优势，可它在中国的学术地位始终处于高端，这正是贯彻了其校训“规格严格，功夫到家”，即保持“高标准，求卓越”的精神。我们做科学研究就是要以“追求卓越”的精神努力去实现鲤鱼跳龙门。

三、美国的寓教于乐教育模式不适合用以培养中国的高端人才

青少年正处于人格、性格、体魄全面发展的阶段，同时还是人生最重要的学习阶段，“少壮不努力，老大徒伤悲”，青少年时期努力学习完全是正确的，必要的。但是像目前这种应试教育方式下的学习，仅限于哲学上的“求同”，学而不思，长此以往也就不习惯去多想，不质疑，这必然抑制了学生的创新精神。而且从不质疑造成更严重的后果，就是认定书本是正确的，绝对正确，老师是正确的，绝对正确，造成迷信老师、迷信书本、迷信权威！这样的后果何谈敢于质疑权威，甚至去突破权威？这就是现今中国的应试教育带来的最大危害，是学生普遍创造性差的根本原因。

这个问题其实质也就是没有遵从“至圣先师”孔子主张学习时要再思考的教导，陷于孔子所说的“学而不思则罔”。我主张要养成主动质疑的习惯。主动不主动大不一样。一些拿到学位的博士，他们所取得的创新必定是经过一番思考，但他们是“被动的”思考，为拿学位而思考，拿到学位后又恢复到中学大学所养成的习惯，学后不再思。所以，一定要养成主动思考的习惯，这太重要了。

应试教育存在最大的问题，从小学到中学的十来年，孩子被逼迫失去玩耍的机会，成天就是学习。现在这样的强迫学习，孩子真是苦不堪言。虽然他们

天天在学习，却不仅失去学习的兴趣，甚至会憎恨学习。今年在厦门和其他一些地方，就出现了一些毕业的中学生疯狂地集体撕书！撕书！

疯狂撕书的孩子

当我看到这幅画，想说的就是：这些可怜的孩子！

美国的教育模式确实培养出了大批高端杰出人才，这个模式适合中国吗？不适合！

仔细看看美国的教育，他们的教育理念是“寓教于乐”。孩子从幼儿园到小学，到中学、大学，都是被鼓励按兴趣学习。然而，学习要取得好的成绩，是需要付出十分艰苦的努力，许多孩子兴趣不在此，他们对学习没有兴趣，也不努力，那就没有学到多少有用的知识。而少数顶尖学生，凭兴趣，又极端刻苦努力，他们进入了美国顶级高校，不仅学到扎实的基础知识，又具有丰富的想象力、创造力。这样的教育最大的效果是能够出少数高端人才，出了诺贝尔奖获得者，也出现了像比尔•盖茨 、乔布斯这样的天才。然而，相反地，也有一大批孩子，在无严格要求下放任，他们爱玩，这本是天性，无可厚非，在学校里和放学回家他们都只顾去玩，没有学到多少真本领就糊弄毕了业。可是毕业后走到社会，不论做什么工作美国社会依然能够给他们提供较高的待遇，这仅是因为美国的“富有”。在这个富有的条件下，这种教育模式可以行得通，可以维持。

可是想想为了培养少数顶尖人才，牺牲了绝大多数，对吗？这里我用了“牺牲”这个词汇，在美国富有的情况下是看不出牺牲了什么。再想想看，一旦美国缺钱，情况又会是什么样？看看，为什么特朗普得到很大比例的美国白人拥护？他们中不少人正从中产阶级下降，现在开始缺钱了呀。

中国不能为了得到少数顶尖人才，而牺牲大多数，此路不通！

我想，教育只能走有中国自己特色的道路，那就是一方面要想方设法地减轻学生高考的压力；另一方面，要大力提倡“学而再思”，就是提倡“质疑”的精神。走出一条成功的具有中国教育模式的道路！

四、千里马和伯乐

在《战国策·楚策四》中，有千里马遇伯乐的故事。现在我们要培养高端创新人才，就是要培养出众多的“千里马”。这样也就希望有众多的伯乐去发现和培养千里马。我们的伯乐在哪里？那一大批在各个学校的博导就是期望中的伯乐，他们在带博士期间要注意发现千里马，发现了要特别地加以关注、关怀与培养。关注他们的研究方向，关注他们的提高，关注他们创新思维的训练，还要关注他们的生活。

千里马和马都要关注，都要受到良好的培养，但千里马和马是不同的，不可能把马培养成千里马，所以就更要关注千里马，发现千里马，培养千里马。在平常是看不出千里马与一般的马有何区别，拿千里马去驾辕就会发生如同千里马与伯乐的故事：

夫骥之齿至矣，服盐车而上太行。蹄申膝折，尾湛胕溃，漉汁洒地，白汗交流，中阪迁延，负辕不能上。伯乐遭之，下车攀而哭之，解纻衣以幂之。骥于是俛而喷，仰而鸣，声达于天，若出金石声者，何也？彼见伯乐之知己也。

可见，按故事的说法，不加关注千里马一般是不能自己破壳而出的，没有伯乐，就没有千里马。可是，在当今中国的现实中，确实看到一些千里马并没有经哪位伯乐发现并培养，或找不到他的伯乐。例如，我发现燕山大学的千里马田永君就是这样，他取得突出创新的超硬度材料研究，既不是中科院做博士的方向，也不是去德国洪堡的项目，而是在燕山大学独自拟题独自完成的。这说明什么？一般来说，现今中国的大环境还是适合千里马的独自成长，只要他们有正确的研究方向，自己又常年坚持、

呼啸而过的千里马

努力和具有坚强不屈的毅力，又有国家经费的全力支持，千里马相对的独自成长是可以实现的。然而，我还是呼吁那一大批的博导能够成为期望中的伯乐，如果有他们的慧眼相识、鼎力相助，无疑高端人才会更多地出现。因为他们常年接触青年学生，一方面要引导学生改变自小学中学以来所养成的学而不思的习惯，引导学生多质疑；更要去发现那些特别有创新意念的学生，特别地加以培养。前面说的控制论中的李雅普诺夫稳定性理论就是他在攻读博士期间做出的，这个李雅普诺夫就是匹千里马，他的出现与他的导师的培养是分不开的。最近看到了今年新评院士徐涛的故事。1994 年，诺贝尔奖得主内尔博士访问徐涛所在的华中科技大学，24 岁的徐涛当时还是学校的在读博士，他大胆质疑了国外进口最先进的膜片钳设备中由内尔教授发明的一款软件，正确指出了设计不合理之处。徐涛的大胆质疑给内尔教授留下了深刻印象。被内尔教授发现并邀请到德国马克斯•普朗克生物物理化学研究所的实验室接受联合培养，还评价徐涛是“过去 25 年中在实验室工作过的最好的两三个人之一”。徐涛后来的成就与内尔的识别不能说没有关系。千里马自己的出现是不容易的，没有伯乐它难以“仰而鸣，声达于天”。另外，也看到内尔在 25 年中带过的众多学生中，也仅仅只有 3 个人是出众的。千里马确实是来之不易。

另外，社会上还存在的不能不说是严重的“江湖”现象，总有嫉妒之人，他们总想对将超过他的人加以压制，找其缺点而攻击之，要是这样的人当了领导，那常是“武大郎开店——高者免进”。有说“枪打出头鸟”，还有如三国时李康所作的《运命论》：“木秀于林，风必摧之；堆出于岸，流必湍之；行高于人，众必非之。”更有甚者，其忌恨心理大大超过了嫉妒，手段更是不齿。

我们必须看到，像“木秀于林，风必摧之”这样的自然现象毕竟不能完全正确反映所有的社会事实。如果大家都这样考虑问题，在工作中，所有人都只顾安守本分，不思进取，不敢标新立异；在危难的时候，没有人敢于做秀木，敢于承担责任，敢于抗拒强权，那么国家就永远不会有进步，永远处于落后挨打状态。

另一方面，如果秀木很秀，不仅它顶住了狂风暴雨，而且还能够庇护树林中的其他树木，那么秀木就值得我们推崇和敬仰。国家的科技创新、经济发展就需要多一点这样的“秀木”。请看田震唱的《好大一棵树》歌词：

好大一棵树，任你狂风呼，
风雨中你昂起头，冰雪压不服。

绿叶中留下多少故事，有乐也有苦。
撒给大地多少绿荫，那是爱的音符。

我们崇敬这样的大树！我也喜欢郑板桥的《竹石》诗

咬定青山不放松，
立根原在破岩中。
千磨万击还坚劲，
任尔东西南北风。

再说，远非一流高校的燕山大学，其材料学科在田永君领导下发展得非常快，具有了国际一流的学术水平，这个经验真应该好好总结。有位资深的CEO说：一流人才能够笼络进一流人才，要是二流人才当领导，他绝不招一流人才。我们对年轻人要多加关怀，有道是“人无完人，不要求全责备”，要多予以帮助，有问题可以批评。除了帮助外，还要告诉年轻人事物都是一分为二的，不要怕打击，不要怕被压制，要在压力下培养起自己坚忍不拔的精神，勇于克服一切困难，这种精神也正是高端科技人才所不可或缺的。希望更多的千里马能够在自己成长奋斗中实现他自己的人生价值，也为中国的科技强国、中国梦的实现作出贡献。

我的基础理论研究是怎样进行的

——艰辛，曲折与登顶

（2013 年 5 月 21 日）

一、我是怎样抓住并联机器人这个基础理论研究方向的

这个问题在前面几篇文章中曾多次提到过，这里只想简单回顾一下。在 1982 年我去美国做访问学者时，到了佛罗里达大学，那时全世界学者研究机器人的都是研究串联式机器人，而佛罗里达大学的两位教授却在研究并联机器人。我们三位与在那里的中国访问学者商量，我们能够跟着他们这个“并联机器人”方向跑吗？这样走有前途吗？显然，这个思考是非常重要的。我的这两位朋友并不看好。大家的观念中对机器人的要求是活动空间要大，还要能够实现灵活的空间姿态。仅从这两点对比两种机器人的结构可以明显地看到，串联者活动空间又大，又灵活，而并联者却远不如前者。确实当时全世界这么多学者关注的都是串联机器人，那是全世界研究的热点。而研究和发表并联机器人文章的学者全世界也仅有不到十人。

我在国内时学了点哲学，我基于哲学对立统一原理考虑到，并联之与串联，不也正是对立统一的吗？它们有区别有联系，一定还各有所长短，一分为二。他们仅仅看到了串联的优点并以之对比并联，看到的并联却满是缺点，强调了其缺点也就将它抛弃。可是并联者一定会有其优点的。我确信这种认识是正确的。于是我在这个并联机器人萌芽的时期就抓住了这个重要的发展苗头，把握了先机，抓住了这个方向，其后的任何诱惑都没有动摇，坚持了 30 年，终于取得了一点好的结果。回过头来，并联机器人直到 1995 年才真正成为国际上关注的热点，认识到它的重要性，而且非常火爆。可我的研究已经远远走在了前面。

回过头来看，为什么直到并联机器人出现十余年后，到1995年在国际上才得到重视，而且当初并联机器人研究的先行者那十来人中，甚至一些人后来还陆续退出了这个方向？为什么他们参加了又退出？为什么并联机器人出现了这么长时间才成为研究热点？为什么不能够及早地明辨？真是值得深思。

二、我学习和应用螺旋理论

螺旋理论形成于19世纪末，却长期一直没有具体的应用，直到20世纪中叶才有人将其应用到机构学上。我是在1982年到佛罗里达大学做访问学者时，有幸聆听了Duffy教授给研究生上的20余学时的螺旋理论课，才了解了螺旋理论。Duffy教授深入浅出的系统螺旋理论课堂讲解，使我很快抓住了螺旋理论的精髓，感受到螺旋理论的美妙并让我有所顿悟。

在我的研究中，我应用螺旋理论解决了机构学的这些问题，是基于以下两点：一方面我首先采用“反螺旋”，先求各分支运动螺旋系的反螺旋，再求各分支反螺旋之并，这样较之前人用正螺旋求交要容易许多。另一方面，基于反螺旋的思想，我揭示并利用了反螺旋所能具有的丰富的对偶概念和其所包含的数学和物理诸多方面的意义。基于此才开拓了螺旋理论在机构运动学动力学等多方面研究中的一条宽阔的道路。

上面所提到的“螺旋的表达方式，它能够同时在数学以及物理学上具有这么重要的多功能表达”，就是为什么螺旋理论能够较好地解决现今机构学中的一些难度较大的理论问题的内在原因。

三、基础研究与细水长流

20世纪80年代，从美国留学回来，我就开始了对这种新式机器人机构学理论的研究，东北重型机械学院（燕山大学前身）是原机械工业部的部属院校，我们学校老师经常从机械工业部申请到科研经费资助，包括国家科技攻关项目或机械工业部企业技改项目。我从事的是机械工程基础理论研究，而当时机械工业部明确规定资助不包括对基础理论研究的支持，即使是机械工程的基础理论也是申请无门。我很无奈，没有资助就难以持续地开展系列深入的科学研究。

突然有一天从报纸上我发现有个叫作“国家自然科学基金委员会”的国家机构，并注意到它的章程中明确写着每年都受理自由申请项目。我喜出望外，机会来了，就早早准备好经我反复修改的申请书，1987年向基金会提出了我的第一份基金申请，题目是“空间多环机构及并联式机器人机构的理论研究”，该年就获得了资助。虽然那时资助的金额只有2.5万元，但在这个位于富拉尔基偏远的小学校里全校为之轰动，这也是东北重机学院的第一个得到国家自然科学基金资助的项目。

30年来，我一直在做机械工程的基础研究，先后申请到10个基金的面上项目。基础研究首先要有新思想，然后依据此新思想去开展研究。比如上面说的20世纪80年代在美国出现的全新的并联机构，其机构学理论几乎完全空白，我抓住并开始了研究；在80年代末，国内外广泛关注步行机器人的研究，研究不同足数的步行机，研究其步态的变化和稳定性等问题。我的研究方向是并联机器人，多足步行机不也可以看成是并联机构吗？想到此我有了好的想法，我们学校位于渤海之滨，距海边仅十几分钟路程，我们可以方便地研究海里的螃蟹。螃蟹在海底是靠爬行，而且爬得非常快，显然它的足系是一种非常高效灵活的并联机构，它正好可以当作多足步行机的生物模型。

通常人们研制的步行机其腿部的关节轴线都是平行的，而螃蟹足上的各个关节的轴线不平行，是不是像螃蟹这样不平行的轴线分布更有利、更合理呢？螃蟹轴线间相互的角度又是多少？它是不是最优的？这些问题正是我们可以研究的。经过一段时间的思考我对这个问题有了解决的思路，写了我的第二份有关仿生学的基金申请书：“全方位高灵活轻便步行机机构学理论研究”，并获得了资助。

仿生学研究进行得很有意思，学生们从海边提海水回来，买来大大小小的螃蟹，在实验室做出一个占地面积1.5平方米的玻璃水池养起了螃蟹。观察螃蟹的生活习性，细致地测量其关节数据，建立其数学模型，再在计算机上分析计算，完成了这项研究，写出研究报告，为多足步行机的设计提供了理论依据。

我们的基础研究并不需要太特殊的机械装备和测试装置，花钱也并不多；新思路一个个先后出现，我就一个个地申请面上项目。当解决了一个问题后又会发现新的问题，研究新的问题再申请新的基金。不断地研究，不断地积累，最后形成了一个比较大的完整的包括并联机构的空间机构学成果。感谢基金会长期对我的支持，细水长流的方式保证了我的基础理论研究得以正常进行，并取得了系统的成果。

当看到我在并联机器人研究上取得的成绩，不少朋友建议我以此去申请大项目，如申请到国家自然基金重点项目这样的大项目，钱也多，名声也好，特别是还能给学校加分。我愿意给学校加分，但我一下子拿不出这么大的课题。如前所说，我的想法是一个个冒出来的，虽然最后总的来看不小，但开始时，每一个却都是小问题，而我喜欢这么一个个不急不躁地去做。

我还想说的是，我感受到国家自然科学基金面上项目的管理还是十分公正的，我从来没有为获得基金的批准而到处托人。我对当前学术界表现出的某些不正之风十分不满，十分痛恨。学术界都是知识分子，知识分子就要有中国知识分子传统的骨气与气节，应该如孟子所说：

富贵不能淫，
贫贱不能移，
威武不能屈。

四、初期科研经费之困难

在我做并联机器人研究已经七八年的时候，理论上已经有了一些成果，发表了不少文章。朋友建议我应该做一台出来，让人们看看到底并联机器人是什么样子，他们都想象不出并联机器人是什么样子。其实我心里早就有这个想法，只是没有那么多的经费。20 世纪 80 年代中期我参加了机械部的机器人专家组，专家组组长是机械部科技司的 ×× 总师。机械部决定要在机器人项目上追赶世界先进，于是由我们六七个人组成的专家组出国考察了一些欧洲国家，参观了许多著名企业，选定了几个比较先进典型的机器人，带回到国内组织仿制。在 1986—1990 年又出台了国家的七五科技攻关计划，机器人项目被列入其中，我继续作为攻关组专家参加了这项工作。专家组的任务就是掌握机器人发展方向，调动全国有能力的机械制造企业参与竞争，承担此项国家任务。我当然也想在“七五”里列上个项目，拿到经费好进行并联机器人样机的研制。但“七五”里说的机器人是应用于工业上的工业机器人，其结构都是串联式的机器人。我自己研究的却是并联机器人，当时它还是一种新概念的机器人，更未直接应用于工业，也未被国际普遍承认。我几次三番和我们组长 ×× 总师提起，他都没同意。最后把他逼急了，他说："等什么时候我国汽车年产量达到 30 万辆时再考虑你的方案！"专家组的副组长对此看在眼里也替我急在心上 。最后他和我说："老黄，你这个项目先做出个简单样机也花不了多少钱，没准将来有大的用处。"他把我的这个项目挂在了北航机器人所的大项目名下。对我来说其实挂在哪里都行，让我有机会真正做一个样机出来是最重要的。开始给了 15 万元，后又追加了 4 万元，共 19 万元。那时国内做机器人研究的项目至少七八十万元。但我们用 19 万元做出了原理性样机。想起来，真是要感谢那位副组长。就是这台样机让国人认识了什么是并联机器人。

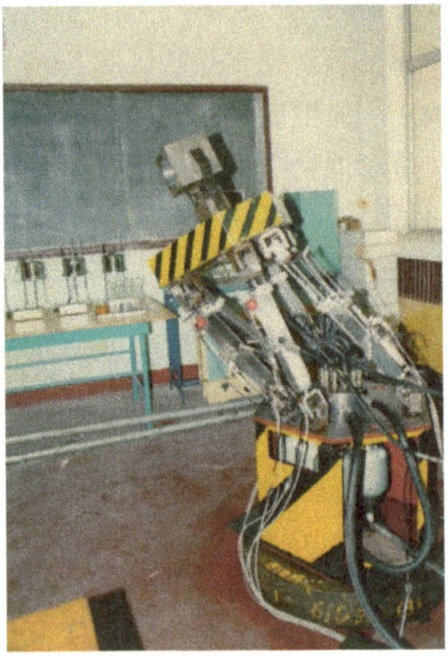

并联机器人样机

其实，我们在国外调研时也没有看到听到并联机器人在工业上的任何应用，只是在瑞典的机器人博览会上见到一台倒悬的可以下棋的简易玩具机器人，它确实是 6 自由度的并联机构，这是我所见到的唯一的实际并联机器人。有个项目资金后，我组织了机、电、液的攻关队伍，在无国外参考样机更无参考图纸的情况下，仅仅基于我理论上的认识，1990 年设计并制造出我国第一台并联机器人。在这里我也借机感谢一起攻关的燕山大学的这些同志。

当年暑假在燕山大学召开了全国第七届机构学年会，全国机构学同行参观了这台"怪物"，这是大家第一次见到真实的并联式机器人，许多人这才对并联机器人有了实际感受和了解。在参观的现场，当我说这个并联机器人有 6 个独立的自由度，它的每一个分支都可以单独伸长时，现场有位教授就提出质疑，他难以想象当锁住 5 个分支后，单独一个分支还可以动。上下两个平台用 6 根分支链接，固定了 5 个，另一个怎么可能伸长？我不仅从理论上予以解释，还表演给他看。可见当时对这个新出现的并联机器人连机构学界的专家也不是很了解，更何况其他的机械工程学者。接着，×× 大学流体动力与机电系统国家重点实验室也仿制了一台这样结构的并联机器人。

若干年后，就是那位前面说的机械部老总邀请我参加一个他参与的项目的论证会，我清楚地记得，退休后仍在发挥余热的这位老专家，他在会上说的第一句话："当年黄教授请我支持他搞并联机器人，我一直没有同意，今天我倒请黄教授来帮我论证，立项的却也是并联装置，这就是历史。"其实我一点儿也不埋怨老先生，我心里明白他是基于当时对并联机器人的认识，也是对国家负责。今天我当然要全力支持他，也是对国家负责。

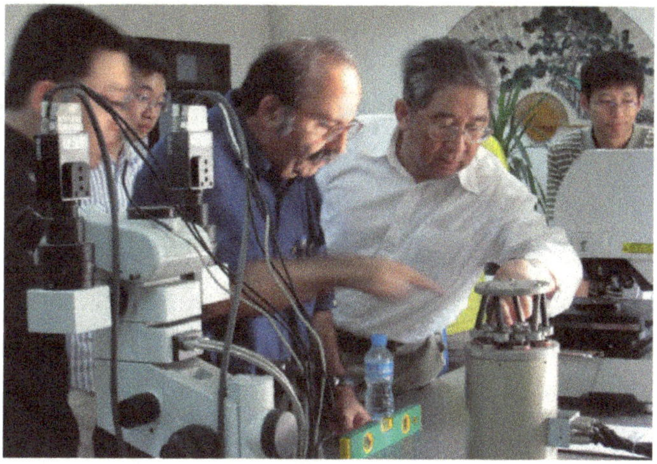

IFToMM 秘书长 Ceccarelli Marco 来访

在研制了国内第一台并联机器人之后，我还研制了国内第一台具有弹性关节的 6 自由度并联机器人。

五、我的第一个关于并联机器人的国家教委科技一等奖

上面谈到了我从事基础性理论研究申请课题的困难经历，这里再介绍基础研究申请报奖的情况。当时我开展基础性研究已经过去了七八年，已取得了不少理论成果。我看到不少东重老师科研取得成绩后，获得了机械部对应的科技奖项。可是，如同机械部资金不支持基础性理论项目一样，机械部也不评选基础性理论的成果奖。我跑到机械部教育司去打听，教育司也告诉我没有这样的奖项。

1989 年的一天，我也是从报纸上看到，国家教委有一种奖项叫作"甲类科技进步奖"，看它的说明得知，甲类就是指基础理论，而且并不仅仅针对教育部的部属院校，它是面向全国！我又一次喜出望外，赶紧从富拉尔基坐火车赶到北京，找到了国家教委下属的科技成果处，他们说在教委确实设有此类奖项，但当年的申报工作已经结束，让我第二年再报，并给我了一份简略的奖项申报说明。我很高兴地拿了并带回富拉尔基。

第二年我早早准备好所需材料，就等国家教委下通知。果然在报纸上看到

了通告，也等到了从机械部教育司转来的文件，了解到申报的要求及所有需要填报的表格和需要的附件。我急急忙忙地按新要求修改申请书，并匆匆收拾好早已准备好的其他材料。可是，等我带着材料坐火车送到北京机械部教育司时，他们告诉我申报已经结束。我又蒙了，我一点儿也没有耽误却又一次没有赶上，无奈，只得返回东北。

再过一年，是第三年了。这一年我拿定主意，无论如何也要申报上，打听到大致什么时间国家教委会下通告，就提前去到北京，在招待所住下“坐等”。从机械部教育司得知国家教委的通告已发出但他们还没有拿到，我想这回有戏了，我就住在苏州胡同机械部招待所等着。不日经与教育司联系得知通告到了，我赶紧去到教育司，看到他们正忙着呢，见我来了他们也很高兴，说文件到了，给我提前单独复印一份（那时已经有了复印机），并说我来就对了，他们正忙其他另一件更重要的事，这个文件还不能及时下发，可是通知中说申报仅给一个月时间就要截止，现在已经过了近半个月。我听了十分庆幸，这次我能赶上了。也想到机械部还有其他那么多院校，等教育司倒出空来，邮寄发到各个学校，再等拿到文件，那些想申请的人肯定又来不及了。我拿到文件赶紧买票回家，到家后急忙准备材料，又亲自带了材料交到教育司，及时地完成了我申请的任务。秋后，得到学校通知，我获得当年国家教委科技进步（甲类）一等奖。

有了上述基础研究开头的这些经验，我的基础理论研究的路子走得顺了，就是这样走过了 30 多年，取得了许多的成绩。

在这里我要再次对国家自然科学基金会表示感谢！

六、深感不要保守

1982 年在我 46 岁的时候我获得一个没有想到的机遇，“公费去美国留学”。这对于我却是严峻的挑战，首先我英语不好，我在大学一直学的用的都是俄语，英语只有自学加突击。好在机械部教育司在湖南大学办了个一年的突击补习班，是为我们这些原先学俄语的开办的。我去长沙学了两个学期。在这个准备阶段，我一直在考虑出国学什么，找什么方面的教授。我看当时国内大学我们这个学科的老师的研究方向都是机器人，这也是最时髦的。但我想，我都 46 岁了，按理说早已过了人生最富创造力的黄金年华，再学习只能够找点轻松的方向吧；再说，人家搞机器人研究都是一台两台地买进国外先进的机器人。我们东重（东重 1985 年搬到秦皇岛才改成燕山大学）那么小，也没有钱，不会支持我。还有，机器人是多科性的学科，要求知识面广，我这么大岁数学习也来不及了。于是我决定专找不搞机器人的教授。从资料上看到美国俄亥俄大学的一位教授他研究的不是机器人，于是我给他写信表示我想去他那里做访问学者，他很快回信表示同意。于是，我办完手续，搭乘国航直飞美国。等我到了俄亥俄大学才知道我所联系的那位教授不幸刚刚去世。等我再转学到美国南部，这位以前不搞机器人的教授 Tesar 也搞起机器人来了，就这样我不得已也进了这扇铁门，进了“围城”。

谁能想到经过努力我却在这方面取得很大成绩，现在看来当初是我太保守了。现在听到有的年轻人说，“我们太年轻了”，“我这不行那不行”，我想说，无论年老年轻都不要保守，要放下包袱轻装前进。

七、高校要做强就要抓基础研究

我一生都是从事机械工程领域的基础研究，我相信基础理论研究一定会给机械工程的创新实践以推动，我的理论创新也正推动着工程实际的应用。我坚信高等学校就应该采取以“理论创新带动技术创新”的路子。正如麻省理工学院校长 L• 拉斐尔 • 莱夫在致全校的贺信中提到过的关于“基础科学的美丽和力量”，他说：“它是辛苦的、严谨的和缓慢的，又是震撼性的、革命性的和催化性的。没有基础科学，最好的设想就无法得到改进，‘创新’只能是小打小闹。只有随着基础科学的进步，社会也才能进步。”曾经还有一个非常经典的比喻，基础研究是面包，而应用和产业则是面包上掉下的面包屑。一个大国，如果不去做面包，那它就只能永远捡人家餐桌上掉下来的面包屑。越是进入创新引领提升阶段，越需要有高质量的基础研究。

我们都知道，高等院校应该是学术的殿堂，它应该不断地在学术上有所创新，在学术上有所贡献和发展。高等院校应该走通过学术上的创新以带动技术上的创新，不断革新旧的道路。我十分庆幸，我一生办成功的这一件事，就是在并联机器人机构学理论上的贡献，现在也看到它在实际应用上正不断闪现一个个亮点。

到这里我突然想起李白的诗《夜宿山寺》：

危楼高百尺，手可摘星辰。
不敢高声语，恐惊天上人。

危楼高百尺，手可摘星辰

有了先进的理论，打造了一个高的平台，自然很容易解决一些实践中出现的新问题大问题，摘到天上的星星。

我就是这样开始并坚持我的基础理论研究道路的。

爱因斯坦的错误与思考

（2012 年 5 月 24 日）

当我看到美国《探索》杂志的报道，它关注举世闻名的德裔美国科学家犹太人阿尔伯特·爱因斯坦一生所犯过的重大错误，没想到竟然列举出 20 余条。爱因斯坦是现代物理学的开创者和奠基人，他赢得了世人无尽的赞誉。汉斯·奥哈尼亚（Hans Ohanian）在一本名为《爱因斯坦的错误：天才的人性弱点》（Einsteins Mistakes：The Human Failings of Genius）的书中，列出了爱因斯坦在科学探索过程中犯下的一系列错误：

（1）1905 年：爱因斯坦根据狭义相对论，在计算时钟同步过程上出现了错误；

（2）1905 年：错误估计迈克逊 - 莫利实验；

（3）1905 年：在高速粒子的横向质量计算上出现错误；

（4）1905 年：爱因斯坦在运用数学和物理知识计算液体黏性时多次出现错误。爱因斯坦通过计算液体的黏性，推导出分子的大小；

（5）1905 年：在热辐射和光量子关系的认识上出现错误；

（6）1905 年：首次验证质能方程 $E=mc^2$ 时出现错误；

（7）1906 年：在第 2 次、第 3 次和第 4 次验证质能方程 $E=mc^2$ 时连续出现错误；

（8）1907 年：在测算加速时钟（accelerated clock）的同步程序上出现错误；

（9）1907 年：在测算引力和加速度的等效原理时出现错误；

（10）1911 年：在首次计算光线弯曲时出现错误；

（11）1913 年：在首次尝试广义相对论时出现错误；

（12）1914 年：在第 5 次验证质能方程 $E=mc^2$ 时出现错误；

（13）1915 年：在做爱因斯坦 - 哈斯（Einstein-de Haas）实验时出现错误；

（14）1915 年：在验证广义相对论时出现多次错误；

（15）1916 年：在解释马赫原理时出现错误；

（16）1917 年：在引入宇宙常数时出现错误（爱因斯坦称这是其一生中最大的错误）；

（17）1919 年：两次尝试修改广义相对论时出现错误；

（18）1925 年：在寻求阐明统一场论时犯下多次错误；

（19）1927 年：在与玻尔探讨量子不确定性时出现错误；

（20）1933 年：在解释量子力学时出现错误；

（21）1934 年：在第 6 次验证质能方程 $E=mc^2$ 时出现错误；

（22）1939 年：在解释史瓦西（Schwarzschild）奇点和引力坍缩（黑洞）时出现错误；

（23）1946 年：在第 7 次验证质能方程 $E=mc^2$ 时出现错误。

都说爱因斯坦是最伟大的科学家，人们对他的崇拜几乎达到无人可及的“神”的程度。然而从上述这 23 次重大错误看，伟大的科学家竟然还发生过这么多的严重错误，实在是让普通人难以想象。

这说明什么呢？这只能说明爱因斯坦不是神，是人！是人就会犯错，即使是最伟大的科学家都不能够幸免。

因此，我们在学习科学家的研究、著作的时候，包括名家的经典著作，都不应该囫囵吞枣，要思考、要点评、要质疑、要一分为二，说得有理的接受，有质疑的地方要点出来。牛顿说：“如果说我看得比别人更远些，那是因为我站在巨人的肩膀上。”今天如果我们自己也想看得比别人远些，那就应该去站到那巨人的肩膀上。这个巨人当然不应该包括巨人所犯过的错误。

也有一些人当他看到巨人也犯错误时，常常因此而否定巨人，不想沿着巨人开辟的道路前进，不想继承巨人正确的巨大的遗产。这当然是他自己的失误，他也就只能够站在地平面上，能够看见的也就是他鼻子底下的一小块地方，再远他就看不见了。不要因为巨人的某些失误而彻底否定巨人，中华文明五千年长久不衰，绵延不绝，正是积无数巨人之历史贡献而发展至今的。

有人说过一句很有道理的话，那就是：“一个伟大人物之所以成为伟大人物，不是因为他做错了什么，而是因为他做对了什么。”爱因斯坦之所以伟大正在于此，中国历史上的巨人之伟大也正在于此。

关于螺旋理论“瞬时性”的争论

（2016 年 9 月 10 日）

一、问题的提出与实质

我成功地以螺旋理论破解了存在 150 年的自由度计算原理及统一的自由度公式问题，并曾以“赞叹螺旋理论高效地应用于机构学研究”为题写过一篇文章，该文主要介绍了我用螺旋理论解决了那些机构学的理论问题和为什么螺旋理论能够高效地解决这些问题，特别是重点分析了如何解决这个国际上争论长达 150 年的历史问题。

然而，我发现有不少这样的人，却不断地企图用“螺旋理论具有的瞬时性”这个特性来否定上述“整个成果”。甚至当我一再说明我的方法和原理并不是仅解决寻找“机构的瞬时自由度”，而是确定“机构全周自由度”的一个好方法时，仍有一些人不断地以偏概全，在他们的论文的前言中提到我的论文并这样评价我的方法。对此，我真是无可奈何，却也感到这些人在争论学术问题时缺乏科学性，不是实事求是的。

首先是法国教授 Gogu，他在 2005 年的文章中分析了当时国际上研究机构自由度的各种方法，也论及所应用的各种数学理论。在那里他就提到“螺旋理论”存在的一个缺点就是它的“瞬时性”，采用螺旋理论所得到的结果确实仅是瞬时的。如果我所得出的机构自由度仅是瞬时的，则这个瞬时的机构自由度当然是没有意义的。Gogu 的这一段话如仅针对螺旋理论，他的评论本身是正确的，并没有问题。如果某人研究机构的自由度仅仅得到瞬时的自由度，虽然不能够说这瞬时自由度绝对就一点儿意义也没有，但那真是没有解决我们想知道的机构自由度这个基本问题。机构能够实现复杂的运动，人们总想知道的是它到底能够实现什么样的复杂运动，能够实现哪些性质的运动，而且这些性质的运动类型在机构运动的过程中发不发生变化。按 IFToMM 的定义，机构的自由度是“确定机构或运动链位型的独立参数的数目”，当时在这一段文字中虽然没有明确提到，但它确确实实指的是全周性的稳定的自由度。这个全周性的稳定的自由度才是我们所追求的，也是自 1854 年 Chebyshev 第一次提出机构自由度与机构结构的关系以来，150 余年机构学界所一直讨论的没有解决的历史问题。

如果真如 Gogu 所言，螺旋理论所得到的机构自由度仅仅是瞬时性的话，这个结果自然就没有什么大的意义，也就不能够成为寻找自由度统一方法的满意答案。当时国际上还有好几个人都采用螺旋理论，也确实存在 Gogu 所指出的仅讨论了瞬时自由度这个问题。

二、我的再次申明

然而，我的研究从一开始就认真地考虑了这个瞬时性的问题，从一开始我就明确地知道瞬时自由度并不是我们所要求的“机构的自由度”，所以我分析每一个机构的自由度时，在得到其瞬时自由度之后一定要进行“全周性的判定”。而且在我前后近 20 年陆续发表的所有相关的著作和论文中每次都写得明明白白。如：

1. 黄真，孔令富，方跃法，《并联机器人机构学理论及控制》，北京：机械工业出版社，1997；

2. 黄真，赵永生，赵铁石，《高等空间机构学》，北京：高等教育出版社，2006；

3. 黄真，刘婧芳，李艳文，《论机构自由度——寻找了 150 年的自由度通用公式》，北京：科学出版社，2011；

4. Huang Zhen，Li Qinchuan，Ding Huafeng，《Theory of parallel Mechanisms》，Springer，2012；

5. 黄真，赵永生，赵铁石，《高等空间机构学》第二版，北京：高等教育出版社，2014；

6. 黄真，曾达幸，《机构自由度计算——原理和方法》，北京：高等教育出版社，2016。

回想早在 1997 年那第一部书《并联机器人机构学理论及控制》中，在讨论典型的 3-RRRH 并联机构时就特别指明了它的自由度是“全周自由度”，并注明了对应的英文为“fully-cycle mobility”。且在撰写那本书时，最初选择的例子不是3-RRRH机构，而是某种5自由度的3-UPU机构，因为那时就发现它的自由度不是全周的而放弃了，这在2011年的书《论机构自由度》中也有关于此3-UPU故事的记载。可见早在1997年时我们就明确了要寻找具有全周性的统一的自由度原理。所以说，已经交代得十分清楚，读者不至于，也不应该有什么误会。

再者，在2006年的著作《机构自由度计算——原理和方法》的第5-3节中更不厌其烦再次说明：“最后还要指出，用螺旋理论分析自由度存在一个需要考虑的问题是螺旋本身的瞬时性。为此，应该检查机构的自由度在连续运动中能否保持不变。这个问题并不难。取上例来分析，无论是发生动平台的移动或转动，分支坐标系都可以仍旧如初始位置时同样地选取，这样式（5-14）中的0和1都不会变化，虽然其他变量a_i、b_i、c_i会发生变化，但是它们都不会使式（5-15）发生变化。因而自由度不会随位移发生而变化。这也就判定了自由度不是瞬时的。”

从上述分析可见，“螺旋理论瞬时性分析加全周性的判断”这个整个过程才是我的螺旋理论自由度原理。若按国际上的命名规则习惯，我的这个方法应该被称为“黄氏自由度原理”。当提到黄氏自由度原理，或引用我的具体文章，就应该是包括上述两部分的整体。任何对它的割裂，都不再是黄氏方法，不要提那是我的文章。在我的所有论文、著作中，当分析到机构自由度时都是包括了“螺旋理论瞬时性分析加全周性的判断”的整个过程。所以当引用了我的文章，却再说该文的自由度分析呈瞬时性，则首先是割裂和歪曲，或简直就是断章取义地对待我的理论。

在我2011年的著作《论机构自由度》中先简明地指出“螺旋理论虽然得到的结果是瞬时性的，但用这种方法不仅易于判断全周性，特别是它还能够简单方便地直接判断出自由度的性质”。文中更进一步仔细给出说明：

“某些文献认为这种基于螺旋理论的方法的一个‘缺点’就是它得到的结果具有‘瞬时性’，并以此而怀疑或否定这个方法，或认为在某些情况下基于反螺旋方法难以计算，并举出一个3-RRC机构为证实他的说法正确性的例子。其实，分析该机构一点也不困难，请见第7章（7.1.3节）。确实单纯的螺旋理论方法的结果是瞬时的，我们也清楚地知道这一点，从1997年我出版的《并联机器人机构学理论及控制》开始至今，在每次分析时都判断了自由度的全周性，而且判断过程十分简明；我们还曾经指出，从我们的文献中看到采用这个方法是能够非常容易地判断机构自由度是瞬时的还是全周的，只需书写几行就能解决这个问题。读者自己还可以从本书举出的所有的例子中加以判断，去得出自己的结论。”

三、为什么就抓住不放

虽然我这么一再地声明，至今总还是有一些人完全无视这一点，抓住螺旋的瞬时性不放，在引用我的文章后，说我的这个方法不好，或者拐弯抹角地批评，或者说我论证全周性的方法难且太复杂。

特别是有一位颇有影响的学者就是这样长期地揪住这个不是问题的问题，他甚至还多次在他的关于自由度方法的演讲中列举一些实际机构的例子，说明用我的方法分析这些机构其结果必定是错误的。其实是他自己并没有真正理解我的方法，是他自己算错了；甚至还有几次，我的学生也应邀参加了他的演讲会，当时就直接指出了他的错误。他出现的这些错误，我不能说什么，不论是谁，当他没有完全掌握一种新方法时，出点错误完全是可以理解的。可是抓住瞬时性来否定我的方法，就是不顾事实真相了，不是实事求是了。而且我的方法中，当获得机构的瞬时自由度后，剩下的甚至只需极简单的逻辑论证就能够解决全周性问题，它一点也不复杂。我的方法所含的两个部分是不能被割裂的。

质疑和争论是学术发展的重要原动力，要提倡并鼓励，否则死水一潭，对学术发展并不利。但争论要“实事求是”，要认真地弄清对方的观点，不可歪曲，也不可采取“攻其一点不及其余”的办法。否则是达不到提高学术水平之目的的。关于我的方法的瞬时性的争论并不太重要，倒是我们的学术共同体在学术争论中应取的学术态度却是更加重要的。

再者，还有人曾多次反对我将著作起名为“150年的问题”。其实，我这是有意地在大声呐喊，就是要让人不要过早忘却有这么一项理论研究成果。因为在此之前，我发现我的研究已经逐渐被边缘化，似乎逐渐在淡出人们的视野。更值得关注的是，此时我还发现有不止一人想摘“统一自由度原理和统一公式原创”这桃子，窃取我的基于螺旋理论的这个自由度方法，甚至已经付出行动，以此申报过“国家自然科学奖”。如果他的确超越了我，比我的方法更简单实用，那我心服口服，无疑桃子就是他的。我这样写就是想对摘我这个桃子的人说，他碰到了火焰山。这就是为什么我非得要用“150年”作为书名的目的。当然，我这么写也仍是实事求是的，并无一点夸大。

四、辩证地看螺旋理论的瞬时性

我们知道，任何事物都是一分为二的，当我们从另一个角度再看此问题就可以发现，螺旋理论的瞬时性有其他方法无可比拟的独到之处，而这一点又有非常重要的理论和工程意义。由于瞬时性也是一分为二的，关于这一点在我2011年的著作《论机构自由度》中有更深入的分析：

“质疑者说螺旋理论的缺点是瞬时性，这个质疑也启发了我们去更加深入地思考，让我们看到事情恰好与质疑者的意见完全相反，反螺旋理论这个方法却是相对其他方法表现出极大的优越性。由于机构自由度问题发生于其内部的矛盾：‘运动副结构所带来的约束对物体自由运动的限制’。正是由于螺旋理论的瞬时性，它就像一把锋利的手术刀，能够根据需要在任何‘指定时刻’深入到机构指定的内部，精准定点地解剖内部存在的约束矛盾，并展现出它们正在发生的变化。能够把约束和自由以及发生的时时刻刻的状态变化都让人们看得清清楚楚，这正如手术刀的解剖作用。本书后面许多例子都证明了这一点，而其他方法却难以做到。

“然而，从相反的另一方面说，正是因为基于螺旋理论方法的瞬时性，这个方法还可以应用到更多的方面，去判别机构奇异下的自由度的瞬时变化，可以发现瞬时机构，甚至还可以应用到目前被关注的具有变自由度变拓扑性能的变胞机构上。甚至用在《论机构自由度》第7章中所描述的那种十分奇特的、不能相互转化的‘半导体’式的2-UPU/2-SPS机构。更需要特别指出的是，基于这个瞬时性，我们发现经过多次审稿未能发现其设计错误的第10章的那个在CT环境下的5自由度手术机器人。它不能实现它期望的全周的3T2R自由度。在大部分工作空间内自由度变成了2T3R。类似这些研究就需要从许多细枝末节的瞬间去分析，才能最后识别机构自由度变化的全貌，没有瞬时分析功能是得不出结果的。（再说，在对机构的运动控制上，控制机构的运动其实也是控制每个瞬时运动。不能分析每个瞬时的运动如何控制对应的运动。）真是这样，瞬时分析的能力，让我们更多地认识许多特殊的机构，有多方面的应用需要。这样看，它确实是反螺旋自由度原理的一个突出的优点，它相当于外科大夫手里的一把锋利的手术刀。让我们能够深入地解剖机构，分析机构内部的约束与自由度的矛盾。

“所有的事物都是一分为二的，自由度要一分为二，有瞬时性和全周性；

瞬时性也要一分为二，有验证全周性的必要，还要有能深入认识变化自由度的各种特殊机构的能力。用此辩证的观点去分析客观事物会让我们更深刻地认识世界。”

五、前无古人却后有来者

最后我要说的是，时至今日仍有人以螺旋理论的瞬时性来贬低我的方法，我这里要再次强调：“螺旋理论瞬时性分析加全周性的判断”这整个论述才是我的螺旋理论自由度方法，当引用我的论文时必须是针对这个完整的论断，绝不可割裂开。这里我把“全周性判断”强调出来是要说明它是我所建立的基于螺旋理论解决机构自由度统一计算原理所不可分割的一部分，若舍去我的全周性判断，仅取前一个螺旋理论来评论我的方法，则完全是以偏概全，或说是“攻其一点不及其余”。其目的绝不是为了学术的科学性而争论。其实，学术上的争论是很正常的，它有利于学术的发展，有利于推进对真理的认识，我们欢迎科学性的学术争论，但不欢迎非科学性的争论。

我说我解决了机构自由度统一计算150年的问题，这句话清楚地说明“它前无古人”，就是说在此之前还没有一种统一的、普遍适用的方法，没有一种方法既能正确得到机构的全周自由度，又能够正确判断其自由度的各种性质，并且方法还这么容易。如果某人发现了还另有一种具有相同功能的方法，它的提出的时间还在我之前，那就要拿出事实作为根据，桃子就是他的。另一方面，我绝不会说“后无来者”。如果这样说就大错特错了，就违背了哲学的辩证史观。我相信，事物的发展是无限的，总会有人取得更好的研究结果，会比我的方法更简单更实用。我常说，过去的这个自由度公式（Kutzbach-Grübler 公式），它非常简单，但我的方法需要较多的学时讲授，所以不能直接放到本科教学中，还不能通过本科的教学让广大学习机械工程的大学生直接去掌握。但是，最近我听说，有几位老师觉得这个方法很好，正尝试在大学本科教学中讲授。我真希望他们能够成功。当机械工程专业的大学生掌握了这个方法，必然会在他们今后实际的机械创新性工作中发挥非常好的作用。

其实，对于那些想继续研究自由度方法的朋友来说，我的方法并不是拦路虎，不必非得先贬低说它是瞬时性的，没有价值，你们可以正确地指出其优点和缺点后，继续你们的开拓性研究，继续探索。发展是无限的，总会有人达到更高更加辉煌的顶点，相信你们会取得成功！

为白师贤教授 90 寿辰写的贺词

（2015 年 8 月 30 日）

北京工业大学的白师贤教授今年 90 高寿，我非常高兴地向白先生表示衷心的和热烈的祝贺！

我是这样"知道"北京工业大学的白先生的，并惊喜地"发现"我和白先生还有着关联。事情发生在 1990 年。当时我在边远的黑龙江富拉尔基东北重机学院，是一位普通的"机械原理"老师，当时虽然读过白先生的重要著作《高等机构学》，也从中获益良多，但并不相识，也与白老师无任何关系，只是从白先生著作的字里行间感受到大师的博学和风采。

然而，那年我从富拉尔基东北重机学院申请国家教委科技进步奖（甲类）时，学校科技处告知我中奖了，要我自己去北京领取奖状。当我来到国家教委

大师的风采

成果处时，成果处的同志对我说："你不简单，东北重机学院的人从来没有到我们这里申报过奖，你是第一个也是个唯一的一个。"（我们学校属于机械部，大家都在机械部拿奖，可是机械部不受理任何基础理论的成果，东重也没人申请过理论成果。我偶然发现教育部受理理论成果，就勇敢地递交了申请书，其实也就是去试试看）没想到成果处的同志还继续对我说："东重第一次申请，而且也只有一个人来申请，这个人却获得了一个一等奖！就是你，向你祝贺！"我听了大喜过望。后来得知是白先生在评议会上力挺我的成果，我获得一等奖是毫不相识的白先生力挺的结果。这是发生在25年前那个时代的事情。

这次获奖对我的鼓励与鞭策当然是巨大的，我万万没有想到我会获得国家教委的一等奖。这让我相信，只要自己努力，任何事情都是可以成功的，都可以得到社会的承认。有了这次的经历，和后来对白先生的了解，我认识到白先生是一位真正的受人敬重的"为学术而学术"的老先生，他堂堂正正，坦坦荡荡，顶天立地。从网上看到许多人都这样评议白师贤先生为："人如其名，一身清白，只为师贤！"白先生就是这样一位广泛受到学界尊重、爱戴与敬佩的导师！我愿以白先生为榜样，学习白先生的为人和做事，学习白先生如何做学问。我更加坚定地把握我的研究方向，"追求真理，实事求是"成了我的座右铭，我会不懈地继续努力，不辜负白先生的鼓励。

白先生的人格魅力，学风上的大公无私，高风亮节，为我们学术界树立起最佳的榜样！我在白先生90大寿时衷心地向他祝贺，祝福桃李满天下的白先生健康长寿！愿白先生一生所倡导的学术之风真正得到发扬光大！

后记：

对比当今的学术界，满天的学术"雾霾"。学术界的雾霾与自然界的雾霾不同之处在于，个个瘾君子自己也都在吞云吐"霾"。他自己受到雾霾之害，又去加害别人。君不见大腕成了学霸，学霸愿做太上皇，只为能达到呼风唤雨，独霸一方，还有"一句顶一万句"之功力。为评职、为拿项目、为评杰青、为评院士……，送礼、走关系……。拉关系，建立小集团、小山头，搞学术宗派主义。一批人变得毫无学术诚信，人心不古、世风日下，甚至为达到学术目的而雇凶杀人。

请看雷源忠老师的《闲谈有感》诗（发表于2008年《火花集》，雷源忠原是国家自然科学基金委工程与材料部机械学科负责人）：

院士遴选怪事多，
业绩丰厚奈我何？
关系第一可转舵，
学界当唱正气歌。

官场上的那些污垢在学术界都出现了。如今官场上的污垢正在被大力清洗，而我们学术界何日也能下一场瓢泼大雨，能够好好地清洗清洗。

渭城朝雨浥轻尘，
客舍青青柳色新。

如果学术界也出现这样如诗如画清新的环境，出现一大批如白师贤那样榜样型的学术大师，学术创新的环境将会多么给力，我们的学术创新一定会蓬勃大发展。愿所有为“中国梦”的实现而努力的朋友共同向着这个方向奋斗，从我做起，从每一个人做起。

诺奖颁奖委员会客观上大赞中医“科学”

（2016 年 11 月 15 日）

一、背景

一条轰动的消息曾经震惊了国人：北京时间 2015 年 10 月 5 日 17 时 30 分，瑞典卡罗琳医学院在斯德哥尔摩宣布，中国女药学家屠呦呦因为在创制新型抗疟药青蒿素上的贡献，获得 2015 年诺贝尔生理学或医学奖。

中国人沸腾了，我的心也沸腾了，没想到一个不知名的叫屠呦呦的老太太却在中国首先获得此殊荣，她不是博士，不是海归，更不是院士。屠呦呦是家里五个孩子中唯一的女孩，她的名字源于《诗经》，“呦呦鹿鸣，食野之蒿”，据考证，诗句中的“蒿”即为青蒿。为她起名的父亲，未曾想到这株小草会给女儿命运带来如此惊喜。

20世纪60年代，由于疟原虫对奎宁类药物产生了严重的抗药性，使得全世界100多个国家、2亿多疟疾患者面临无药可治的局面，死亡率急剧增高。当时，中美两国都开展了抗疟疾药的研究。美国筛选了近30万个化合物而无获结果；我国在1967年组织全国7省市开展了抗疟疾药研究，先后也筛选化合物及中草药达4万多种，也没有取得任何结果。那时屠呦呦为医治疟疾从距今1700年前葛洪的著作《肘后备急方》获得了“诺奖级别”的灵感，其后人数众多的研究团队用西医提纯方法最终得到青蒿素。自问世以来，青蒿素已陆续挽救了全世界数百万人的生命。

在获奖名单揭晓后的新闻发布会上，屠呦呦和她的中医药研究背景成为记者们关注的焦点。当天就有记者直接问到这是不是第一次颁发中医药方面的诺贝尔奖时，诺奖委员会明确地否认了。瑞典卡罗琳斯卡医学院弗斯伯格教授用肯定的语气作出了完全否定的回答，他说：“这不是对传统中医药的颁奖，我们颁奖是给从中医药当中获得启发、作出贡献的个人，她能够从中做出新药，让我们在全世界销售。”瑞典卡罗琳斯卡医学院诺贝尔奖大会成员安德森也解释说：“早在1700年前人们就知道这种草药（青蒿素）能治疗发烧症状，屠呦呦做的就是阐释了这种草药的哪一种成分具有生物活性，让后来临床治疗和生产药物成为可能。”

1989年，诺贝尔奖委员会将和平奖给了闹独立、分裂祖国的达赖；2010年，又把当年的和平奖授予因犯有颠覆国家政权罪、正在监狱中服刑的刘晓波。这些授奖都引起中国人民的愤慨。诺贝尔奖委员会对中国人民不友好的态度深深印在中国人民的心上，确实让中国人民对诺贝尔奖委员会有相当的负面看法。

2015年，诺贝尔奖委员会突然将该年的诺贝尔生理学或医学奖授予中国人屠呦呦。客观上这是我国科学家在本土进行科学研究而首次获诺贝尔科学奖，是具有里程碑意义的事件。然而屠呦呦的身份却引起人们的关注。其实，早在2011年屠呦呦获得拉斯克奖时，她的身份就曾轰动舆论，由于她没有博士学位、没有留洋经历，更没有院士头衔，被称为“三无科学家”。这个“三无科学家”却获得国际的最高学术奖项，不仅引发中国学术界，而且引发全国人民对中国政府主持的学术评价的严重的质疑。这点，可能正是诺奖委员会存心所要达到的目的。

诚然，我国当前的学术评价确实存在一些问题，从学校内的评职、学校中各种“人才”的评定，到国家的科研项目立项、鉴定，甚至包括最高层次的院士评审在内，都存在被利益因素纠缠的问题，学术评价存在行政化和利益化的倾向，没有坚持按学术原则和学术标准去真实公正评价学者个体的贡献。这些舆论确实痛击了国内学术界的时弊。对此我深有同感，也十分痛恨。当然，中国人对此之痛恨，与诺奖委员会的出发点是不同的。

再考虑到，为什么这些年的诺贝尔奖没有颁给在农业（也是生物学范畴）上对世界作出巨大贡献的水稻之父袁隆平，他的贡献绝不在屠呦呦之下。

我不得不怀疑说，颁发诺贝尔奖给屠呦呦的目的之中，是否隐藏着以此给中国政府施加压力，西方从各个方面对中国施加压力，目的只有一个，就是想唤起中国的颜色革命。虽然如此，中国人民和中国政府也因此更深刻地认识到中国的学术体系确实存在着较大问题，应该大力改革。中国也正不断地从各个方面都在改革，目的就是改革一切束缚生产力的旧的生产关系。屠呦呦的获奖促进了这个改革进程。

话说回来，当然屠呦呦的获奖确实也是因她的贡献有所价值。青蒿素的原始创新是她提出的，在这一成果中，她扮演了三个“第一”的角色：当年是她最先把葛洪用青蒿的方法带到523项目组（代号为“523”的疟疾防治药物研究项目）；是她最先提取出对疟疾有100%抑制力的青蒿素；也是她做了第一个临床实验。

本文最感兴趣的却是瑞典卡罗琳斯卡医学院教授弗斯伯格教授的那句话“这不是对传统中医药的颁奖”。在我看来倒是完全相反，他颁发的这项奖项，恰恰给了中国的中医药以最大的奖励和肯定。大家都知道，国内外对中医是否“科学”持怀疑态度的大有人在。这个奖恰恰给了中医一个大大的“背书”。我想，这是瑞典人弗斯伯格教授所始料不及的。

二、屠呦呦青蒿素的原始创新在哪里

1. 屠呦呦获奖的原始创新是依据葛洪的《肘后备急方》

什么是判断一项科技成就最重要的因素呢？爱因斯坦给出的答案是：“提出一个问题往往比解决一个问题更为重要，因为解决问题也许只是一个数学上或实验上的技巧而已。而提出新的问题、新的可能性却需要创造性的想象力，而且标志着科学的真正进步。”

从爱因斯坦的话中可以看到，在一项科技成果的成功中最重要的因素就是为解决这项科技问题所提出的解决问题的方案，即“创新意念”，也就是原始创新点。如此说来，谈到屠呦呦获奖就要深挖获得青蒿素的原始创新点是什么？创新点的提出与哪些人有关？是在什么时候提出的？

一开始人们从屠呦呦获奖立即联想到它"无疑是中医药的胜利"，他们欢呼。很快有一些人指出，屠呦呦是用西医研究方法挑选了中医用过的药材，青蒿素是从植物中提取的化学药，因而与中医无关。国内否定中医的大有人在，还包括一些院士。这里，还是诺奖委员会的说法更直接和明确："这不是对传统中医药的颁奖，我们颁的奖是给从中医药当中获得启发、作出贡献的个人，她能够从中做出新药。"看来诺奖委员会也真不看好传统的中医药。按爱因斯坦的说法，从植物中提取的化学药，它只是一个"实验上的技巧而已"不值得一提。

诺奖委员会却不得不承认，屠呦呦是"受传统医学启发"。这里他们无法否定诺贝尔奖所肯定的青蒿素与传统中医之间有着密不可分的关联。我们对这里的"关联"再去仔细分析。

事实正是这样，屠呦呦从公元300年左右的东晋葛洪的《肘后备急方》一书中看到："青蒿一握，水二升渍，绞取汁尽服之。"大家都知道，通常对中草药的处理都是要加热水煮后煎服的。这里的说法与传统中药的"煎服"有明显的不同，它建议渍后绞取汁就可直接饮用。大家看看，它明确告诉人们青蒿要避免加热。看来不加热正是青蒿有药效的关键，它让屠呦呦得到了解决问题的方法和思路，这个明确的表述让屠呦呦获得了突破问题最关键的"灵感"，也就是诺奖委员会所说的"关联"。

从这个过程看，能够说青蒿素的发现仅仅是从《肘后备急方》中得到"启发"吗？是如卡罗琳斯卡医学院教授弗斯伯格教授嘴中说出的"启发"吗？如果仅是"启发"的话，两者应该有不相同之处，应该是从《肘后备急方》的不加热，想到别的什么多少有些不相同的道道，也就是说两个方法应该有所"错位"，两个思想不应该在同一条直线上，思路应该发生了跳跃或转折，不是连续的直线。如果实在要说是启发的话，也并非不可以，那就是说，她看过《肘后备急方》，立即启发她认识到：就按这个办法去做就可以。这个启发实际上就是"遵循"，是"继承"，思路是连续的，没有发生思维的跳跃，没有错位。就这样屠呦呦有了发明青蒿素从而也获得诺贝尔奖的"原始创新"意念。有了这个创新想法，继而，青蒿素的研发就遵循的是现代药理学和化学提纯方法，与许多同仁集体攻关完成了青蒿素的制备。所以说，屠呦呦获得的原始创新意念完全是从葛洪的著作中一成不变地继承，遵循了《肘后备急方》的提示，得到了如爱因斯坦指出的科技创新最重要的原始创新意念。

诺贝尔奖认定青蒿素获得的原始创新是屠呦呦提出的，而屠呦呦的原始创新意念却是继承了公元300年葛洪的《肘后备急方》。这里可以清楚地看到，解决疟疾的真正的原始创新的意念并非屠呦呦无中生有想到的，是《肘后备急方》中已经明明白白写清楚了的，其后仅是以现代制备西药的现代手段来实现和获得。屠呦呦完全接受了《肘后备急方》的思想和诀窍，这里关键点就是"渍"，何谓渍？水浸曰渍；何谓"绞取汁尽服之"，就是压榨得汁即可饮用。这里突出地说明不能够采用传统的中药都要煎服的方法，不能加热！这就是青蒿得以降热治病的关键所在。显然，如没有看到《肘后备急方》，不会有屠呦呦的原始创新，她更不会去斯德哥尔摩领奖。这里绝不是要否定屠呦呦的功劳，前面已肯定了值得尊敬的她老人家，她在葛洪去世之后1700余年作出了突出的贡献。

从屠呦呦去斯德哥尔摩领奖我想到，无论如何应该弄清楚，青蒿素的发明最初的原始创新是从哪里提出来的，是谁最先提出的？毫无疑问，是从公元300年东晋葛洪的《肘后备急方》中获得的，《肘后备急方》中存在发现青蒿素的原始创新，提出此原始创新的是葛洪。这个原始创新的意念，正是1700余年后屠呦呦获诺贝尔奖的根据。这是最重要的。

2. 原始创新具有的第一位重要意义

从上述过程我们看到，在科技创新中"原始创新"是非常重要的，是最关键性的创新。关于屠呦呦的获奖，许多人说饶毅是这事的推手，饶毅不得不公开声明自己不是什么奖的推手，只不过是在2009年指导一位硕士研究生系统研究过青蒿素发现过程的科学史料而已。是的，我们应该对每项科技新成果弄清什么是"原始创新"，这里的"原始创新"来自哪里，弄清是什么人提出的。我们的科技奖励更要加强对原始创新的认识，奖励提出原始创新的人员，以鼓励有更多的原始创新意念的提出，这样才更有利于将我国建成创新型强国。

三、屠呦呦的诺贝尔奖体现了中国传统中医的魅力

这里又回到屠呦呦的获奖，她的获奖无疑证明了中医是人类一个丰富的大宝藏，证明了中医宝库中富含了许多科学的思想与科学的结论。屠呦呦为医治疟疾从距今1700年前葛洪的著作《肘后备急方》中获得了"诺奖级别"的灵感："青蒿一握，水二升渍，绞取汁尽服之。"其实，屠呦呦获奖的这个原始思想是1700年前晋朝的葛洪提出的，他科学地、"原创性"地指出了青蒿的正确

应用之法。一些人以中医不科学为由要取缔之，若取缔了中医，取缔了葛洪的《肘后备急方》，那还有屠呦呦的诺奖吗？这些人打着“科学”旗号却干着反科学的事，值得我们深思。

科学的定义是什么？教科书上说：“科学就是对一定条件下物质变化规律的总结。科学的特点是可重复验证、可证伪、自身没有矛盾等。”若严格按“科学”定义这个“教条”看，中医“似乎”是有差距。中医的形成确实是依据于几千年来许许多多行医者的经验，但又绝不是简单的经验“积累”，它是在实践经验基础上认真地加以思考，去粗取精，去伪存真，由此及彼，由表及里地将实践经验加以理性总结、提高与升华。中医的发展过程中有思考，有深入的思考，这个思考使认识得到升华，上升到理性，思考不断地再提升、再升华，达到更抽象的高度，达到更高的理性程度。中医理论以高度抽象的语言概括为简单的四个字“阴阳五行”，对此“阴阳五行”，让门外汉看越看越糊涂。其实哲学上说认识越抽象就越具有普遍性。它是中医治病的普遍的最高原则，它能够把人体的五脏六腑的问题联系起来，“内联五脏，外联四肢，辨证施治”，常常可以达到最佳的治本之效果。当然，也正是由于中医的这个极高度的抽象，也使得要完全正确地掌握它有相当的难度。到具体治病时“辨证施治”更是有很大的难度。要从人体这么复杂错综交织的因素中，识别出什么是其中的主要矛盾，什么是主要矛盾中的主要方面，都是不容易的，稍有差池必然影响疗效。这就是一般中医难获重复性的原因。但是在许多著名中医那里，许多实例表明一些西医认为的疑难杂症却可以得到诊治，他们能够使不平衡状态改获平衡。这也体现了中医一定的可重复性。我也希望中医诊断能够更多地采用现代科学仪器，更多地依靠仪器的数据，以取代简单直观的“望闻问切”。据我所知，中医界正在向这个方向上努力，在中西医结合等方面已取得很大的成绩。

从诺奖委员会授予屠呦呦诺贝尔奖所隐含的中医所具有的科学性，可以进一步让我将上述关于科学的定义推广。上述定义可以看作是狭义的，西方认为六大自然科学仅包括“数理化天地生”，现在可以将科学的定义再扩大，形成广义的科学概念，它应该是：凡是对自然现象做了反复的仔细观察，又进行了反复深入的思考，再思考，把观察到的各种具体现象，提升到一般化抽象化的程度，而所形成的抽象概念又能够反复地回到实践中得到验证，这样就可以把所得结论视为科学的结论。中医就是这样形成的科学。

中医是中国人将人体治病之经验经思考而提升为中医学理论，在这一点上也正与西方人将自然现象经思考形成科学理论的那一过程是相同的，都形成了对客观事物的深刻认识，但又是各自发挥各自的才能，你研究你的“科学”，我研究我的医学，但是，殊途同归，都对人类文明作出了贡献。

世界卫生组织德国博士施贺德表示，传统医学用一种更加整体的眼光看待人体健康，用很多方法保持和恢复人体健康，而不仅是为消除某个病的症状。这正是中医的价值所在。

从上述分析可以看到，屠呦呦得到的原始创新是直接继承了《肘后备急方》的思想，《肘后备急方》中的思想是科学的，对解决现今流行的疟疾提供了有效的原始创新意念。虽然瑞典弗斯伯格教授口口声声说的关于屠呦呦的授奖“不是对传统中医药的颁奖”，但客观上通过屠呦呦的这个奖项正是点赞了中医。屠呦呦获奖无意中彻底摘掉了“中医不科学”的帽子。

四、中国学术科学性的出现远远早于西方的现代科学

屠呦呦得到诺贝尔奖，不仅体现了中国传统中医的魅力，更是从根本上摘掉了“中医不是科学”的帽子。为什么这样说？

首先让我们来看看西方的“现代科学”，它是怎样发生的和它发生的过程。现代自然科学产生于西方，其源头是基于古希腊的知识文化和哲学体系（古希腊人在科技、数学、医学、文学、戏剧、雕塑、绘画、建筑、哲学等诸多方面有很深的造诣），然而古希腊却从历史上完全彻底地消失了。欧洲又经历了中世纪漫长的“黑暗时代”，直到 14 世纪，意大利人将过去掠夺来的古希腊书籍和文献加以翻译并学习，从而继承和发展了古希腊文明，这才开始了西方的“文艺复兴”。近代意义上的科学又是在文艺复兴运动开启之后才出现的。下面的这个图示表示了这个漫长的发展过程：

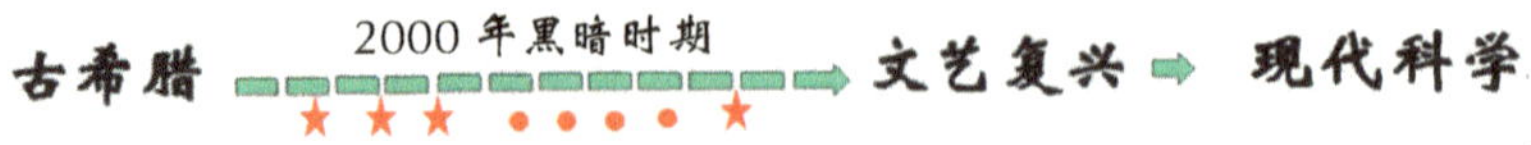

我要问：欧洲文艺复兴发生在公元 1300 年到 1500 年。在文艺复兴之前，欧洲长期处于黑暗时期。而屠呦呦获奖的原始创新思想来自远在欧洲文艺复兴之前的公元 300 年的晋朝，那时中国就有了符合诺贝尔奖原创性的伟大的科学发现：正确应用青蒿的思想。它却能够解决其后 1700 年的世界大流行的虐疾病的新药的原始创新，对此，难道不应该在历史上标记上一个大大的“金星”

吗？我还要问：除了青蒿素外，历史长河中中医到底还含有多少类似青蒿素这样闪光的金子？我不禁再问：当中国的中医不断闪现具有科学性金星的光芒时，那时欧洲的“科学”在哪里呢？它们还无影无踪呀！

客观上说，屠呦呦的这个奖项不是大赞了中医吗？从点赞了距今约 1700 年前的中医，还联想到中医中隐现了许许多多的科学的具有原始创新的一大排闪烁的星光！

如此分析。还能说中医是不科学的，中国人不善于思考？中国文化不利于创新吗？

说到这里，真是要好好地感谢 2015 年的挪威卡罗琳医学院在斯德哥尔摩对屠呦呦的授奖，“诺奖委员会也没想到它客观上大大点赞了中医”。

你是做刀匠还是做屠夫

（2013 年 10 月 5 日）

引进各种有关现代数学到机构学中来，显然对机构学的发展是好事，当然欢迎数学家多参与机构学研究，那一定会促进机构学的发展。从过去的经验看，在应用高深数学分析时，一定要特别注意说明每个数学概念的表达式在机械学上的物理意义。我们不是为了追求数学表达有多高雅、时髦。我们的机械学研究一定是服务于国民经济，服务于机械制造业的发展。就像钱学森所说的，“做一番事业，（数学）工具要恰到好处，不要做刀匠，要做屠夫”。

牛二耍横

大家都知道水浒传中“杨志卖刀”的故事。武艺高强的杨志，穷困潦倒，只好去卖他唯一的一把祖传宝刀。这时，来了无赖牛二，“为什么是好刀？”牛二问，杨志答道：“吹毛得过，削铁如泥，杀人不见血。”并解释第三点，那就是“把人砍了，刀太快刃上却不会沾上血迹”。牛二一一要试，可是对于第三点无法试验，牛二撒疯耍横，搅得杨志一时误杀了牛二。从杨志所说的宝刀的三个特点中，最重要的就是第三点，第三点正是宝刀的用处！我们要努力引进新的数学，目的是发展我们的机构学。

在钱老《八十自述》一书中，专门介绍了他的导师辛祺教授关于“屠夫”与“刀匠”的故事。为了解决一个实际问题有时不惜跳进数学这个海洋来寻找最合适的数学工具，甚至于还去创造新的数学工具。辛祺教授还对他的思想做了一个这样生动的比喻：我们是以解决实际问题为己任的，从这一观点上讲，我们应该是解决实际问题的“屠夫”，而不是制刀的“刀匠”，更不要一辈子欣赏自己制造的刀有多么锋利。

1999 年 12 月 7 日，钱老偕夫人来到上海交大的图书馆参观时，在陶行知手迹陈列橱前，伫立良久，并念念有词，说：“有些人只是磨刀，但不切菜；如不切菜，怎么知道刀是不是锋利呢？所以既要磨刀，更重要的是切菜。”原来橱窗中陈列着陶行知的手迹：

用书如用刀，
不快自须磨，
呆磨不切菜，
何以见婆婆。

陶行知先生的这些话，与当年辛祺教授的“屠夫刀匠论”可说有异曲同工之妙，无怪乎钱老会如此感慨。从钱老的这种感慨中，我们是不是体验到在工作和生活的实践中，应该多一些“屠夫”，少一些“刀匠”呢？

如数学之美

——评《机构自由度计算 原理和方法》

（2017 年 12 月 5 日）

我觉得艺术上的修养对我的科学研究工作有很重要的意义，它帮助我开拓科学的创新思维。美术给人以美感享受，音乐的节拍和韵律能让听众欣赏并产生共鸣。它们共同的特点是还能够让人浮想联翩，形成许多运动变化中的形象化的联想。科学研究中的形象化联想促使不断出现不同的解决问题的创新思路。

从我 2015 年的著作《机构自由度计算——原理和方法》一书中，可以看到 150 多年来历史上发明了无数的各种各样的不同机构，在应用时需要知道每一个机构的自由度，包括自由度的数目和自由度的性质。然而，看来“这么简单的自由度问题”却总找不到一个普遍适用且统一的理论计算方法，自契贝舍夫 1848 年创立第一个机构的自由度公式以来，150 余年过去了，无数的新机构发明出来，它们不断地突破原有的自由度公式，又不断有新的自由度公式被提出来，却又不断地被新机构所再次否定。第二次世界大战后出现的空间多自由度的并联机构，这一下考验了过去所发现的全部自由度公式，没有一种自由度计算的原理能够经得起考验，这严重阻碍了机械的创新。

而我的基于螺旋理论的方法在 1997 年提出后，迅速破解了 150 年来所积累的所有那些难以解决的自由度的难题。《机构自由度计算——原理和方法》一书系统完整地归纳了对这些 150 年所积累的最困难的问题的求解办法。其解决问题的彻底性表明了它具有自由度分析的普适性和统一性。

《机构自由度计算——原理和方法》这本书中分析一个个机构的过程是如此简明，包括大家公认的难度最大的机构 Bennett 和 Goldberg，它们都分别仅用 2 ～ 3 页就解决了。我在一篇文章中说：“我的这个方法的简单方便的程度可以这样说，机构的自由度计算常常可以仅以一支笔一张纸几分钟内就可以解决。”

因此它更适用于机械的方案设计阶段，这时需要分析许多不同的机构方案，快捷的方法更显其优势。一个个机构的机构学特点几笔就能勾描出来，这有如艺术家笔下成就的一幅幅工整的“素描画”。确实，对每一个机构，无论其有多复杂，只需要简明的几笔就把机构的这个自由度特性刻画出来了，整本书就犹如一本含一幅幅素描的画册，阅读就如同欣赏一幅幅素描画。

素描是通过线条，把我们所画的物象以简单的几笔真实地表现出来，而漫画也是用简单的几笔，但在真实的基础上又加了一些夸张。我们的机构学理论著作也是以简单的几笔真实地表现出机构的自由度特性，是真实而不夸张，所以说有素描的性质。

《机构自由度计算——原理和方法》，由于它是以螺旋理论为数学工具，在对某些特殊机构分析时，一些需要深入探讨之处就需要对其施加解剖，就要深入机构内部，以探明其特殊性。这时，就可以针对其某个具体瞬时的位型，以螺旋理论作为解剖刀，划开表皮看看里面，由此以确定在此位置发生的奇异，确定其变拓扑变自由度的表现和原因。例如：文中对3.3.5节的13杆变拓扑变自由度大剪的分析解剖。这些就像国画中的“工笔画”，工整、细腻、严谨。

再有，在《机构自由度计算——原理和方法》一书中，为分析机构自由度，经常要对所研究的对象的物理性质作出变换，由于采用了螺旋互易积原理，这个变换的快捷是让你怎么也想不到，且它使用起来又非常方便。这变换之快有如川剧中的“变脸”。

上面所述艺术特点正是由于本书所采用的数学“螺旋理论”之特性所决定；它在解决问题的能力上表现出巨大的可能性，解决了从自契贝舍夫1848年创立第一个机构的自由度公式以来，所出现的各种各样奇奇怪怪的机构，甚至有的是非常难以想象的问题。从另一个角度看，这个完整统一的方法，对一个个机构的求解过程表现出鲜明特色，在解决问题时表现出“简明、对称、协调、节拍和韵律”，这些都体现出了“数学之美”。

本书犹如讲述一个个阿拉伯小故事的文艺作品《一千零一夜》，具有素描、工笔画、变脸等艺术特点，文章系统呈现出节拍、韵律等特色。这些如我在前言中所写到的：

“通过以螺旋理论研究机构自由度问题，深深体会到螺旋理论在解决这个实际问题中所表现出的‘数学之美’。螺旋理论的妙处在于能够给出最完整和系统的理论和方法，它对众多对偶概念的包容和轻易地相互转换，它解决实际问题的巨大能力、它体现出的简明、对称、协调、韵律和节拍，无不让人感叹数学之美。也希望读者能够从文中欣赏到其中的数学之美，从审美的体验中掌握这种理论和方法。”

虽然“自由度计算”它不是什么大的问题，可是这个求解过程，结果的美妙让它在学术史上必定会有一定的地位，因而说这本著作是有历史地位的。

我体验中医治未病

（2017 年 6 月 6 日）

退休以后，不再带研究生了，轻松了许多。这一两年以来我十分关注养生，几乎天天看北京卫视的《养生堂》节目，在那里听到过许多北京著名的中医大夫讲病和讲医，逐渐对中医有了较浓厚的兴趣。

一、因体检见到秦皇岛中医院治未病的吴大夫

2016 年秋某周日，老伴陪我随学校组织的年度体检去到秦皇岛中医院，医院为我们每位老人派了一个引导员。一位女护士做我们的引导员带领我挨个项目去检查。真是若没有引导，又这么多项目，我们这些老人楼上楼下找起来是很麻烦。那时老伴问起小护士想了解一下中医院著名的大夫和关于调养身体等问题，小护士热情地领来一位女大夫，告诉我们说，这位吴大夫是治未病科的副主任，博士。女大夫看来 30 多岁，人很和蔼，过来就坐在我们旁边，给我号了号脉，说我没有什么大问题，如果有时间再来调理调理身体就更好了，并留了她的联系方式和出诊时间。

二、初看中医让我感受到传统艾灸治疗

今年 4 月 14 日，我们决定去中医院治未病科看病。走过一个短短的走廊，在走廊里看到了多种不同的中医疗法。有用大木桶泡脚的，在一个屋里有一排大木桶，几位患者在那里泡脚，那个大木桶就真像电视《养生堂》节目中看到的，有齐膝盖那么深；还看见一个倾斜安放的直径约 40 厘米的筒形装置，外表很新颖，它的上面有一个十几厘米的一个大孔洞，后来知道这是做中药熏蒸的装置，当人脱了衣服钻进里面，桶内自动产生中药蒸汽并实现熏蒸功能，这也是一个数字化智能控制的电子装置；还看到有来做按摩的，一位男大夫正在用

胳膊肘按摩一位趴在床上的患者，让我惊讶的是在这个按摩室内还见到一个自动化“整脊床”，床边附带一个比人还高的电子控制柜。一位患者躺在床上，仔细看可以断定它是做拉伸的装置，患者的上半身和下半身分别被固定在这个可伸缩的床上。显然，机器开动能够施加力量将人体上下取一定力度的拉伸，机器上的红绿灯不停地闪烁着。我想这个装置的安全性真是太重要了，设计时一定要保证绝对的安全！听说，那里还有像做心电图类似的脉搏记录器！我是第一次去中医院，真是看到医院的一些中医现代化的新鲜诊疗装置。

在去中医院之前我做了细致的准备，仔细把我身体的状况做了梳理，并写在了小纸条上，其中重点是下划线所标注的那三项，我希望经过中医调理，这三方面的问题能够得到改善。小纸条上写着：

“我是又怕冷又怕热，脚受过寒后特别怕冷，常感觉从脚心钻进凉气到体内；动则出汗，脸上出油，喜风，喜空调；夜尿多，一夜起 4 ～ 5 次，后半夜一阵阵出潮汗，难眠；食欲好，吃点就胖，爱吃辣；很少感冒。”

我们很容易找到她的诊室并见到了吴大夫，她的诊室不小，窗户朝向后院，可以看见后花园，小屋干干净净，放了盆花。在我介绍了身体状况后，吴大夫给我号了脉，还看了看舌头的上下两面，我把事先写好的小纸条递给了大夫，说了我的希望。吴大夫又问了一些其他问题。

吴大夫看过病情后说，整体来说我的身体还是很好，略微有点肝阳上亢，并告诉我说可以先做做艾灸。并说她经历了好几位有类似这样情况的患者，用艾灸后都有很好的效果。于是她先给我开了 3 天的艾灸，选了包括脚底的涌泉，背部的肾俞，腹部的神阙、关元等 6 个穴位。我问吴大夫一共要做多长时间，她说一个疗程大约 30 天左右。

我第一次做艾灸，在施治艾灸的病房里并排放着五张窄床，铺着洁白的床单，每个床上面都单独挂有小抽风机，各个床之间装有拉帘可以随意隔离。一般男士在靠外面这一头，女士在里面。我躺在床上后看到护士用酒精灯的火去点着那黑色的艾条，艾条夹在四方的小木盒的夹子中，再将点燃艾灸的小盒子置放在对应的穴位上，脚底倾斜的涌泉穴还需要用布带系紧。最后护士再用薄被将我露出的身体都盖好以防受风。我问护士，这个艾条怎么是黑色的？护士告诉我，这是特制的，没有明烟，效果好。上面说的所选定的穴位分别在人体的背部和胸部，所以，每次艾灸就要做两回，先趴下灸再仰卧灸，每灸一次大约二十多分钟，前后两次艾灸再包括点艾条每次大约需半个小时。说到艾灸最初的感觉，最明显的是肚子上的艾灸似乎是把整个腹部全都热透了，特别舒服，但脚部的涌泉穴没有感觉怎么热。

护士安放好艾灸小木盒后，就告诉我如果感到烫就赶紧叫她，烫坏了就不能连续艾灸了。我想我们老年人本来感觉就不灵敏，甚至烫了也感觉不到，所以真是要特别小心。

虽然说，在艾灸上用的时间也就是半个小时左右，但我在午睡之后去医院，一去就要一下午，快的话也要 4 点半才能回到家，如果要等着排号那时间就长了，甚至到家就已经 6 点了。

做完这三次后，再去找吴大夫。我说仅三天就已经感觉出来一些效果，夜尿是减少了，过去常常是五次，仅仅经过三次艾灸昨天晚上只起来三次。三天的效果就增加了我的信心！于是吴大夫基于三天的治疗又调整了方案，增加了包括足三里一共达到 8 个穴位。

我看到在艾灸室内的墙上挂着注意事项，说身体属阴虚者不宜做艾灸。我问小贾护士为什么，小贾告诉我，对阴虚的人艾灸会更加伤阴。我想，上述这前三天应该是试灸，是试验侦察。诊治前三天效果好，表明诊治方向正确。因为中医看病要正确判断阴阳、寒热、收发，这些判断很重要，方向正确就能够取得好的效果。于是吴大夫在三天的基础上稍有调整，又开了五天的艾灸治疗。

五天开一方，我们就交五天的医疗费，做五天的艾灸。说起来，在医院做艾灸并不便宜，每一灸一次就是 10 块钱，一天 8 个灸，40 天就是 3000 余元。真是又花时间，又花钱！

三、是感冒还是跑得太累了

五天一开方，这样我又连续做了二十几次艾灸。

我们这样天天跑医院，虽然说来回坐公交车，在医院里不是躺在床上，就是坐在椅子上，为什么感觉这么累呢？那天尽管天气预报报的温度比前两天更高，却刮着大风，且是凉风，从海边刮来就感觉是凉的。我做完艾灸出来，为保暖还特意增加了一件坎肩。出得医院在那里等 12 路公交车时，还觉得风刮得这么凉飕飕的。晚上睡觉半夜醒来又一身的汗，由于胳膊露在外面，感觉冰凉冰凉的，甚至可以说是不可忍受的冰凉。第二天下午去医院之前，我想看看外面温度如何，好决定穿多少衣服。我把前面阳台的窗子打开，把头刚一伸出去，灿烂的阳光下一阵儿小风吹来，呀！怎么又这么冰凉？赶紧缩回头来。奇怪，从来也没有这么怕冷，为什么？过去半夜出汗，我还常常用大蒲扇扇呢，今天身体怎么觉得这样寒气逼人？是感冒了吗？我还不停地咳嗽，真是十分难受。

23 日做完艾灸后，我就顺便上二楼找大夫看看我的感冒。大夫听我说完症状后，用听诊器听了听我的胸部，又让我张开嘴看了看我的嗓子，说我患的是咽炎，于是开了三种中成药给我。其实我自己的感觉也只是咽炎，因为我只是嗓子有点疼，咳嗽，不发烧，也没有痰。虽然没有痰，但嗓子那里总觉得有痰似的，却咳不出来，这正是咽炎的表现。

转天下午去医院再次艾灸时，我轻轻咳嗽了一下，虽然我尽力忍住，还是让护士听到了，她立即说了一句话，可我没有完全听清，好像是说咳嗽了给你一个口罩。我听到要我戴口罩，以为是我在病房咳嗽，妨碍病房的其他患者，于是我戴上了口罩。后来听老伴告诉我，护士以为我是让艾灸的烟熏的，要我戴上口罩防烟熏。

我真想休养后不再来医院，那天是 5 月 24 日，我算了算再有两天就又是周末，接着是端午节放假，这样一共可以休息 5 天。我很高兴能够再坚持两天就可以休息了！我真该好好休息休息，不仅是感冒，还真是这些日子跑得太累呀，虽然说来回坐车，可这一下午一下午地奔波，这些年哪里这么累过？哪有这么每天紧张地跑来跑去？突然，护士跑来告诉我："黄大爷，告诉您一个好消息，我们这个周六仍旧要上班，您可以继续来医院了。"我一听，有些吃惊和茫然，我本想再熬两天就可以有一段时间休息，这样一来我还得坚持三天。我心里真是十分无奈。过去我是愿意周末白天医院也上班，我们可以连续做艾灸。回到家里，我把护士的话和我的感受告诉老伴，突然听到老伴的意外之话，她说，要不我们明天就不去了，就在家休息休息吧！我真是喜出望外。于是我们从端午节前的 25 号开始一直到节后共在家休息了七八天，不仅休息得很好，我的感冒也痊愈了。

有一次在我做完艾灸后去找吴大夫看，她说下次我的艾灸换成刮痧，并征求我的意见，我说，没问题。我说起一件事，过去在家时有一次我突然有左边的偏头疼，第一天疼得相当重，我强忍着，第二天之后好了许多，但连续好几天还总是丝丝拉拉地疼。我突然想起《养生堂》专家说过，偏头疼可以采取刮痧的办法治疗，我就自己动手刮手上的内关穴。我找了一个瓷汤匙用来刮痧，也不知是有奇效还是巧合，偏头疼就这样好啦，甚至连丝丝拉拉的微弱的疼痛也没有了。说到这里，吴大夫微微笑了说，那我们下次就改为刮痧好了。

四、刮痧

在端午节后第二天我们又去中医院，之前的艾灸就换成了刮痧。护士小贾拿出一个小包，拽出一个电源插头，接上墙上的电源。小贾告诉我说护士小王先安排一位做熏蒸的患者去了，一会儿就来。说完她把我领到屋内，找好床位。稍微等了一会儿，小王就回来了，她把我的床两边的帘子拉在一起，合围上，可能是刮痧更怕受风吧。我问刮哪里，她说，背部，并让我解开衣服趴在床上，她用了点什么液体，抹在我背上，然后拿着热乎乎的刮痧片就开始刮起痧来。看她一个瘦弱的女护士，刮起痧来这么有劲，还不断问我疼不疼。有的地方还真是很疼，告诉她后就降低了力度。我和她说，要是你们的杨大夫来刮就更糟了，膀大腰圆的男大夫那劲儿更大，她笑了笑。整个背部刮完，她就让我面对她坐起，用膝盖支撑着手腕，往两个手腕下刮内关穴。这样前后也像艾灸一样持续了二十来分钟。我想记录我第一次刮痧的结果，我就请小王用手机拍下了我背部刮痧的痕迹。刮完后，小王告诉我，不可吃油腻辛辣的东西，一天之内不可洗澡。上次因咽炎看病，那位大夫就说限制一周油腻和辛辣食物，我什么也不敢吃，好容易熬过一周，小王又下了禁令。

第二天，我们再去做了一次艾灸，所交的钱也都花完了。吴大夫也告诉我们这个疗程就到这里，下次到 6 月 28 日再来。后来从护士处得知，这一段时间来的患者较少，都等着到暑期再来，都说冬病夏治嘛！

五、做完这第一阶段的艾灸

从这第一阶段的治疗来看，效果真出乎意料。概括起来，在我身上体现有三个方面，脚部不再怕凉了，现在白天不必穿厚袜，晚上脚伸到外面不再感觉从脚心往上钻心的透凉，要知道那种情况已经持续了几乎 30 年；晚上起夜的次数也减少了，减少到仅一两回；第三就是长期的半夜一阵阵热潮，一身身出大汗，现在不再有了。过去，一出汗睡衣、被子、床单都是潮乎乎的，年复一年地不分寒暑都必须半夜扇扇子，把汗扇去才能再入睡，这也是二三十年的经历了。这几天早起时，身上没有汗，睡衣是干的，被子也是干的，几乎从来不曾感觉到的舒服！老伴十分满意地说，这钱花得值得！

看起来中医的效果真不是胡吹的，在我身上都有了体验。这些虽然不是什么大病，但西医似乎是没有办法。病不但调理好了，而且一定会有利于身体健康。谁说中医没有可重复性，而因此说中医不科学？我们的经历不也证明了可重复性嘛！但我也曾思考，这个效果能够长期维持吗？走着看吧，这还仅是第一个疗程。虽说仅是一个疗程，但一个疗程就有这么好的效果，我们决定休息一段时间后接着还做，我们很有信心。

欧洲历史上发生过几乎灭绝人类的大瘟疫，中国这么广大的土地上却没有，这不正是中医的功劳吗？

写本文的目的就是，我想通过这篇文章告诉读者，特别是告诉老年朋友，也望读者中的年轻人告诉你们的父母，北京卫视的《养生堂》节目很好，中医养生，包括艾灸养生。要关注我们的身体，关注健康！

最后还想说的是，感谢相遇的这几位穿白大褂的天使！天天给做艾灸的三位护士，一位是小贾，一位是小王，还有一位小郜。她们对工作都非常热心勤劳，你可以看到，她们在走廊中来回都是小跑，在病房中动作麻利，患者对她们有什么要求都是有求必应。病房中常听到小贾爽朗的回答声音：“好—呐”，这让我印象深刻。有时我在家里学她，“好—呐”，老伴一听就知道学的是小贾。我们感谢三位护士，感谢吴大夫，感谢这些中医院的白衣天使！

黑土地之歌

——去“五七干校”感悟

（2016年3月23日）

“文化大革命”中，学校老师都要下厂或下乡以接受“再教育”，认识工人农民，增强与工农的感情，以树立为人民服务的志愿。妻子要带小孩，不能下去，她就被分配去学校机工厂铸造车间参加劳动接触工人。我呢，没啥说的，该下就得下。于是到第三批去五七干校时就轮到了我，要下去一年。

知识分子要接受再教育，要下厂下乡。工厂我是去过好几回。在学生期间，实习是要去工厂的，那时去过沈阳皇姑屯机车车辆厂、长春第一汽车厂和鞍山钢铁公司的多个轧钢厂，每次实习时间是一个月左右。毕业到东重后，在1960年还带学生参加“四化”去过昂昂溪电机厂、齐齐哈尔糖厂。“文化大革命”中还曾下到学校机工厂几个月，操纵过伞齿轮铣床生产调直机的伞齿轮。我们学过机械工程的人掌握这复杂的伞齿轮机床并不困难，理论结合了实际。这些活动让我接触了生产实际，也接触了许多工人师傅，交了许多朋友。当然到了富拉尔基后，第一重型机器厂更是常常会去的。

我记忆里的东北农村

再说下乡去农村，我以前也下过几次乡，学生时期去过哈尔滨郊区五常，是支援秋收去拔萝卜，那时仅去了一两天。来东重后在 1960 年秋天，去过齐齐哈尔附近的查哈阳农场，帮助那里秋收收割水稻。我去的正好是朝鲜族的屯子，朝鲜族人特别勤快，他们种了一大片的水稻，朝鲜族人还特别干净，房子都刷成白色，喜穿白色衣服。那年水稻真丰收了，可是天气预报说寒潮会来得特别早，一望无际成熟的稻子眼见就要被雪盖上，于是我们东重的师生支援了查哈阳收割稻子。他们为了收割，把田里的水早已经放干，一路坐车去时，看见那田间干涸的排水沟中，白花花的都是旱死的四五寸长的小鱼，却没有人顾得上去收。那时我们就住在老乡家里，朝鲜族人特别喜爱歌舞，几乎每天晚上收工回来吃过晚饭后人们都会聚集起来，唱歌跳舞，连胡子很长的老人和五六岁的小孩也都爱跳，一边唱一边跳，真是一个能歌善舞的民族。我们在那里帮忙干了好几天。另一次下乡是在 1965 年去参加农村社教工作队，那次下乡时间本来说是一年，后来开始了“文化大革命”，只去了几个月。在齐齐哈尔九五大会之前我们就回来了。那次我去的是黑龙江呼兰县的福利大队，呼兰是黑龙江省较富裕的一个县，离哈尔滨不远。当时我们东重去的师生都是以工作队队员的身份参加的，主要任务就是查农村干部有没有贪污腐败现象，同时也注重搞好春种秋收。

上几次下乡和这次下到农村干校，这些农村生活回想起来确实很有意思，我也有很多的收获，那一段虽然个人生活劳作十分艰苦，但较深刻感性地了解了农民常年的辛苦和农村存在的问题，这也是我一辈子难忘的一段人生经历。在东北生活了 30 多年，至今我还深深怀念那些性格耿直的东北老乡，怀念那巨大厂房里的重型机器，怀念着东北的黑土地，怀念那“漫山遍野的大豆高粱”。

一、去干校

响应号召去五七干校，是一种光荣，最初第一批去的人，每个人要戴大红花，举着红旗，敲锣打鼓欢送，而且还得到特别的照顾，留在家里的妻子若原住一楼的可以调至楼上。那时社会思潮特别左，听说第一批时干校要求“出奇”的严厉，处处突出“政治”，连多吃一点咸菜都要检讨。可是一批批轮换后，要求也就越来越宽松了。

我是第三批去的，这时社会政治环境已经宽松多了。没有给戴大红花，更没有敲锣打鼓，自己拿了行李上了卡车就这样到了干校。我心里是有准备的，知道我从没干过艰苦的农活，一定会很累，但我决心要坚持下来。

干校并不太远，过了昂昂溪后还有十里路吧，经过那黄尘滚滚不停颠簸的土路，拐过弯，干校就在“绿树”丛中。那时我虽已三十五六岁了，但也算得是年轻力壮。我去干校时正值冬末尚未到早春天气，在瓦蓝的天空里，衬着朵朵白云，蓝天下广袤无垠的黑土地一望无际。那时候东北天气还是嘎嘎的冷，我是穿着我岳父的一件旧羊皮袄去的。农场有一溜长短不一的四栋平房，摆成拐把“Γ”字形，其中两栋分别住男生和女生，我们这边男生多，这栋房子五间相连，从中间进去，左右各有两间，且两两打通，屋里分南北炕，一个个挨着铺开自己的行李卷。另一栋为厨房、仓库，拐把那栋是马厩、猪圈和羊圈，干校养了好几匹马，可以套好几辆胶皮轱辘大车，院子里还养了许多鸡。拐把尽头是男女厕所。干校有不少的地，就在房子的四周。天气冷，屋里烧着火炉，用半个大汽油桶横扣着，架上烟筒，烧木材和煤，屋里还是很暖和的。

我们这些男生几十人睡在南北两个大炕上，晚上是真热闹，几位岁数大的胖胖的男生呼噜打得没个完，而且还是此起彼伏。我倒是不在乎，可有的人因此睡不着，把这边打呼噜的人推一把，他不吱声了，可那边又打起来，也真是没有办法。

我们这些“五七战士”按人的能力分做不同的工作，正好有好几位来自农村的老师，他们之中不少人种过地，就当种地打头的，会驾马车的，就被选为“车老板”，一台胶皮轱辘大车可以套好几匹马，马真听他们的话，“驾、吁……”，马听指挥拉着车就走。做饭出名的老毛被选去了炊事班，我们这些一

大鞭子一甩哟叭叭地响呀……

般的没有什么特长的人，就分别分去干大地的农活，或放羊、养猪、放牛等。

二、备耕

记得我到干校后首先干的是搓苞米、压辊子。这些都是秋天农民收成后，没有完成的活。搓苞米顾名思义就是将苞米从苞米棒上搓下来。搓苞米时大家分别围成几圈，将搓下来的苞米粒放到中间的大笸箩里。干这样的活不仅不累，还可以一边干一边唠嗑，十分热闹。压辊子这活儿，是将秋天割下的谷子在场院的硬地上铺成圆形的一圈，牵着小马拉着石头滚子转圈去压那些谷穗，将谷粒从谷穗上分离下来。

慢慢地春天到了，累的活就一个接着一个地来了。首先就是刨茬子。为了种地，需要把去年收割后在垄上留下的各种茬子，有苞米的、高粱的、小麦的等等，都要刨掉，苞米、高粱的茬子有10多厘米高，小麦、谷子的茬子要低一点。刨下的茬子收集起来用来生火，作为燃料。农村做饭烧什么？冬天就烧去年的“黍荄”，春天时就烧这些茬子。这时地里除了茬子什么也没有，一眼望去一片灰黄色。刨茬子这个活非常累，特别是对于像我这样没有参加过体力劳动的南方的城里书生，第一次这么长期地干农活。（说到这里想起来，过去也真正干过一次重体力劳动，那还是在1957年上大学时，那年哈尔滨的松花江发大水，暑假哈工大的学生留下参加抗洪，那次的劳动强度也是非常大的，主要就是扛麻袋，可那次抗洪时间短，就那么几天，吃的又是非常好，虽然累，但看到战胜了洪水，大家都非常高兴。）那时干活的方式如同农村生产队一样，所有人一字排开，一人拿一垄，打头的人在中间，他被认为是最会干活的干得也是最快的。当他喊声“开始”，一排人各自拿着锄头就开始刨地。人走在垄沟中，走一步挥动一下锄头，这一下就刨出垄上的一个茬子。东北大平原上的垄有多长呢？那真是一眼望不到头，这在南方农村是绝对没有的。在开始刨后，大家自然很快就拉开了距离，一会儿打头儿的就刨出了老远，我们这些软弱的包括岁数不小的女老师等，半拉子还不如，都被远远地甩在后面打狼。当打头儿的和干得快点的刨到了垄沟的那一头，他们就席地而坐，开始休息。可等到我们呼哧呼哧也赶到时，他们立马就站起来掉转头又开始新的一垄。我们这些干得慢的，本来就不会干，累得不行，这时没有给一点休息，怎么办？你若不跟上去那不是被落得更远吗？没有办法，咬着牙转身再拿一垄！一天下来，累得连腰都直不起来，真是腰酸背疼。即使这样，还天天咬着牙坚持，倒也是坚持下来了。

我有一个怪毛病，虽然干活时确实是不怕累，“不藏奸”，干一天的活，累了睡一觉就休息过来了。可是最让我受不了的是，一身一身地出汗，身上有汗我就受不了，黏黏糊糊，浑身不自在。于是吃完晚饭后，我一个人就在屋里的炉子上用脸盆坐上一盆水，当烧得很热后，脱了衣服擦洗，这才觉得舒服。天天干完活晚上就擦洗，可有一天，来了个学校的“工宣队员”，他见到我烧水擦洗，就“批评”我说：“你还真是没有改造好，贫下中农有谁天天洗澡？”确实如此，不仅贫下中农没有，就是我们这些“五七战士”好像也就我一人这样。他说了便说了，几个月他也来不了一回，我就照样擦我的澡。

刨完茬子后，一些人被分配去刨粪和跟车送粪，东北农村种地不是像南方用大粪，而是农家的积粪。这些粪冬天冻得硬邦邦，需要用大镐去刨。这也是一件十分累的农活。不会用镐的人，费了好大劲也刨不下来，或是每次仅仅能刨一小块下来，甚至不小心还会崩到嘴里。这就需要你能够找得准，每次都瞄准选定的那一个地方砸下去，选对了，几下下去就能够震下一大块。真是，哪里都有力学道理！刨下的粪就用大车拉到地里，一堆一堆地沿垄沟整齐地堆放好。剩下的就等种地了。

三、春耕

很快，天气一天天暖和起来，东北的天气就是这样，虽然冬天很冷、很长，可春天一到一说暖和立马就热起来，绝不慢慢腾腾，所以即使纬度很高的黑龙江，依然可以种各种农作物，甚至是特别需要日光的稻子、苞米，大家知道的著名的五常大米就生长这东北的大平原上，让黑龙江成了粮食丰收的北大仓。而相同高纬度的英国，虽然有大西洋暖流，冬天不是那么冷，但夏季温度也不高，那里就只能种小麦。这真是大自然给中国的恩惠。农村有谚语：“清明忙种麦，谷雨种大田”“过了芒种，不可强种”，种地赶农时是非常重要的。黑龙江4月初的清明节时，地上刚刚开始冒出细细的绿色小草的小芽，大地刚刚有一点生气。种地前先要做的事就是扬粪，把事先排在垄上的一堆一堆的粪肥，沿着垄长方向扬开撒均匀。种苞米是点种式，前面一人扶着马拉的犁，以翻出新的垄沟，形成一条条新的垄，后面跟着的一个人按一尺左右的距离用锄头刨坑，再后面一个人就往坑里点种，一个坑点个3～4粒种子。点完种就顺便用脚将小坑的土填平。几条垄同时种，后面再跟着一人牵着马拉着滚子，以便把种下的种子上面的浮土压实以保墒（保持水分），滚子可以同时压两条垄。种地时，远远看去，在无穷无尽的长垄上，走着一排排的点种队伍，前面是马，其后是一排人，最后还有一人一马。一般来说，此时东北大地的墒情尚好，土地下面还有潮气，种子下去不长时间，小苗就出来了，看到长得绿油油、齐刷刷的小苗心里真是高兴。

在我们第三批人去干校时，干校仍不通电，不仅没有照明，晚上还得点油灯，而且一切电器也都不能用。当然那时不比现在，也没那么多种类的电器，可是连灶坑做饭的吹风机也不能用，再说我们也还得烧炕，只能是用手拉的“风箱”。于是干校决定自己拉电，我们买来电杆电线，这里有的电工老师担任电工，剩下的就是挖坑埋电杆。于是，我这个没有什么特长的“杂工”就被分配去挖坑。由于是水泥电杆，又高又重，这坑也就要求较大，较深。现在想起来这坑大约长 1.5 米，宽 0.5 米，深将近 2 米。像这样的土方活我是不在乎的，过去干过许多，也有些经验。记得初到富拉尔基时，东重主楼的地基我们老师们也参与了开挖。我们分去几个人，一人分了几个坑。我干得很好很快，我的经验是，土方活要一层层地挖，挖完一层，要清理出底面来，清完底再继续往下挖，确实我比别人要快。我也多次在想，为什么这样的工作程序效率就高呢？不清底不也是一样一锹一锹土往外扬吗？区别在哪里？我想，首先是心理因素，这样干，效果清清楚楚，让人有成就感，使人兴奋，兴奋了就不觉得累，进度也就快。其实做任何工作都应该这样，一步一清底，收拾利索后再往前干。干这种活我还有一个优势，就是掌握了左右开弓。挖土方，挖到下面，坑已经很深了，此时要把坑里的土再扬出去，就很费力了。一般人习惯使用右手，总使用一只手时间长了也是吃不消的。我学会轮换左右手，这样坚持的时间就长了，效率也就高了。挖了几个坑后，回过头来再看，哇！真是“黑土地”，地表的黑土足有近两尺厚，再下面的土就渐渐呈黄色了。中国东北有这么一大片富饶的黑土地，让我想起歌词：

我的家
在东北松花江上，
那里有
森林煤矿，
还有那
满山遍野的大豆高粱。

……

九一八！九一八！从那个悲惨的时候

……

我爱这片黑土地，这是我的祖国的土地，“九一八”时它曾丢失过，今天决不让祖国的土地再丢失一寸。

我们干校种的作物品种还真不少，除了苞米、小麦、谷子、土豆等这些大田作物外，还种了香瓜、茄子、西红柿等瓜果蔬菜。我们还养了马、猪、羊、鸡等。这样，我们就什么农活都要干，也干得不错，这里的大学老师们个个改造得都像老农，什么农活拿起来都会干了，还都个个晒得面部红里带黑，身体强健。

到差不多苗出齐的时候，就要开始铲地了，此时东北的雨水还很少，铲地除了是锄去垄上的杂草外，还要去除每一眼中多余的小苗，也要给小苗培上点松土，以保持墒情。

四、夏天的铲地

农活中除了割地外还有铲地，铲地是最累的活，甚至比割地更累。割地是割一垄少一垄，而铲地是要反复来回地铲好几遍。铲地这活儿的干法与前面说的刨茬子一样，都得跟着打头儿的赛跑。刨茬子和铲地都是用锄头，刨茬子只需一锄砍下去，砍准了就能够从土中把茬子刨出来。而铲地用的是一种轻一点的锄头，要在垄上苗间左右灵活地穿梭，动作像“搂”，要“搂”去点种时多余的苗，不仅要仔细留下最壮的苗，还要小心不要伤了苗，还有连垄沟也要铲到，整个松土，这么复杂的活干起来就更加费力了。说到这里，想起一件事来觉得好笑。当时，我突然有个想法，这个活儿是顺着垄沟向前，可是锄头铲地却是向回拉。若我倒过来走，即倒着沿垄沟向前，此时锄头铲地就正是沿着前行的方向，这岂不是会省力？于是我真试了试。不行，觉得别扭而放弃了。铲地时更能看出来，快的快，慢的慢。再说铲地，至少也得三遍吧。这时天气慢慢热起来，别看东北天气暖和得晚，但暖和的速度却很快，无霜期就这么多天，很快天气就热了。在这样的天气下晒着大太阳铲地，这活干得浑身是汗，一边忙着铲地，一边还得忙着擦汗。这时才体会到：

锄禾日当午，
汗滴禾下土。

谁知盘中餐，
粒粒皆辛苦。

我们戴眼镜的老师可就更麻烦了，连镜片上也沾满汗水，模糊了视线什么也看不清，看不清就会伤到苗，好心疼！要擦拭镜片，可手也是脏的，都是土，怎么擦？擦得镜片上是一道道的泥印，就更看不清了。再加上腰酸背疼，直不起腰，这真如大家所说，铲地就像要扒去一层皮。大家咬紧牙关，坚持坚持！这不仅是锻炼，更是考验。刚刚铲完一遍，小草又出来了，便再铲一遍。随着铲地遍数的增加，眼瞅着小苗越长越高，越长越壮。小苗齐腰高了，叶子宽宽的，挡住了上面的太阳，垄下都晒不到太阳了。

一般铲完三遍后，最后的铲地只是“拿大草”，不再是沿整条垄铲，而是沿着垄走，哪里有以前漏下的长得很高的草，拿掉就是，叫拿大草。这时在已经封顶的垄沟中，小草是长不起来的，拿掉大草就完事。

铲完地，夏天的主要农活就完了，农家称“挂锄”。盛夏将尽时挂锄了，挂锄是皆大欢喜的，终于可以好好地休息一段时间了。

挂锄后，农活不多，于是干校分批地放了几天的假。这好像是我去干校后唯一的一次休假回家。劳累辛苦了半年，好不容易有一次休假，当回家看到妻子、孩子时自然非常高兴。妻子见了我，上下打量着我，问这问那，这么些日子在外劳累，黑了吗？瘦了吗？毫无疑问，我是又黑又瘦。她抱怨地和我说，×× 大夫告诉她，说黄真太实在，在那里干活太卖命了，告诉他要小心，不要让旧病复发呀！我说，不会的，虽然说有些累，但我还是能够承受的，不会得病。

暑期，富拉尔基下了几场大雨，畅快淋漓，将我在干校长期劳动后的疲劳，里里外外地洗涤了个干干净净。在家里妻子又净给做好吃的。当我们再返回干校时，许多路段遭了水淹，绕了好远的路才回到了干校。

五、挂锄

再回到干校时，院里养的小鸡长大了，猪养肥了，西红柿开始挂红了，香瓜也慢慢带上黄色……由于干校是自给自足，收获这么大，自己种的养的吃点没关系。近半年的少菜几乎无肉的生活好不容易地熬了过来，于是杀猪宰羊，再来个“百鸡宴”。老毛会做饭，鸡的数目是不是过百不见得，但光“熘鸡肠子杂碎”一桌就有一碗，吃得让大家把半年流的汗受的累都忘了。这样的生活在此之前的两批去干校的人看来，是不可想象的。

青纱帐起来，有一人多高，苞米杆上的小苞米穗一天天长大，慢慢长成了青苞米。于是干校多了一项任务，就是“看青”，每日要派人轮流流动地去巡查。一天领导通知我，该我去巡查了。好吧，现在本没有什么活，巡查苞米也不累，还可以在地头烤苞米，这是前任巡查告诉我的。于是我拿了一根棍子，带上他给我的火柴就开始巡视。苞米地是一大块一大块的，但没有整个连成整块，巡视起来，就得到处走走看看。

这时大地上全是各种各样的庄稼，一片绿油油的，有高有低。你看这黑土地长出多么壮实的庄稼，东北这黑土地是多么有劲呀！田间小道旁也长满各种小草，开着不同颜色的小花。微风轻拂，不仅凉爽，还可以听到庄稼叶子让风吹得相互摩擦发出的沙沙声……那些日子夏末初秋的晨光，尽让人陶醉，写到这里让我想起了很早的一首歌曲：

多有劲的黑土地

……
新放的花儿远飘香，
牧羊女低声在歌唱，
大地上，晨光正好，
风景美丽，阳光温煦，
……
微风吹，野花香，
我们的心儿早已陶醉了，
陶醉了，陶醉了，
陶醉在这自然的怀抱
……

蓝天白云下的黑土地

我提着棍子转了几圈后，什么也没看见，是呀，在这大地上，哪来的闲人？我再也忍不住了，找到一处“十字路口”坐下。这里视野也好，仍可以观察到多个地方。我走进地里，掰了两穗合适的大青苞米，再回到路口，找了点儿干草小枯枝什么的拢成堆，坐下，掏出火柴点着火，不等苞米烤好，其清香的味道已经飘然而出。余火中拿出烤得半焦的苞米，用手抹去并不脏的白灰，啃了起来，火烤的苞米，真香……

到了下午收工时节，站起来，拿起棍子，拍拍屁股，再踩了踩烧过苞米的白灰，张望一下四周什么动静也没有，于是乎，今天的工作完成，往家走。这时干各种农活的人也陆续从四面八方回来。大家纷纷都朝一个地块里走去，那就是香瓜地。这时香瓜开始香了，外皮的颜色也由青转为淡黄，可以吃了。大家先后来到香瓜地，顺着垄沟选择看中的瓜。因为瓜已成熟，抓住瓜轻轻一拧，瓜熟蒂落。结在地面的瓜，着地的一面自然有一些泥土，这怕什么？顺手在裤子上衬衣上蹭蹭就算是干净了。再用手掌轻轻一砸，香瓜裂开，就手将籽儿甩掉，香甜脆的瓜就可以吃到嘴里了。干校地里最甜的香瓜就是“白糖罐”，白色的，个儿不大，真是非常好吃。在干校我也学会了挑瓜，那种香味大、皮发黄、后屁股凹向内的是好瓜。就这样每天干完活就去地里吃瓜，前后能吃半个月吧。

下午五点收工回来，在屋里洗完澡，换了衣服，太阳也下山了，到吃晚饭还有一段时间，大家纷纷走出屋，在场院里乘凉。远出的大车也陆续回来，他们把马卸了套，也稍微让它们溜达溜达，散散腿，让它们在地上打打滚，地上卷起了阵阵尘土。完了就把马就拴在场院的柱子上。在农村干校，饲养的家畜种类也多，早上赶着羊群出圈，羊群挤着往外跑，干校也养了老母猪，老母猪一下崽就是一大窝，这就还得有人每天去放猪。

六、秋收

很快就到了秋收季节，这是农村中最高兴也是最忙碌的季节。一眼望去，一片片金黄色的庄稼，那一年又赶上是个风调雨顺的丰收年，最大的工作量是割谷子，收苞米。我早就听说了，一年四季中，秋收是最累的，特别是割谷子，腰弯得要深，对此我思想上也早有准备。收割都是要用镰刀，用镰刀就先要学如何磨镰刀，有经验的老师就会先教大家磨镰刀。

我心想我会磨，因为在“文化大革命”时，很长时期没有事，我学着做木工活，自己打过大立柜、写字台、衣箱等。连精准的木工工具也都是自己做的，从五金商店买来锯条自己做锯，要求最高的大刨子、小刨子也都是自己做的。木工活首先也是要学会磨刀，第一个就是磨刨刀，对刨刀的要求是很高的，刨刀快，刨木头才能光洁、高效，还有磨釗子。

收割开始，割谷子时最要小心的是舞弄的镰刀。因为割谷子的动作是往里搂的手法，一定要注意不要搂到自己的小腿。割谷子时还要学会打“要子”，随时用要子把割下来的谷子捆起来。为打要子要抓起一小把谷子先把谷穗这头拧在一起，将另一头分成两股，两股撑开后，用两头搂上一大抱谷子，将要子两端再拧在一起，这就成为结结实实的一捆。说是这么说，打起捆来，差别就看出来了，新手学了好长时间也捆不紧，捆不紧是不行的，不紧就得重新捆。这还真是技术活。割谷子包括打要子还是很需要技术的，你看吧，当人沿垄一字排开，打头儿的一声令下，大家开始割地，可不一会儿，快慢就拉开了。后面的又忙又累，越落越远，天气又热，更是满头大汗。

但是割地让人欣慰的是，不像铲地，铲完一遍又一遍，没完没了。而割地却是割一垄就少一垄，绝不重复，累了回头看看总是会感到有成就感。

割苞米就好一些，它不像谷子是连续的，密密麻麻，苞米是离散的，且茬子可以高许多，让腰弯得也少许多，这样割起来也不会像割麦子、谷子那样容易腰疼。割苞米时只要把苞米“秸秆”割下，秸秆上的苞米棒子并不是同时掰下。这样割苞米速度就能够快许多，也不是那么累了，而且到现在已经在农村干了那么多农活，有了一定的锻炼，体力也当然有所增加。很快就把地割完了，高高兴兴地完成了秋收的任务。随着秋收的完成，大地又变成一片黄色，垄上只剩下各种茬子，大地又呈光秃秃的景色了。

不论是割谷子还是割苞米，干校的一台台胶皮轱辘大车全部出动，一车一车地把收获的庄稼拉回来，在场院里再码上一个个大垛。一个垛差不多都有2～3米高，直径也近3米吧。垛的下面垫上东西用以防水，垛的上面码成尖的，方便雨水流下不至于渗透到垛的里面。农活中真有许多科学道理。

收获后

七、冬藏

这时地里已经没有什么庄稼了，该收的都收回来了。天气也慢慢凉了，干校的几间屋在晚上也开始要生炉子烤火了。这时的农活就是压场子，把割下的谷子铺在场院，用马拉着石头辊子压，一个人领着马绕圈，这样可以将谷粒压下来，再经过扬场，经风吹去谷堆中的杂草，慢慢粮食就呈现出来。麦子也是如此脱粒。

还有的人就在屋里一堆一堆凑在一起，搓苞米，将苞米粒从苞米棒子上搓下来。这个活最好，大家就像没事一样，坐在一起一边干活一边唠嗑。这样时间也就很快过去，大家还很高兴。

富拉尔基的冬天温度会降到零下30来度，滴水成冰。为了采暖，干校还需要打些柴火。于是我们几个人被安排随大车找地方打柴火。为了多拉柴火，大车临时用长木杆搭框架以增大大车乘载的面积，长宽3米见方，这样车上就可以并排装载两排长的苇子。我们坐在大车上，车老板坐在左辕边，“驾，吁……”，三匹马拉着车小跑起来。走了相当远的路，当我们找到一块荒山草地，大家下车来，取下带来的镰刀，还有我第一次见到的“搧刀”。地面崎岖不平处用镰刀，大面积平坦处可用搧刀。镰刀我用过多次，过去割地，割麦子、谷子都用镰刀。这次我提出把搧刀给我，让我试试。我自认为学习能力很强，什么动作如滑冰、干活、挖土方一学就会，我很有信心。果然，这搧刀真好，效率高，抡起搧刀，一挥就是一个大弧面，当然事先要把搧刀磨好磨快。抡搧刀要使用人腰部的力量，这个活我干得还很好，也不觉得累。特别是如果找到苇子地，抡起大搧刀，苇子成片倒下，成就感还是很高的。割完后，苇子也要打捆，打捆的要子也是用苇子做，但先要将苇子沿长方向踩扁让它有一点韧性才能用。将一捆捆苇子码在车上，由于底面积加大，自然码得也高，装满可以有 2 米多高吧。当用绳子再把车捆好后，我们跟车的就爬到苇子上面，那真是高高在上呀。这么坐车还是第一回，真有意思。

打了几天旱地后，一天，车老板驾车来到一个地方，老远就看到有一大片苇子，我们挺高兴，当车走近一看，这些苇子却是长在水塘里。正疑惑怎么在水塘里割苇子，再仔细一看，哇！水塘完全封冻了，苇子冻在冰面上，冰面平整得就像面镜子。下得车来，车老板卸下来的不是搧刀，而是“大推刀”。推刀我也是第一次看到，其下面是横挂着的有 2 尺多长的矩形大刀片，刀片上用木棍固定并打个“井”字形，“井”字形的上横梁就是作为推刀的推把。确实，在冰冻的湖面上，推刀应该是最好用的。我拽了一把推刀，一跐一溜地走上了冰面，两手把住推刀的上部横梁，沿着光滑的冰面朝着苇子就往前推，苇子刷刷地纷纷向两边倒下，一推就是一大片，好痛快。一次，在苇塘打苇子时，突然发现苇塘中站着一只大鸟，看着我们从远处走近它还不起飞，奇怪！再往前走，原来它动不了了，它的脚被冰冻住了，也不知冻了多长时间，已经死了，站着死的，怪可怜！车老板认识这种鸟，说它叫大鸨。于是我们带了回家，做了一顿大餐。

时间真是很快，下乡一年的时间到了，我们这第三批下干校的人都到期了，完成了任务，返回学校。回顾去干校下乡这一年的收获还是蛮大的，虽然这次去五七干校基本没有接触到农民，但农民的辛苦劳作我都经历体验了，深感要了解农民，不了解农民的辛苦劳作是体会不到的，我经历了这个考验，接受了这个锻炼，我爱东北的老百姓，爱这片东北的黑土地！

给彤彤的两封家书

（写给因玩网棍球时受伤在家养病的外孙，请他母亲转给他）

（2014 年 5 月 18 日）

一、第一封信

亲爱的彤彤：

你好！最近感觉到身体好一些了吗？得知你因玩球受伤得脑震荡在家养病，姥姥、姥爷十分惦记。你是我们非常喜欢的外孙，关于你的许多事不仅是从你妈那儿听到，也包括我们自己看到感觉到的。

你记得吗？那年大概你是高一，我们到你家，看见你正在玩结绳，我就想起当年在初一当童子军时你学会的“瓶口结”，那确实是一个十分复杂的绳结，我教了你两遍后，开始你打不好，直到你又重复做对了一次，我们才去午睡了。可是等我们午觉回来，我看到你还在客厅的沙发上摆弄绳结，并表演给我和你姥姥看你是如何熟练地打上“瓶口结”。太让我们吃惊了，多么认真的孩子！多么顽强的孩子！有这种认真和顽强的精神还会有什么困难能够难倒我们的大外孙呢？一个人有这种精神，这是人生最宝贵的财富。人生的旅途是一个十分漫长的过程，会有许多顺利的时候，也会有许多不顺利的时候，会有许多困难曲折考验你，有了这种顽强不屈的精神，才能克服各种困难到达成功的彼岸。

我们也看到你很会和人沟通，社会交际能力很强。当你家还住在爱迪生市时，你也就四五岁吧，家对面的美国老爷爷一回来你就找上门去问这问那，那个老爷爷也很喜欢你；还有，你 7 岁来秦皇岛，那次带你去海边玩，在海边玩沙子时，你结交了一位中国小朋友，那位小朋友的妈妈还请你到他们家去做客。交际能力强也是一个很好的特长。

我们还常常听到你妈告诉我们你的各方面情况，她说，你学习努力，成绩好，还获得了由奥巴马签发的优秀学生总统奖（U.S. President' s Education Award）（见附注1）。

美国总统教育奖

你自学能力很强，从小就爱看书，总从图书馆去借，看过许许多多的书，这样让你的知识面很宽。你妈告诉我们，说你英文（不是英语）很好，在学校英语考试也取得了极好的成绩。特别是你还得到过你妈常去的那个教堂的大牧师的称赞，说你是他这么些年来，见到的对英文中的疑难字意义讲解得最正确的一个人。当你妈告诉我这件事时，我是十分吃惊，还怀疑，我想，你仅是一个第二代移民，家中父母还都常说中文，你怎么能够比美国本地的小孩英文能力还好呢？你妈说那就是看书看得多的缘故，你比他们看得都多。我信服了。你妈还告诉我你看书的能力强，像厚厚的一本《哈里·波特》的书，你一两天就看完了。真是不可思议！你一定是能够“一目十行”。是的，在那次养病期间，我看到了你一本本地看书。

此外，你爱体育，爱跑步、游泳，身体也很好；你喜欢画画，画得也很好；你喜爱音乐，唱歌唱得很好。我们从你老姨给我们的你获得老鹰的会议录像上，清楚地听到你深沉浑厚的男低音，真是有如磁铁一样有吸引力。这些都是你的优势。你这些艺术方面的素养是很有用的。

这里顺便告诉你一点，你姥爷的母亲（你的曾祖母）就是学美术的，是中国早年杭州美术学院毕业的，曾在中学当美术老师。所以我们家有好几大本的世界名画，这些可能对我也有所影响，让我有了一点艺术基因吧。这个艺术基因对我的研究却有了巨大的帮助，姥爷在学术上取得的成绩绝对是与艺术或说是形象思维能力有关。创新思维包括逻辑思维和形象思维，形象思维在获取创新意念上有重要作用，有人画了一个人像，画的是一个人头，他的右半张脸是大师爱因斯坦，而左半张脸却是美丽的蒙娜丽莎。这真是奇妙地表示了抽象思维与形象思维的互相结合。希望你能够把你已有的这两种思维能力结合起来。

爱因斯坦和蒙娜丽莎

整体来看，你在你妈妈和学校的培养下，得到了优质的教育，已经打下了良好的基础，接受了很好的中学教育。我想在这个基础上你已经有了很好的条件往更高处、向更高水平发展。

这次受伤在家养病，荒废了半年多的宝贵时间，这事影响了你的升学，你最向往的学校去不了了。说到这里顺便也告诉你一个例子。我有一位博士生，他就是燕山大学的本科生读的博士，据他说他原来考大学时报考的是中国顶尖的学校——清华，分数差一点点没能够被录取，他就来到了燕大。大学毕业时他学习成绩很好，留下来继续考了燕大的研究生，一直跟着我。做硕士研究生时我就发现他很有创新能力，就让他连续攻博。果然，他博士论文做得也很出色，还获得了德国授予的著名的洪堡奖学金，然后去德国留学，在德国又获得一个德国的博士学位。现在看来他考大学时虽然没有考上最好的大学，但在燕大他做的博士研究工作绝不低于那些好大学的优秀博士。读燕大并没有埋没他的才能。我想读博士关键是要找一位好的导师，一位真正在向上发展的导师。所以，你现在上什么大学，并不是决定一切的因素，后面还有许多机会，许多希望在等着你。

为此，我认为无论如何你一定要不间断地接受高等教育，就是要连续地上学。当间断了学习，再抓起来总是会有损失。当然有的人不得不间断，他们也可以补救，那就是工作几年后再去学习，那是没有办法的办法。

现在录取你的学校并不是美国一流的顶尖学校，虽然如此，并不见得就决定了你的前途。学校是一个平台，有了这个平台，你可以学到基本的课程，应该说不同大学里的这些基本课程是大同小异的，你应该努力把这些课程学好。同时这四年大学期间，你可以努力通过自学深入你喜爱的学科，多多读书，按你的自学能力可以很快提高自己；在深入学习的同时，你还可以和喜欢和尊敬的教授联系、请教；大学毕业，你一定要再进一步提高，要去考研究生，就找你喜欢的学科方向，并投师于你联系过的教授，你这样就可能进一步让你自己以后如鸿鹄高翔在科学研究的天空，去寻找你所追求的梦想！

我想起你小时候特别喜欢养鱼，你曾想过学海洋生物学，当时我们是不同意的。现在我觉得只要你感兴趣，完全可以去学。在中国有一位从美国普林斯顿大学回来的年轻人，在普林斯顿大学他已经是一位出名的教授，研究生物学，它是从细胞的角度研究生物学，在普林斯顿已经取得很好的成绩，他是从中国去美国学习的，他回国也刚有六七年吧，今年他获得了瑞典的一项大奖，下面是有关的新闻报道：

“在北京时间 3 月 31 日的晚上 11 点，在斯德哥尔摩音乐厅举办的瑞典皇家科学院的颁奖典礼上，清华大学的施一公教授荣获了 2014 年的爱明诺夫奖。此次奖项的颁发，也是为了奖励施一公过去 15 年运用 X 射线晶体学在细胞凋亡研究领域作出的杰出贡献。”

他研究细胞如何死亡的道理，这真是一个十分有意思的研究领域，而且还特别有应用的意义，在这个理论基础上，可以研究防癌的新药，研究如何防止老年痴呆等等，如果你对这个方向有兴趣，真可以向这个方向发展。我们也建议你向这个方向发展。

你妈妈会尽可能给你创造条件，但路还是得你自己走，希望你飞得高，走得远。即使最后没有达到妈妈和我们现在想象的那么高的目标，那时我们也不会后悔的，因为你努力了。

彤彤，姥爷的这些意见仅仅是供你参考，你可以好好想想，拿定主意。

最后，姥姥、姥爷祝你前途无量！

姥姥、姥爷

2014 年 4 月 12 日于秦皇岛

二、第二封信

彤彤：

你好！我听你妈妈向我们介绍了你最近大致的情况，知道你身体有所好转，我们十分欣慰。从上次你因为打球而受伤起，我们就特别担心，我们知道你本来可以考得很好的课程，没有考好，本来可以进入很好的学校，没有成功，长期以来你得到学校和同学的赞扬，现在可能你失去了他们的赞扬。这些都必然造成你心理巨大的压力。特别是现在同学们都正在兴高采烈地在准备他们的行程，奔赴他们向往的大学，他们在相互举杯祝贺、相互庆祝。可能这时你却只能默默待在家里，与学校中热闹的场面隔绝……所有这些都降临在你面前，这种情况下你的心里能平静吗？你年轻稚嫩的肩膀能承受如此巨大的压力吗？你曾经承受过这样大的压力吗？我们的大外孙！我们真是为你担心，不知你怎样挺过这个难关，不知你怎样去克服巨大的心理障碍！

彤彤，这个问题其实还应该这样来看，所有这些问题的根本是你那次受伤引起的，在那一段不短的时间里你不能上课，也不能复习功课，在那关键的时间，你躺在床上，这些自然影响到你的考试成绩，这是难以避免的。成绩考得不好是可以理解的。所以这完全不是你的过失，不是你不努力，你没有责任。

彤彤，姥爷、姥姥都是老师，从老师的角度我这样想，你的校长，你的老师他们都不会忘记你，相反，我认为他们都在惦记着你，心里最惦记的人是你，老师最惦记的人是最困难的学生，只是他们现在还没有精力顾及你，他们一定期盼他们的好学生能够克服困难，东山再起。如果当他们有一天听到彤彤再次站起来了，不论是做出了任何成绩，他们定会在第一时间一起来向你祝贺，你的同学都会来向你祝贺！我是老师，我能体会到这一点。

虽然你自己没有责任，但是你面临着这个问题，面临考验，考验你能否克服这个困难，能否再次站立起来。这里姥爷送你一首中国的诗词：

西风烈，
长空雁叫霜晨月。
霜晨月，
马蹄声碎，喇叭声咽。
雄关漫道真如铁，
而今迈步从头越。
从头越，
苍山如海，残阳如血。

受伤，经过一段时间的疗养是可以恢复的，你也正在逐渐地完全恢复健康。你的学习能力也是可以恢复的，差的课程可以补回来，所以上述这些存在的问题都不是长期的，都不是决定性的，而都是暂时的，只是时间的问题。最本质的决定性的问题，是你长期表现出的学习能力、学习的效果和成绩、你的社会交际能力、你的音乐美术体育以及为社会服务的精神等这些更全面的综合能力。这些是抹不掉的，何况你还获得了奥巴马签字的奖状呀，这光荣的历史能够抹杀得了吗？

这么分析看，你完全用不着灰心和丧气，你的本钱都还在嘛！一点也没有丢掉，只是短期的时间问题。只要拿出勇气，再给自己足够的时间，你一定可以再次追上去的，姥姥、姥爷对你都有这个信心。“从哪里摔倒，就从哪里爬起来”，许多人都是这样，在逆境中重生的人，大有人在。你要向他们学习，他们都是你的榜样。孩子，要学会坚强，坚强是一个人最重要的品质。人生一辈子会经历许多逆境、挫折、磨难，只有不怕艰难，不怕挫折，能够奋勇前进的人才能成功。孩子，你年轻，可塑性强，这些困难和挫折虽是坏事，但是如果在这时候能够锻炼你的坚强品质，锻炼你无坚不摧的精神，却是一件益事。

到你再次取得好成绩的时候，学校必定会对你表示更大的祝贺，你的同学必定也会表示热烈的祝贺，而我们更是第一个向你祝贺的人。因为你的成功是在克服了巨大的困难后获得的，那更是不容易的。而有的人，这次他虽然成功，但他忘记继续努力，那他也会失败。当然，我们不希望你的同学们有人失败，但是，这么多人中间也难免有这样的人，所以要看到底是谁能够笑到最后！克雷洛夫寓言中说：“老鹰有时比鸡飞得低，但鸡绝没有老鹰飞得高。”所以，你现在上什么大学，并不是决定一切的，后面还有许多机会，许多希望。

彤彤，现在你的压力太大，我建议你全面地放松一下，爱玩游戏机，就好好玩玩，爱跑步，就出去慢慢跑跑，想到姥姥、姥爷这里来看看，你就早点飞来，姥姥、姥爷拥抱你。总之你要好好放松一下。中国人有一句古话叫“文武之道一张一弛也”，你真可以用一段时间好好放松放松。但是要注意，要保护好身体，健康体魄是做任何事情的本钱，一定要有棒棒的身体。

好了，说了这么多，以后再谈。

时刻关爱你的

姥姥、姥爷

2014 年 5 月 17 日夜

以上是昨天晚上写的，当我躺在床上后突然想起你妈妈曾和我说，你现在还面临最后的考试，她特别希望你能够考出好一点的成绩来。这一点确实对你是重要的，有了这个好成绩，你的起点就可以更高一些。这样说来，你还不能马上就放松下来。如果可能的话，你要努力再努力，要再咬紧牙关，努力克服各种困难，不要管别人怎么看你、说你，争取好的成绩才是最重要的。

但是，退一步说，如果你实在是做不到这一点，这也没有关系，“天无绝人之路”，以后还是大有机会的。等我们自己调整好了，再认真起步，也是能够“重头越”的。

又及，2014 年 5 月 18 日晨

附注 1：由于彤彤在大学一年级继续保持成绩优异，和考虑到彤彤过去历年在中学的优秀表现，二年级时常青藤康奈尔大学接受了他，允许他转学入读康奈尔。

附注 2：我看到的新闻：2018 年美国总统学者奖公布 28 名华裔学生获奖

中新网 5 月 9 日电　据美国《世界日报》报道，美国联邦教育部当地时间 8 日公布第 54 届总统学者奖（U. S. Presidential Scholar Award）161 名得主，这个全美高中生最高荣誉，今年有 28 名华裔学生获得，约占 17%，其中有 4 人是艺术类得奖，其中包括俄亥俄州女高音同时也是网球高手的娜塔莉•朱（Natalie Choo）。

今秋将升入哈佛大学就读的娜塔莉将于 6 月 25 日和所有得奖人一起到华府受奖，并与其他 19 位艺术类得主在肯尼迪中心舞台展现才华。

“总统学者奖”1964 年由时任美国总统约翰逊（Lyndon Baines Johnson）颁布命令而设立，用以选拔和表扬美国最杰出的应届高中毕业生。

该奖成立至今已有超过 6500 名学生获奖。此奖由美国总统任命“白宫总统学者委员会”（The White House Commission on Presidential Scholars）根据入围学生的学术或艺术成就评选，从 2015 年起增设技职类。

美国教育部长狄弗斯（Betsy DeVos）肯定得奖者的成就时称，他们鞭策自己登峰造极，这种驱策力将继续陪伴他们的学习之旅。狄弗斯也感谢得奖学生的家长、教师及所有培育这群年轻人的导师。

责任编辑：许丹榕

我们的老年生活快乐幸福

（2013 年 3 月 24 日）

我们也到了老年，我们能够“理性”地安排好退休后的老年生活。我希望中国的老人都能够快快乐乐地走完人生。为此撰写本文介绍我们的老年生活。

我们夫妇也都七八十岁了，现在也在过退休生活，一生养育了两个孩子，孩子也都不在身边，属于空巢家庭，我们的生活怎样？我们的退休生活很愉快，很阳光。我们的退休生活可以用 30 个字来概括：

在孙中山纪念碑花园里

读书，思考，写作
快步，体操，哑铃
按穴，体检，就医
奶肉，果蔬，五谷
国事，助人，余热

第一行的六个字：“读书，思考，写作”，这已经是现在我每天必做的事。“读书”不仅是看书本，还包括看电视，上网看国内外新闻、军事、历史、地理，以及养生等等。我有一个习惯，读到好的、有意思的段落，有启发或每有“会意”（《五柳先生传》用词）之处，我就摘录下来。数年来我用电脑积累了不下700页的“读书笔记”。当我有什么感悟，我就动笔写些东西，我称之为“随想录”。写出的“随想录”中也有大块的文章，多的超过1.5万字。一些感悟成文后也公开发表过，或者有机会时还用它们作过各种场合的演讲，包括在校内给本科生，给研究生和年轻老师；也多次在外校作过演讲。这些演讲每次都很受欢迎。

红色旋律讲座

上图是我80岁时为燕山大学的“红色旋律”所作的《为什么中国培养不出高端人才》的演讲。你看，会场前后、过道都站满了人，门外也站着人。我的随想录中包括有经过较深入思考写出的具有较高哲理的大块文章，如“形象思维与科技创新”“论思考”“为什么中国培养不出高端人才”等；有我过去有意思的经历，如“我的大学时代”“在担任行政工作中体现人生价值”“五七干校”；还有关于读书有感，如“由卡扎菲之死想起”“游本昌的济公”“屠呦呦获诺奖对中医的意义有多大”；再就是生活中有趣的小事，如“拍黄瓜”“市场里的烂苹果”等。随想录嘛，自己高兴写什么就写什么，写作是一件十分愉快的事。日复一日地因写作活动脑筋，这也减少了得老年痴呆的概率。现在我已将我早先写的一些关于教学、科研的文章整理成册，送出版社，成为“随想录”的第一集，已经面世。除了比较正规的“随想录”外，我还经常在看网上新闻、报道、评论时，随时写下自己的“评语”并成功提交。

“读书，思考，写作”让我保持头脑清醒，思维敏捷，特别是还让我远离老年痴呆。

第二行的六个字：“快步，体操，哑铃”，其内涵是指退休后的身心锻炼。包括适当的国内外旅游，所谓读万卷书，行万里路，遍访名胜古迹，开阔眼界，体验对历史地理文化的探索，感受自然、欣赏风景，愉悦心情、听鸟叫虫鸣。退休后，在身体尚好时多出去旅游，弥补过去上班忙碌时之所不能，学会享受生活。再说体育锻炼，当我还是学生时，我是很爱运动的，无论是篮球还是足球，我都是打后卫。我打后卫是因为我特有“眼力见儿”，我可以及早判断出对方想向哪里传球，我就提前行动，往往能够截住对方的传球。毕业后因为工作繁忙就再也没有玩过球。记得有一次，我去女儿家，她家门口有一个篮球架，下班后我常和女婿玩玩球。一次去玩球时，也想再表演一个三步上篮。没想到一跑起来我立马就感到不好，要摔倒，心想：“可不要骨折呀！”我就劲来个前滚翻，还真没摔坏！这次摔跤使我思考，过去三步上篮那算个啥，那不就是手拿把掐吗？今天怎么就摔了？原来头脑中上篮的动作、“程序”，看来是早已深深被印记，要上篮就要以多快的速度，身体要前倾多少角度，这些都已固化在我的记忆中。而数十年的不运动，运动起来还是提取老程序，想做那么规范的动作，可腿脚却跟不上，这跟不上于是就摔了，人已经老了自己却不知道，这是很危险的。

现在我们都是老年人，每天要有运动量，但又不能够过大，不能过强。大夫告诉我们，最好的运动就是“快走”，快走既运动了，但又不发生急促的呼吸，呼吸能保持顺畅，保持了充分的吸氧，这就叫作“有氧运动”。运动量过大，呼吸急促，氧气供应不畅，对老年人不好。所以对我们来说，快走最好。但我还不能够多走，因为我的膝关节不好，半月板磨损了，膝关节不好却也不能不走，但确实还不能多走。所以每天在校园中孙中山塑像那小圈里保持走 6 圈，只 6 圈，不多不少。那里环境好，处于树丛松、柏、柳之中，一群群黑白喜鹊和珍贵的灰蓝鹊来回飞舞，它们是燕大校园里的住客，园中偶尔还可以看到外来的红的、绿的、花的小鸟，清脆鸣叫太招人喜爱！小路平坦又安全，没有车马行人，阳光又好，这里是许多老年人喜欢去的地方。我的膝关节不好，曾经上下楼都很困难，当时，曾经想换电梯房。俗话说："树老根先枯，人老腿先衰。"难道我真的开始衰老了吗？大夫告诉我，可以锻炼大腿的"股四头肌"，肌肉强了可以保护膝关节，有助于关节去承受力量。我才知道这个道理，于是每天就坐在沙发上，做十分简单的抬腿动作，抬腿时，脚尖要往回收，以使股四头肌受力。这个抬腿动作并不伤害膝关节。练股四头肌后我实实在在感受到获益，增强了我腿部关节的力量，其后这几年来我上楼一点儿也不难受、不疼、不再费力了。我考虑到上述两种运动都仅是锻炼腿部肌肉，而上肢却没有得到锻炼，于是我买了一对最轻的5磅小哑铃，自编一套哑铃操，每天操练。通过看《养生堂》得知，人什么时候开始体育锻炼都不算晚，人到老年依然可以重新开始锻炼肌肉，肌肉强健可以保护关节。除了锻炼大腿肌肉外，为了保护腰椎、颈椎、髋关节这三个易于出问题的地方，我还有意锻炼对应这三部分的肌肉。

这样下来一天我总有不少于45分钟的锻炼时间，足够了。到了老年，体育锻炼十分重要，除了上面所说的，还有很重要的一方面，岁数大了，肚子会大，肚子大什么病都会找你。足够的锻炼可以消耗过多的能量，可以减肥，这样自然就不会血脂过高，血糖过高。但任何事情都是一分为二的，体育锻炼一定不能强度过大，我们知道老年人打个大喷嚏或者便秘用劲过大都可能出危险，因老年人血管常会发生粥样硬化，中医称为血瘀，运动强度过大血压升高会使血瘀斑块脱落，这是非常危险的情况，会造成心脑血栓。

我采取这样的体育锻炼，感觉精神振奋，体力充沛。

第三行的那六个字"按穴，体检，就医"。这六个字可真体现了有中国特色的养生之道。所谓中国特色，就充分体现在利用中医的养生哲学，这里选了三个人体的穴位，以肾俞、泉涌、内关为代表，表示我们关注包括中医穴位按摩这样的养生方法。我坚持每天按时收看北京卫视的《养生堂》节目（还有CCTV 10的《健康之路》也非常好），已经持续了快两年了。过去上班的时候哪有闲心收看这类节目，退休了，不忙了，听朋友介绍，我也看起养生节目。越看越觉得好，觉得有收获、有帮助，也就养成天天看的习惯，确实也从中学到了不少的养生知识。《养生堂》节目也安排得很好，有西医大夫，有中医大夫，而且他们都是北京三甲医院的著名大夫，代表了国内较高的医术水平。我学会了如何养生，如何保持身体健康。我学到的养生方法已经解决了我过去的一些问题。效果最明显的除了前述的通过锻炼股四头肌解决了膝关节的疼痛外，还有通过穴位按摩和艾灸治愈了便秘。

另外，人到老年一定要每年按时体检，发现有什么毛病立即就医，许多病早发现早治疗，效果非常好。所以这第三行的六个字所代表的意义是对我们老年人很重要的养生之道。

第四行的六个字“奶肉，果蔬，五谷”表示的是每天应该如何“吃喝”，也是我从《养生堂》学来的正确吃饭之道。首先我是完全不吸烟，偶尔特别高兴时喝一点酒，吃饭则还要讲究。确实如此！20 世纪 60 年代那时吃饱就好，富起来后想吃什么就吃什么，怎么吃得高兴就怎么吃。人吃胖了，病也多了。《养生堂》告诉我们，许多病都是吃出来的，真是“病从口入”。都说要“迈开腿，管住嘴”，“管住嘴”却更不容易。年轻时不富裕，物质又匮乏，想吃吃不上；现在好了，该享受了，却又不让吃了！《养生堂》让我明白了，“管住嘴”也不是说这不能吃，那不能吃。大夫说什么都可以吃，只是要控制每天摄入能量的总量，这个道理我们搞自然科学的一听就明白，进食要按照联合国世界卫生组织制定的食物金字塔方案，什么可以多吃，为什么一定要限量，说得明明白白。

这个宝塔说明的就是上面那六个字所表示的意思：每天鸡蛋、牛奶、肉类不能少。红肉，不仅可以吃，还是每天都不能够少的，它富含一些造血所不可少的包括铁元素等许多营养物质，只是吃肉的分量需要严格控制。都说鸡蛋有胆固醇而不敢吃，《养生堂》告诉我们，每天一个鸡蛋没有问题，且是必需的，胆固醇也是人体不可或缺的东西，它是构成细胞膜所必需的原料，细胞每天要新陈代谢吐故纳新，没有胆固醇的补充怎行？此外，还有每天必需的蔬菜、水果，再加上五谷杂粮。不能再只图享受只吃细粮呀！ 都知道吃盐多了会引起高血压，于是许

正确饮食宝塔

多人少吃甚至不吃盐，错了，一定量的盐也是必不可少的，不然会导致人体电解质紊乱。酒可以喝、油条可以吃、红烧肉可以吃、瓜子可以嗑，但这些都要注意“量”，量绝不能多！这样既解决了馋，吃得又健康，又享受了生活！

第五行的六个字是“国事，助人，余热”，国家大事是我最关心的，我最喜欢看的是新闻节目。从小我经历过日本侵略，有全家被迫逃难的经历，又经历了日本飞机轰炸、机关枪扫射的恐惧经历。我深切期盼祖国的强大。

我的一些同龄人一个个先后走了，而我在有生之年却能够看到中国的崛起，我太幸运了！中国在重重围困阻挠下坚强地崛起，困难是一个节拍一个节拍地被克服，胜利是一步一步地在迈向前进。我为祖国的崛起欢呼，我歌唱。今天我还有一件心事，就是盼望台湾早日回归，实现祖国完全统一！我曾说过，一旦我看到台湾回归，我一定要到北京的全聚德去吃那里的烤鸭来庆贺。都说，人老了要发挥“余热”，其实人老了热度并不会减，不减的原因就是因为，看到国家一天天发展向上的好消息，心里热乎乎的，不断地在给自己加热。我一心想如何为国家的强盛加油！

我所能够做的事，就是努力在科学研究上贡献自己的力量，退休后，现在也还常有学生来找我，讨论一些科研中的问题，也有并不相识的年轻人用Email来询问我一些学术问题，甚至还有中学生也来找我指导，叫我黄爷爷。我说不要叫黄爷爷，就称呼我黄老师最好！我愿意帮助他们，助人是非常快乐的事。虽然退休了，我还有一件未了的心愿，就是总想在并联机构学理论成果的基础上，能够创新研制出一种新的高端实用的新机构。从理论上我们经分析发现德国某类高端机床的一个重要的缺陷，我总想发明一种比它好的新机构以取而代之，搞出一台比德国高端机床更好的装备，如果这样，那我们就为国家作出了自己的贡献！ 可惜在我退休之前没能实现。现在继续研究的学生却取得了突破，我似乎是看到了希望，有了苗头。不仅它完全克服了西方那种机床的缺点，而且更特别的是，获得了原来没有想到的更优秀的性能，它将更加方便于机械切削加工。我真是期盼这个“希望”能够变成现实！我也尽力帮助他们去努力实现。此外，我发现以我们所建立的基于螺旋理论的空间机构学在今天用于分析一些遇到的高技术方面的研究问题时，是那么得心应手，它的能力是如此强大，让我联想起李白的《夜宿山寺》：

危楼高百尺，手可摘星辰。
不敢高声语，恐惊天上人。

这是我退休后最高兴的事情。

退休了，自己回家没事了，孙子辈也都长大还上了很好的大学，需要惦记的家事也没什么了。现在我通过学习找到了健康的生活方式，就是保持家庭快乐的氛围，我和老伴儿的身体还算是很好的，这两年我的体检指标都很不错，没有什么严重问题，血脂、血糖、血压都能够基本保持基本在合理范围，我面色红润、精神焕发，看着国家一天天强大，我们非常高兴地享受着幸福的晚年！

游本昌的《济公》

（2016 年 4 月 17 日）

昨日看了央视 CCTV4 的中国文艺《向经典致敬——游本昌》。我从中真体会到为什么他主演的《济公》能够成为文艺的经典之作。

人们称之为“济癫僧”的济公状似疯癫，他不耐坐禅，不喜念经，玩蟋蟀，嗜酒肉。终日破帽、破扇、破鞋、破衣，蓬头垢面，似丐似氓，游荡于市井……

济公皈依佛门，法号道济。其实，济公作为高僧，具大智慧，大幽默。扬善惩恶，常行救死扶弱之事。他又是一位学问渊博、语言诙谐、擅诗善文、善走围棋、行善积德的得道高僧，被列为禅宗第五十祖。他还有精湛的医术，普济众生。他好打抱不平，息人之净，救人之命。于是人们又以他扶危济困而称之为“济癫”，尊之为“济公活佛”。

先看看《济公》中的主题歌：

鞋儿破 帽儿破
身上的袈裟破
你笑我 他笑我
一把扇儿破

南无阿弥陀佛
南无阿弥陀佛
南无阿弥陀佛
南无阿弥陀佛
哎 哎 哎

无烦无恼无忧愁
世态炎凉皆看破
走啊走 乐呀乐
哪里有不平哪有我
哪里有不平哪有我

鞋儿破 帽儿破
身上的袈裟破

笑我疯 笑我癫
酒肉穿肠过

南无阿弥陀佛
南无阿弥陀佛
南无阿弥陀佛
南无阿弥陀佛
哎 哎 哎

天南地北到处游
佛祖在我心头坐
走啊走 乐呀乐
哪里有不平哪有我
哪里有不平哪有我

这个歌词刻画出了济公的形象，他是个放荡不羁却又一心向善的和尚。《济公》所表现的是中国传统文化中的一朵奇葩，一个这样奇特的和尚。

游本昌主演的《济公》是30多年前公演的，那时我也就是偶然看了一两集，却印象深刻，觉得游本昌演得惟妙惟肖。这次我看了CCTV4的《中国文艺》中《济公》，获得的是前所未有的感受和强烈的启发共鸣。演员游本昌是一位格调高尚、追求高雅艺术的人。剧中有几段特别值得品味，让游本昌演得十分传神。

在“济公吃包子”那一节，他走到包子铺前，看到叠摞成小山似的新出笼的热包子，顺手抓了一个包子就走，老板嚷着叫他给钱，他顺手就把包子又还了回来，包子上却明显地留下几个大黑手印。老板一看，生气又无奈地说，你拿走吧。这回他一把再抓起包子直接就送到了嘴里，边吃边走，走了几步，他回过身来，做个鬼脸，从衣袖里摸出两个铜板放在手心里，低头一吹，铜板就飞到了老板的钱匣里了，就这样他还了应该付的包子钱。游本昌说，《济公》原书和剧本中本没有还两个铜板的这个情节，在排演这一段时他觉得特别别扭，“白吃的济公！白吃这还是济公吗？那不是济公！”在和导演商量后，他们加上了这个吹铜板的情节，让济公这个人物既风趣又很得体。在这次《中国文艺》中他进一步作了解释：“《济公》是中国的传统经典的文学，我们向经典学习时应该取其精华去其糟粕，要按毛主席说的：‘如同我们对于食物一样，必须经过自己的口腔咀嚼和胃肠运动，送进唾液胃液肠液，把它分解为精华和糟粕两部分，然后排泄其糟粕，吸收其精华，才能对我们的身体有益，决不能生吞活剥、毫无批判地吸收。’”游本昌想，《济公》是基于民间传说而写出的，可是济公是“佛”，他是要普度众生的，济天下之公，他怎能白吃？传统文艺中的灰尘要掸掉，这里的改动正是“去其糟粕”，掸掉灰尘。游本昌说得真好，到位，透彻！中国传统文化真是博大精深，但继承传统文化时一定要明确“取其精华，去其糟粕”！

主持人孟宪楠还曾提道：“看到剧中你吃肘子吃得真香呀！”游本昌听后哑然一笑，并摇摇头。他说起拍戏那天的经历。那天一早要到山上去拍，头天晚上就买好了作为道具的肘子、烧鸡。大早起来带上买好的这些食物就上山了，赶着上山去拍日出，接着再拍山上的许多镜头，一直拍到了下午接近黄昏时才轮到吃肘子的这个戏。那时是夏季，南方气温最高达39度。当时拿出准备好的放了几乎24小时的肘子，入戏时还假装放在火上去烤，当时还真飘出了烤肉的香味，可是当他一咬到嘴里，好一股恶臭！臭！赶紧吐出去？“能吐出去吗？吐出去还有戏吗？”不能吐，不仅不能吐，还要装出吃得很香，要让人看到这是诱人的美味。导演大声喊道：吃！吃！接着吃！他大口大口地嚼，装着是美味地咽下。游本昌说这是演戏，吐出来还有戏吗？若表现出痛苦，皱着眉头吃还有戏吗？演戏也要不怕牺牲，要“通过自己的表演表达出美好的艺术”，直到镜头拍完，他才哇的一口把嘴里的臭肉吐了出来，并立即好好地漱了漱口。这是我第一次听到演员如此演戏，真是没有想到，这充分体现了游本昌这位老戏骨的职业操守。

还有一次，他随团去西藏那曲演出，那里海拔4500米，是典型的高原生态。一般人上去不动还喘，他要演出，要又唱又跳，气自然上不来。虽然氧气不够，喘不上气，他还是以最大的努力坚持演出，豁出生命去唱，该唱就唱，该舞就舞。在这个《中国文艺》向经典致敬的节目中，他表演了怎样一边一大口一大口地喘着气，一边不停地表演他的节目。他真是用生命在唱，不怕为艺术而献身。在那里许多观众是藏族小学生，他们之前刚刚看过游本昌演的6集电视剧《济公》，孩子们印象深刻，特别喜欢他演的这个济公，当亲眼看到“济公”来了，都异口同声地说喜欢济公，是济公的粉丝，孩子们送给他许多哈达，一致要求能够再看到《济公》的续集。孩子们的心声使游本昌非常激动。

后来他说，演员最希望的是什么？就是得奖，希望得到一个什么大奖，他至今从未得到什么大奖。而此时他深深地感到孩子们的话对他而言就是一个大奖，一个再好不过的大奖，还有什么比孩子们对他的评价和期盼更能鼓舞他和使他感到满足？没有！由此他才决定回去后一定努力把《济公》的续集拍出来。

在此之前，许多人曾劝他要“见好就收”，他几乎决定不再往下拍了。西藏演出之后，他决心完成孩子们的心愿。终于 1998 年《济公》的 20 集续集《济公游记》公演了，这是他给西藏那些孩子最好的礼物！

他以自己的实际行动实现了毛主席在延安文艺座谈会上所说的“文艺要为工农兵服务”。我们要向创造经典的艺术家致敬。

在这次《中国文艺》“向经典致敬——游本昌”这个节目中，还穿插了一位年轻舞蹈演员演出的“济公舞”，这位年轻演员的济公舞跳得真是很好。原来这位舞蹈演员的导师从游本昌的《济公》中得到启发，想到游本昌所表演的济公可以进一步创新形成一个很有特色的舞蹈节目，也会成为舞蹈中的一朵奇葩。在游本昌与这位年轻演员的现场交流中，游本昌说：“舞蹈演员更要与观众共鸣，要热爱心中的艺术，要‘情动于中，形之于外’，你心灵解放到什么程度，你演的济公就活到什么程度。”

我是真没想到，CCTV4《中国文艺》“向经典致敬——游本昌”这一节，有这么好、这么深刻的分析和评述，表现出了演员游本昌对艺术的忠诚。在此特记录下我的心得体会。

对比游本昌对艺术的忠诚，我们应该向他学习。我们这些做科学研究的人，对科学“忠诚”吗？做科学研究就是在追求真理，我们在做科学研究时总是把追求真理放在第一位吗？真有这么一些人不是在追求真理，他们追求的是名利，把名利放在第一位，这种实例真是不少哇。你看，全世界都在关注的韩春雨事件，河北科技大学发布的寥寥数语的调查结论，“不存在主观造假”！这能够回答全世界的疑问吗？ 这是对科学的忠诚吗？

今天我们要科技强国，要大力实行科技创新，要实现中国梦，应该努力改善我们科技的学术环境，让大家对科学要忠诚。

由《武训传》解禁引起的思考

（2018年9月1日）

最近看到网上醒目的标题："新中国首部禁片电影《武训传》在尘封了61载后解禁了，它以DVD的形式再次出现在公众面前"。世界本是复杂的，看起来犹如丰富多彩的多棱镜，解禁，让大家看看也是好事。然而，有人借此大做文章，还以此攻击改革开放前30年。本文就想谈谈我的看法。

一、电影《武训传》的被禁

武训（1838－1896），清代山东省堂邑县（今属冠县）柳林镇武庄人。他家境贫寒，依靠乞讨为生、终身未娶。他青年时因不识字，曾受尽欺凌，吃尽苦头。从21岁（清咸丰年间）起，他以行乞的方式集资，四处向官老爷、财主老爷叩头，请求开恩施舍，目标是"使贫苦人家子弟无钱也能读书，使他们读了书不再被人欺侮"。

到光绪十四年（1888年），武训已经靠乞讨所得的款项置买了230亩田地作为学田，并积资3800余吊。于是他在堂邑县柳林镇东门外兴办起第一所义学——崇贤义塾。学校建成后，他到当地有学问的进士、举人家跪请任教，并到贫寒人家跪求他们送子上学。当年就招收了50多名学生，学费全免。1890年，在今属临清市的杨二庄兴办了第二所义学。光绪二十二年（1896年），武训临终那年，在临清建成了御史巷义塾（现临清实验小学）。

武训创办义学被传为佳话。清廷和民国政府都曾对他予以极高的表彰，清政府赐其"义学正""乐善好施"的匾额，并御赐"黄马褂"。山东衙门在其去世后修建武训祠。民国后，蒋介石赞其"为人师表"，冯玉祥称其为"千古奇丐"。这无论是在中国还是在世界教育史上都是绝无仅有的事情。

在陶行知的竭力推动下，有了电影《武训传》的开拍。而《武训传》是在1950年年底才完成了制作。由著名演员赵丹扮演武训，赵丹在这部电影中表现出了极高的艺术性。

赵丹所饰武训

影片播出后，当时在社会上产生了强烈的反响，还受到中央一些领导的肯定。1951年新年前后，京、津、沪三大城市的一些报刊，两三个月内连续发表了40多篇赞扬武训和《武训传》的文章，出版了一批有关武训的书籍，对“武训精神”做了高度的歌颂。把武训视为“先驱人物”，把“武训精神”视为一种“革命精神”，甚至认为“中国共产党领导的革命”都是“师承他的结果”。赞扬者认为，这是“一部极富有教育意义的好电影”。

然而，1951年毛泽东有了不同的看法，他发动了对电影《武训传》的批判，其主要原因并不是针对武训这个人以及他所做的“行乞兴学”这件事。 据林默涵回忆：“电影《武训传》出来以后，毛主席看了这个片子，几个晚上在院子里转来转去夜不能寐，最后下决心要批判。”

毛泽东为《人民日报》这样写了他的看法：“像武训那样的人，处在满清末年中国人民反对外国侵略者和反对国内的反动封建统治者的伟大斗争时代，他根本不去触动封建经济基础及其上层建筑的一根毫毛，反而对反动的封建统治者竭尽奴颜婢膝的能事，这种丑恶的行为，难道是我们所应当歌颂的吗？”在毛泽东看来，这些连篇累牍颂扬武训以及“武训精神”的文章，与电影《武训传》一样，实质上都是不去触发当时人民遭受苦难的基本问题，使得人们在观察武训这个角色的时候，陷入了如此严重的错误。而这些“错误思想”愈演愈烈，甚至许多高层“共产党员”也看不出问题。由此，毛泽东发出了“我国文化界的思想混乱达到了何等的程度”的感叹。

《人民日报》总编辑邓拓在一次谈话中说：“毛主席认为，武训是穷人，办义学的动机也是好的。毛主席说，武训办学搞的是阶级调和、改良主义。而中国人民正是在中国共产党的领导下进行武装斗争才取得了胜利，而不是靠什么办义学，走教育救国等改良主义的路。在现在这个时候用文艺作品歌颂武训就更不应该。在那时若不是闹革命，靠办义学，走教育救国是走不出来的。”

就因为这样《武训传》被禁止演出。

二、对《武训传》解禁的思考

现在不时会从媒体上读到某贫苦老汉多年来默默资助困难学生这样让人感动的事情。对比它与武训的这两件事，一些人说很难想象，像这样“学习雷锋”的事件那时怎么会受到指责？

如前文已指出，对《武训传》的批判并非针对武训本人，毛主席也认为武训办义学的动机是好的，但我们是主张“动机效果统一论”者。武训是清代的人，而电影《武训传》是拍在新中国成立之时，在中国人民处于反对外国侵略者和反对国内反动封建统治者的伟大斗争时代拍的。虽然武训以乞讨办学确实也是善举，但相对于当时只是一个“小小的非典型事件”，若把它视为一种“革命精神”大肆宣扬，有误导视听之嫌，鼓励这种精神，对动员群众参加反帝反封建的伟大斗争也是不利的。

为了更深入地分析，这里先引出毛主席在延安文艺座谈会上的一些讲话。毛主席是非常看重文艺的作用的，他说：

“我们要战胜敌人，首先要依靠手里拿枪的军队。但是仅仅有这种军队是不够的，我们还要有文化的军队，这是团结自己、战胜敌人必不可少的一支军队。

“文艺作品中反映出来的生活却可以而且应该比普通的实际生活更高，更强烈，更有集中性，更典型，更理想，因此就更带普遍性。

“文艺批评有两个标准，一个是政治标准，一个是艺术标准。按照政治标准来说，一切利于抗日和团结的，鼓励群众同心同德的，反对倒退、促成进步的东西，便都是好的；而一切不利于抗日和团结的，鼓动群众离心离德的，反对进步、拉着人们倒退的东西，便都是坏的。这里所说的好坏，究竟是看动机（主观愿望），还是看效果（社会实践）呢？唯心论者是强调动机否认效果的，机械唯物论者是强调效果否认动机的，我们和这两者相反，我们是辩证唯物主义的动机和效果的统一论者。为大众的动机和被大众欢迎的效果，是分不开的，必须使二者统一起来。

“人民大众也是有缺点的，这些缺点应当用人民内部的批评和自我批评来克服，而进行这种批评和自我批评也是文艺的最重要任务之一。”

以上述观点再来看《武训传》，它确实描写的并不是“比普通的实际生活更高，更强烈，更有集中性，更典型，更理想”，不是“更带普遍性”的作品。不论是武训本人还是《武训传》作者，动机是好的，但效果上是会有副作用的。

三、先富带后富

中国在改革开放进行了20余年后，就剩下一堆难啃的硬骨头，解决老百姓贫穷的问题就是其中最困难的问题之一。中国幅员这么辽阔，贫困人口这么多，又都分布在广大的偏僻的农村、山区、边远地区。

应该如何解决中国的贫穷落后问题？改革开放初期，国家确立了以经济建设为中心的方针。但我们看到，由于历史的原因，国内外经济和科技发展的差距大得吓人。怎么办？怎样才能快速发展，追赶跑在前面的西方世界？过去我们又完全没有这方面好的经验。于是国家提出了“改革开放”，提出“摸着石头过河”，提出“先富带后富”等一系列想法和政策。

改革开放的过程中，成就和问题大家都看到了。一批批人富起来了，从20余年前让人羡慕的“万元户”，到现在的千万、上亿、数亿、数百亿、近千亿户都大有人在。的确，改革开放以来，许多人富起来了，500个顶级富人身家总和超8万亿，人均超百亿！

改革开放的近几十年来，也有一些人通过钻“政策”的空子，不择手段地百般捞取财富，几年间甚至一夜之间发家暴富。更有甚者，一些贪官污吏，利用权力寻租，通过渎职、受贿等不法手段巧取豪夺，取得了巨额财富。

能不能实现先富带后富呢？老百姓曾寄予希望，也不断呼吁“大款”能够多做好事、善事。然而，近些年，在中国的富人圈儿一直流行着这样的说法：“国内是捞钱的商场，国外是享受的天堂。”意思是说，要发财致富还是在国内，要享受自然是去到国外。

香港亚洲时报在线7月14日（2017年）文章，原题为：中国百万富翁上演“大逃亡”。一项关于富人的研究显示，过去14年，离开中国的富翁数量远超其他国家。有人认为，这种“含金量超高的出走”令其他国家受益。财富咨询公司“新世界财富”的报告列出2000年至2014年百万富翁进出最频繁的国家。其中中国的百万富翁2014年为60.85万人。中国的高净值人士出走的人数最多，达9.1万人。报告显示，中国百万富翁主要移民去中国香港、美国、新加坡和英国。

且不说携款外逃的富豪罪犯赖昌星等人，也不说自20世纪90年代以来中国众多官员携带近8000亿元人民币外逃。仅近几年，美国已经是中国人海外购房的首选地，据美国全国房地产经纪人协会（NAR）公布的数据显示，2012年中国购房者在美国消费近123亿美元，在美国全部50个州中，中国买家的购买力在其中44个州都排在前五名。

所以不能寄希望于那些先富起来的少数人，带领贫穷的人脱贫。武训那种向财主叩头，乞求开恩，乞求施舍，以“使贫苦人家子弟无钱也能读书，使他们读了书不再被人欺侮”，以使中国能够真正富起来，这根本是不切实际的幻想。也有人因此说，中国的“先富带后富”的政策失败了。“先富带后富”的政策失败了，是这样吗？

虽然今天，我们也可以看到有一些做慈善的富人，他们确实有好心，但不仅他们是极少数，且这些慈善，也远远不能解决中国存在的这么巨大的贫困问题！

在中华五千年文化的熏陶下，各个时代，历朝历代，中国总有这么一批人，他们“先天下之忧而忧，后天下之乐而乐”。今天这些人的代表就存在于优秀的共产党人之中。习近平说，“人民对美好生活的向往，就是我们的奋斗目标”，“共产党就是为人民服务的”。

中国这个贫困落后问题，只有依靠以为人民服务为宗旨的中国共产党，和它所领导的走群众路线的中央政府来推行，方可解决，今天我们已经看到了这个扶贫的巨大效果。

让中国富起来，中国政府切实地推行以先富带后富的扶贫政策。实施精准扶贫方略，通过就业扶贫、搬迁扶贫、配套产业扶贫、产业合作扶贫等；又以工业反哺农业，城市支持农村，城乡一体化，跨区域结对帮扶……自上而下以推动扶贫。在那九曲黄河最后一个弯上的兰考县张庄村，那里曾是风沙劫掠，沙丘连绵，三分之一村民外出逃荒。如今，张庄发生了翻天覆地的变化，发展乡村民宿，建立食用菌企业……，农民富啦。村民说，张庄能有这么大变化，感谢两个人：“焦裕禄带咱治了沙，习总书记领咱脱了贫！”

同时我们也看到，在下面千百万基层的优秀共产党员发动群众，带领群众奋力脱贫，其中有许多土生土长的村支书，还有从上面派下去的村支书，他们谱写出一个个动人的战天斗地的脱贫故事。其中像周春华同志，他是土生土长的柏术岗村人。2014年在换届选举中当选为湖北省红安县柏术岗村党支部书记。

在任时，他重视基础设施建设，下大力气解决群众饮水、交通、电力供应等问题，解决出行难问题，大力实现了村村通硬化的水泥路。他带领村民新建、修缮了多口塘堰，为农田灌溉提供了保障。他树电线杆架电线，保障了电网升级改造的顺利完成，改变了柏术岗的面貌。又有如河北省邢台县前南峪老支书郭成志带领全村村民通过半个世纪的奋斗脱贫致富的故事等。在2015年由中央选派19.5万名优秀干部到农村担任第一书记，领导和发动农民战天斗地。例如，2012年北京大学毕业生苏勇力志愿到广西凌云县贫困的加西村担任第一书记，他做出了突出的成绩。

联合国开发计划署署长海伦·克拉克女士称，中国的扶贫成就为世界提供了宝贵经验。仅1990年至2010年间，极端贫困人口减半。在同一时期，中国成功地使超过6亿人脱贫，为全球实现千年发展目标中的减贫作出巨大贡献。预计到2020年全部实现脱贫，贫困县全部摘帽，解决区域性整体贫困，在2020年全面建成小康社会。中国长期存在的严重的城乡差别正在迅速缩小，中国扶贫速度之快世所未见。当然，目前还有许多尚未脱贫的，且应该说其脱贫的难度更大，因此还要共产党人不懈地努力。

据今天（2018年9月1日）报道，在西部偏远山区和民族地区，最后两个“溜索改桥”工程完工。至此，四川全面完成了77座溜索改桥。结束了四川499个行政村，近3万户，十几万人依靠溜索出行的历史，告别了溜索时代，为最困难地区脱贫创造了条件。

贫困的中国西部，从2013年到2017年生产总值从12.7万亿元增加到17.1万亿元，年均增长8.8%。5年间，主要经济指标均高于全国平均水平。

看到中国在扶贫上获得的巨大成功，正快速奔向小康，我们信心百倍，为我们处在这么一个伟大的时代而自豪！在中国这项伟大的脱贫斗争中，出现了多少可歌可泣的动人故事，文学艺术家应该走进这个热火朝天的斗争，从中选出最感人、最典型的故事写出作品，让它比“普通的实际生活更高，更强烈，更有集中性，更典型，更理想，更带普遍性”。中国的脱贫是人类历史上空前伟大的事件，应该有对应的伟大的文学作品问世。这样的作品定会鼓舞人民大踏步前进。

在我们分析了这些情况之后，回过头来再看看《武训传》。我想，要想改变中国部分地区教育落后、生活贫困的现状，《武训传》所引导的道路真是行不通的，是指望不上的，文艺界拍电影花了很大的力气，方向却错了。从毛主席

扶贫前后农村的民居对比令人吃惊

发动对《武训传》的批判，让我们看到他具有独到的眼光，真是“众人糊涂唯他清醒”。伟人，这就是伟人，伟人的作用就是能够在迷雾中一次次指出前进的正确方向。那正是：

大海航行靠舵手！

人民解放靠的是毛泽东思想！

先天下之忧而忧，后天下之乐而乐

（2018 年 4 月 1 日）

中华民族是伟大的，中华文明是人类历史上唯一的延续不断的文明。中华文明孕育出众多的杰出人才，他们一贯秉持的精神是“先天下之忧而忧，后天下之乐而乐”。历史上他们每每在中华民族危难时刻挺身而出，匡扶社稷；在国家存在严重问题时，不顾个人安危提出改革方案，推动社会前进。在由中国共产党领导的现代反帝反封建的斗争中，这些“先天下之忧而忧，后天下之乐而乐”的人集中在共产党内。在改革开放后的今天，提出扶贫不落下一个人的习近平总书记，他把“后天下之乐而乐”这个概念提高到一个新的高度，他率领一个拥有 8900 多万名党员的世界最大政党，一个成熟执政的马克思主义政党——中国共产党，在世界瞩目下奋勇前进，谱写出中华民族重新崛起的新华章。

本文对这个问题从如下几个方面谈谈我的看法。

一、世界文明的产生

我们总说世界有几个文明古国，那么“文明”的标准是什么？比较公认的标准有这么几条：第一条标准就是要有城市，因此在考古发掘出的遗址中仅是些原始的小部落那是不够格的，由乡村发展到众多人口居住的城市，而且，这个城市还要具有 5000 人以上的规模。第二个标准是要有文字，没有文字的文明很难想象，因为没有文字，人类思想文化的积累就不可能存留和传播，文明就无法保存。第三个标准是要有较高级的礼仪习惯和相应的建筑。第四个标准是要有生产力较高的冶金术（青铜、铁器）的发明和使用。第五个标准就是要有依存于上述四个条件的民族。民族若消失，文明也就不在了。这就是形成和决定文明的五个要素。

一般认为世界史上的古文明有五个，包括古巴比伦文明、古埃及文明、古印度文明、古希腊文明和中华文明。古希腊文明曾是西方现代文明最重要和直接的渊源，在历史上有重要意义。而伟大的中华文明是唯一不曾中断存在至今的人类文明。

二、为什么中华文明能够唯一地长久屹立

除中华文明外其他四个文明早早就灭亡了，灭亡得无影无踪。今天的意大利人和古罗马人已经没关系了，他们是日耳曼人后裔。同样，如今的埃及人、伊拉克人也和古巴比伦人没关系了。古巴比伦被波斯入侵，古埃及被古罗马入侵，古罗马分裂后西罗马帝国被日耳曼人灭亡，东罗马帝国被奥斯曼土耳其吃掉，他们都在外族的入侵战争中灭亡了。如今在埃及居住的人主要是阿拉伯人。民族消失了，文明也跟着消失。

只有中华文明做到了数千年延续不断，虽然历史的发展过程中也有变化，有冲突，受到多次入侵，但我们的文化和民族主体（上述五要素）没有中断，一直延续了下来，几千年来无论什么样的困难，什么样的绝境，什么样的强敌，从没有人能真正地征服我们，历时数千年，一直如此。

中国曾经数次被强敌入侵，几近灭亡。最早的周幽王烽火戏诸侯，犬戎入镐京西周灭亡，五胡乱华（“五胡”主要指匈奴、鲜卑、羯、羌、氐五个胡人部落），蒙古灭宋，女真灭明。相对应朝代虽然一个个灭亡，但中华文化永存。

1. 起到关键历史作用的是中华文化

中华文明的永存，中华文化起到了非常关键的历史作用。华夏民族在周朝经历了文化上的大认同，周礼塑造了家庭和社会的秩序，孔子的《诗》《书》《礼》《义》《乐》《春秋》等文化典籍，将华夏民族引入高度发达的文明阶段。文字更是成了联结 56 个民族最为坚固的情感纽带。

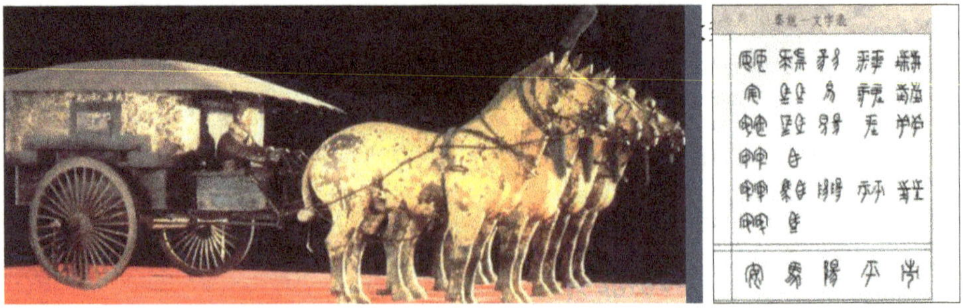

秦统一中国、统一文字

秦始皇于公元前221年统一了六国后，便下令在全国范围内推行“书同文，车同轨”的政令，即包括统一文字、统一车的轨距、统一度量衡等。种种措施都在客观上促进了原七国在实质上的融合和完全统一，对于中华文明的形成和发展的贡献是无可比拟的。

最早发现的中华文字是甲骨文，那是于商代后期（前14—前11世纪），王室用于占卜记事而刻在龟甲和兽骨上的文字。这些甲骨文所记载的内容极为丰富，涉及商代社会生活的诸多方面，不仅包括政治、军事、文化、社会习俗等内容，还有天文、历法、医药等科学和技术。仅从甲骨文已识别的约1500个单字来看，它已具备了中华文字所特有的象形、会意、形声、指事、转注、假借等造字特点，展现了中华文字的独特魅力。又因为文字一直有人在使用和传承，在历代先人手中又不断发展和演化，最终就形成了现在的简体汉字。当时文字的基本词汇、基本语法、基本字形结构，保持、遗传并蕴含于现代汉语文字中，是一种具有严密规律的完整的文字体系。

中华汉字的演变经由一个漫长的过程，甲骨文在商周发展演化成金文，是为了在铸造的青铜器上记事的需要。战国时期各国文字曾独自发展，很多字都不相同，秦统一中国，废除各国文字，统一使用小篆。后为了加快书写发展成隶书，汉朝隶书达到鼎盛时期。魏晋时期在隶书基础上出现楷书，又形成草书、行书。隋唐时期楷书成型，唐朝将楷书发展到了极致。现代为了数亿人提升文化水平，使用了简体汉字。

说到中华文明，还要提到一件小事，就是关于西方用刀叉而中国用筷子所带来的差别。这个小小文化上的差别的影响可是太大了。从下面这个医学学科的一张图谱来看，它是一个很具经典的人体大脑的解剖和功能对应的分布图。

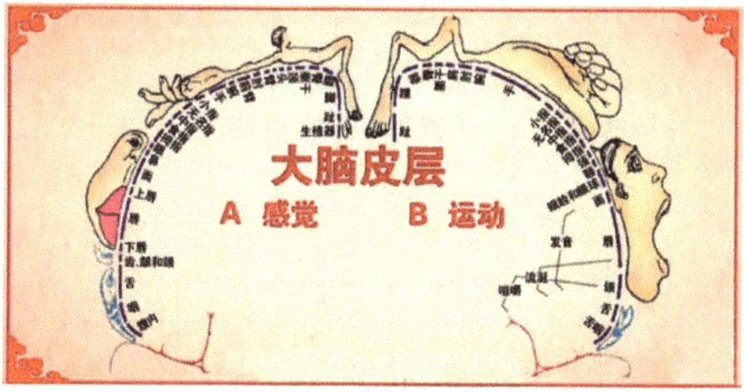

脑的解剖和功能分布图

从图中看到，大脑皮层外圈画了人体的不同部位，不同部位所占据大脑皮层的面积是不同的，不同面积就有不同数量的大脑神经元。大脑功能越复杂，其在大脑的分布范围越大，控制的神经元越多。不同数量的大脑神经元起到管理对应部位的运动和感觉。从图中看到，头部，面部和手的部分所占面积最大，管理手掌和手指的大脑皮层面积达到了约 1/5 到 1/4。

不难设想，若采取增强手和手指的运动，就能够显著训练大脑，增强或改善大脑的功能。由此看来，中华文明中使用筷子意义是很大的，中国人自幼以手指灵活地操纵筷子，促使了中国人的大脑快速发育，促使大脑灵活、发达。因此，相对世界上任何其他民族来说，中华民族的智力绝不落后。中国历史的文明的发展和现今的科技能够在如此严密封锁下快速崛起，都说明这是有生理学依据的。

具有开放包容性的中华文明可以不断吸收外来文化比如佛教、伊斯兰教等进而转变成为自己文化的一部分。同时更由于以儒家思想为代表的中华文化中的“宗教特征”比较薄弱，它仅涉及社会伦理和社会道德，所以，中国人虽然具有强烈的文化优越感，但却没有排他性的唯我独尊的宗教观点。从中国历史上来看，从来没有什么“宗教迫害”和“宗教战争”，这是中国文化与许多其他一元宗教文明的重要区别，这里也可以看到这种文明的优越性。

“中华文化所具有的文明的先进性、开放性、吸收性和宽容性，中华文明特有的天下视角使中华文明的同化力量空前强大”，任何一个外来游牧民族，即使其军事力量十分强大，能够征服中原成为中华民族的新统治者，却一直不曾毁灭中华文明。文明的毁灭在世界史中本是司空见惯的事，唯有独特的中华文明能够打破这个规律。历史上的游牧民族入主中原后，都是学习中华文化（包括文字），恢复儒学，建立汉官制，恢复科举，成为中华文明的新传承者。甚至他们还起了汉姓，与汉人通婚，最终在不知不觉中快快乐乐地融入中华文明的浩荡洪流之中，中国的疆域版图也就随之不断地扩大了。

像五胡十六国、南北朝时期的匈奴、氐、羯、羌、鲜卑先后进入中原，只过了两百年，他们就完全被中华文明吸引，融入汉族，他们自己的文化却消失，民族也不存在了。同样，蒙古人可以征服中原，但征服不了中华文明。当时“胡人有妇解汉音，汉女亦解调胡琴”，表现出民族的融合，结果大部分融入了汉族。满族人后来也进入中原，建立清朝，过了两百多年，他们甚至连自己满族的文字都消失了，也被同化。

历史上，华夏民族人口的迅速扩张对周边其他民族也构成了极大的压力，人口增长绝对是古代文明一个重要因素。华夏民族的先民其实来自中原河南、陕西一带，但在人口扩张的条件下，其生存范围不断由中心向周边扩张。

十分有意思的是，虽然犹太人分布在世界上的许多国家，大都会建立自己的犹太教堂，参与自己的宗教崇拜，任何情况下都能够保持强有力的内聚力和自身认同感。但来到中国的那些犹太人却不能坚守，成为一个世界历史上极特殊的例外。为什么？

北宋时期，欧洲的犹太人由于在各地遭到宗教迫害，曾有一大批人历尽艰辛移民到中国东京（今日的河南开封），他们初到中国的时候，还完全保留犹太教的信仰，建立了金碧辉煌的犹太会堂。由于他们严守旧约圣条，宰杀动物时，遵守挑筋的圣训，因此那时当地的中国人又称其为“挑筋教”。奇怪的是，北宋开封的犹太教徒和当地的中国人相处得非常融洽，犹太人第一次在一个国家没有遭受到宗教迫害之苦，17 世纪中叶后，开封的犹太社团的犹太特征开始逐渐淡化，后来这批犹太人已经完全丧失了自身的宗教特征，这是犹太人被同化的世界独例。在中华的 56 个民族中，却不包括犹太民族。这里，中华文明再次展现出其文明同化的强大力量。不用暴力，反而使人归心，这是因为中华民族拥有如同海水一般的包容力，他们全部为“太上老君炼丹炉的六丁神火”所融化。

2. 日本人调查认定中国人是一盘散沙，要“三个月灭亡中国”

1937 年，日本人决定全面入侵中国，他们认为自己一定会赢。认为当时的日本比中国有钱，完成了工业化，武器比中国先进，他们有三菱重工，有零式战斗机，有航空母舰，而中国内地是军阀混战，土匪横行，老百姓文化水平低且人心惶惶。中国重工业更谈不上有，飞机和战舰从国外买来的就那么一点。特别是日本人经详细调查认定一个结论，“中国人是一盘散沙”，更何况日本还有了这个经验，尝到过甜头，在“九一八”时未用一枪一弹仅用 5 个月时间，以区区不到 2 万人的关东军，赶走了 16.5 万的东北军，占领了全东北。七七事变前，日本陆相杉山元回答天皇对中国战事询问时就是这样说的：“三个月就解决中国问题。”（“二战”时德国仅用了一个月零六天就灭亡了波兰）。

当日本人真正打进中国来之后才惊讶地发现，仅仅一夜之间，所有的一切都变了：军阀也可以团结一致抗日，土匪也可以一夜拿起枪杆，不识字的文盲都敌视日本，怕死的老百姓这时候也不怕死了，国民党军队也抗战了，特别是还出现了中流砥柱能够团结全中国人民抗日的核心力量——中国共产党，八路军和新四军。在全国人民坚持努力下，以持久战打败了日本帝国主义。

3. 印度历史上分裂是常态，统一是暂态

我们再看印度，这是除中华民族之外文化延续性最好的一个国家，它还存在某些与中国相同的因素：人口众多，地理位置也相对较好。但是，印度分裂是常态，统一却是暂态，历史上只有短暂阿育王的孔雀王朝可以称得上真正是个统一的大帝国。至今这个种姓制度也导致对家族的认同远远大于对国家的认同。国家的不统一使得西方国家轻易利用帮派之间的罅隙，就完全征服了印度。

我们回首看国内，即使在最孱弱的1840—1949年间，国人也没有完全屈服于列强国家的战舰，这期间老百姓中抗击帝国主义的有义和团起义、香港抗英斗争等。而又由于文化里所含对国家忠贞的基因，前后不断出现如李鸿章、林则徐、邓世昌，“九一八”后有掀起抗日的张作霖父子，有重创日军板垣师团获临沂大捷的张治中，有台儿庄大捷的李宗仁，四次长沙会战的薛岳，还有孙立人、卫立煌等人。他们在民族危亡之时能够以民族大义为根保障民族利益。

4. 在中华文化影响下江山代有才人出

为什么世界史上那么多古老文明的国家都消失了，而独有中华文明能够绵延至今而不绝？中华国土也曾几度被入侵，几度近亡国，然而，每当国家衰亡之时总有仁人志士拍案而起，再兴中华。

北宋苏州吴县人范仲淹，曾大声疾呼：“先天下之忧而忧，后天下之乐而乐。”

篆刻在悬崖上的“先忧后乐”

这14个字，充分表达了中华仁人志士所应该具有的节操和情怀的最高层次。范仲淹除了是杰出的思想家、政治家、文学家之外，还是著名的军事家。世称范文正公，著有《范文正公文集》传世。毛泽东主席曾给予范仲淹高度评价：“中国历史上知兵善战，范仲淹就是这样的一个典型。”

中国历史上每个朝代都先后出现了“先天下之忧而忧，后天下之乐而乐”

之人，他们不惧个人安危，以各种形式为维护中华民族整体之利益，奋斗牺牲，他们深得人民群众的爱戴，获历史的肯定，永载史册。

“先天下之忧而忧”之人列举如下：

东晋有出兵北伐中原的奋威将军祖逖。壮志凌云的祖逖生于西晋末年。当时“五胡十六国”混战中原，祖逖率兵渡江北伐，船到江心的时候，祖逖拍打船舷发誓说：“我祖逖如果不能扫平占领中原的敌人，决不再过这条大江。”辞色壮烈，这就是著名的“中流击楫”之誓。

西汉有驱逐匈奴号称大漠狂飙的霍去病。

东汉有投笔从戎并喊出“不入虎穴焉得虎子”的班超。他出使西域，以少数随从兵力力克匈奴使团一百余名。

隋末唐初有北灭东突厥、西破吐谷浑的李靖。李靖军功卓越。唐肃宗把李靖列为历史上十大名将之一，他才兼文武，为唐朝的统一与巩固立下了赫赫战功。同时，他治军、作战又积累了一套成功的经验，著有《李靖六军镜》等多部兵书，丰富和发展了我国的军事思想和理论。

唐朝还有大将军薛仁贵，其事迹在新旧唐书均有记载。他作战40余年，仅败一次，一生没有犯过一次军事指挥上的战略错误，是我国著名的民族英雄。他创造了“三箭定天山”“神勇收辽东”“一貌退万敌”“良策息干戈”“仁政高句丽”“爱民象州城”等家喻户晓的赫赫功勋。而且他还著有《周易新注本义》，是一本世界上较早具有辩证法思想的军事著作。他为中国历史上著名的“大唐盛世”建功立业，立下了汗马功劳。

北宋有智勇抗辽、满门忠烈的杨家将杨业。

南宋有怒发冲冠、仰天长啸、精忠报国的抗金名将岳飞。

南宋还有碧血丹心的抗元名将——文天祥。公元13世纪，蒙古人横空出世打到欧洲，其后，他们开始攻击中原。然而没想到的是，这一仗打了近半个世纪。他们从文天祥身上发现这个民族身上蕴藏着一种很神秘的强大力量，征服不了人心。元朝统治中原近百年，没有留下什么痕迹。而文天祥一曲《正气歌》，让人们感受到一个伟大民族悲壮的人格力量，激励了千万后来人！他写的《过零丁洋》留下了浩气长存的名句：

人生自古谁无死，
留取丹心照汗青。

这也从侧面表现了英雄的悲壮情怀和视死如归的高风亮节。

明有抗清名将史可法。

明还有抗击倭寇的名将戚继光。明嘉靖二十五年（1546 年），戚继光负责管理登州卫所的屯田事务，当时山东沿海一带遭受到日本倭寇的烧杀抢掠，戚继光有心杀贼，写下了“封侯非我意，但愿海波平”的豪迈诗句。他取得诸多胜利战役，包括岑港之战、台州之战、福建之战、兴化之战、仙游之战、北御鞑靼等。

明还有抗清，驱逐荷兰收复台湾的郑成功，有甲午风云中的海疆英魂民族英雄邓世昌，有虎门销烟、奋力抗英、声撼寰宇的林则徐，有收复新疆的将军左宗棠，有取得镇南关大捷的抗法名将冯子材。

中华历史上有着层出不穷爱我中华的伟大人物。

“后天下之乐而乐”的人列举如下：

历史上“后天下之乐而乐”之人，多表现在对现行体制存在的问题提出改革变法方面。著名的改革派有：

春秋时期齐国的管仲改革，它使齐国强盛，助齐桓公确立霸业。

秦国的商鞅变法，他以法律形式废除了井田制，确认了封建土地私有制，废除了奴隶主贵族的世袭特权，推行郡县制，促进了封建经济的发展，加强了新兴地主阶级的中央集权制度，使秦国逐渐强大，为后来秦统一六国奠定了基础。晚年他受到贵族陷害被车裂而死。

唐顺宗永贞元年（805 年），柳宗元参加了以王叔文为首的一系列政治革新运动。由于保守势力与宦官的联合反攻，致使革新失败。因此，柳宗元被贬官到有“南荒”之称的永州。柳宗元虽连遭贬斥，但始终保持着一种顽强不屈的精神状态。他以《江雪》这首诗中的渔翁形象，表现了自己虽身处孤寒渺无人烟之境，却处之泰然。其气骨、忠贞不渝的心态，令人敬佩。

《江雪》

千山鸟飞绝，万径人踪灭。
孤舟蓑笠翁，独钓寒江雪。

北宋神宗时的王安石变法（1069 年），王安石提出青苗法使农民免受高利贷盘剥，又能增加政府的收入；募役法减轻了农民的差役负担，保证了充足的农耕时间；保甲法加强对人民的组织，起到抵御辽和西夏的进攻的作用，同时加强了军队训练，充实了边防力量，在一定程度上扭转了积贫积弱的局面。然而，新法触犯了大地主、大官僚的利益，遭到他们的强烈反对，后王安石被罢官、流放。

明朝有张居正改革。1581 年，为增加政府的财政收入，把原来的田赋、徭役和杂税合并起来，折成银两，分摊到田亩上，按田亩多少收税，以增加政府收入。虽然失败，但改用银两收税的办法却保留了下来。

清朝戊戌变法，是以康有为、梁启超为代表的改良维新派，通过光绪帝进行倡导学习西方，提倡科学文化，改革政治制度、教育制度，发展农、工、商业等。这是资产阶级改良运动，想取得如日本明治维新那样的效果，让中国也走上革新的道路。戊戌变法从 1898 年 6 月 11 日开始实施，但因变法损害到以慈禧太后为首的守旧派的利益而遭到强烈抵制与反对。1898 年 9 月 21 日，慈禧太后发动戊戌政变，光绪帝被囚，康有为、梁启超分别逃往法国、日本，历时 103 天的变法失败。维新志士谭嗣同、康广仁、林旭、杨深秀、杨锐、刘光第等 6 人于 1898 年 9 月 28 日在北京惨遭杀害，史称“戊戌六君子”。

所有这些改革派人士在不同历史阶段，一定程度上都推动了历史前进，他们具有“后天下之乐而乐”的情怀。

5. 中国共产党人的情怀

上述都是历朝历代的故事，在中国共产党领导的革命中，能够这样以“先天下之忧而忧”献身革命的人就更无法计数。他们从俄国十月革命中学来了马列主义，把“先天下之忧而忧，后天下之乐而乐”这种情怀提升到如《共产党宣言》所说：“无产阶级只有解放全人类，才能最后解放自己”这样的空前高度。共产党员的入党誓言就是要“为人民服务”。这就是共产党员的“初心”。中国近代以来，没有哪一个政治团体像中国共产党这样，拥有这么多的为胸中的主义和心中的理想可以抛头颅、洒热血、前赴后继、义无反顾、舍生忘死的有志之士。这样的共产党员事例数不胜数。这里仅举两个例子讲讲我们英勇的战士：

解放战争中的“中原突围”。1947 年我军率 12 万人挺进大别山后，受到了国民党 30 万人包围，他们妄图在 48 小时内，一举消灭我军这支中原主力部队。危机时主力决定突围，如何能够突然且隐蔽地突围？我军计划让皮定均等率第一纵队一旅向东行动，造成主力东进态势，以迷惑敌人掩护总部向西，要求皮须原地坚持三天，而后，可尾随主力西进或向自己选定的方向突围。皮定均坚持了三天完成任务后，他们却决定自己仍旧向东突进，以进一步牵制敌人兵力减轻西进主力压力。他们这个决定对主力突围产生出乎敌人意料的结果，创造了主力全部迅速突围的奇迹。对比国民党的数百万军队，都是各怀心腹事，从来没有舍己救人之举。

再看抗美援朝中，志愿军指战员从不和自己祖国讲条件，没有任何奢求，绝不会在敌人强大的空中打击下，因为自己没有空中的支援就放弃进攻，绝不会埋怨自己炮兵火力不够，绝不会怪罪没有足够的给养，他们抓一把白雪，嚼一口炒面，只要一息尚存，他们决不放弃自己的阵地，并向前冲锋……他们甚至可以在长津湖零下 20 摄氏度气温里整夜潜伏，而身上仅有单衣；他们可以在草原烈火中一动不动蛰伏；他们中每一个人都随时准备为祖国拎起爆破筒和敌人同归于尽。上甘岭，这是一个让曾经辉煌过两千年的民族在近代受辱后，重新找回自信的地方，他们爆发了让敌人感到恐惧可怕的力量。

1949 年 11 月，黄继光的家乡解放了。他被选为村儿童团团长，曾带领民兵活捉逃亡的地主，搜出了其私藏的枪支和弹药。1950 年抗美援朝战争开始后，中江县征集志愿军新兵时，黄继光在村里第一个报了名。体检时，他因身材较矮未被选中。来征兵的营长却被黄继光参军的热情所感动，同意了破格录取。1952 年 10 月 14 日，上甘岭战役开始了。黄继光所在的志愿军的进攻部队遭受到敌人机枪火力的压制，黄继光承担了爆破任务，他投掷了一枚手雷但是未能完成任务，最终他用身体挡住了敌人的地堡枪眼，使得后续部队能够攻下 597.9 高地，所在部队党委追任他为中国共产党正式党员。

黄继光

经过上述分析后，中华文明长盛不衰的原因可以归纳如下：

（1）深厚的历史文化积淀使得这个先进文明有强大的生命力。

（2）我国人民和中华文化具有强大的民族融合力，即使遇到强有力的外族及文化入侵，最后依然能将其融合进我中华民族的汪洋大海之中。

（3）有众多的人口，人口众多有很大的优势，在几千年的历史中，在无数次的战火中，中国人的根保留下来了，中国文化也同时保留了下来。

（4）江山代有才人出。

三、先忧易而后乐难，周期率几乎再现

1. 中国历代周期率的发生

上面的许多例子都说明了中国历朝历代在国家遇到危难或需要改革之时，总有人大义凛然地挺身而出，他们坚持先天下之忧而忧。而当斗争、起义或革命取得胜利之时，特别是历史上农民性质的起义其目的更突显，简单地说就是“老子打天下，老子坐天下”。他们认为打下了天下，就该坐天下，该享福了。于是腐败不可避免地不断产生，最后也就导致失去民心，再发生新的起义。这就是黄炎培对毛泽东所说的“周期率”，这也就是大家常说的“天下大事分久必合，合久必分”。这里让我们重读一下黄老的一段话：

“我生六十多年，耳闻的不说，所亲眼看到的，真所谓‘其兴也勃焉’，‘其亡也忽焉’，一人，一家，一团体，一地方，乃至一国，不少单位都没有能跳出这周期律的支配力。大凡初时聚精会神，没有一事不用心，没有一人不卖力，也许那时艰难困苦，只有从万死中觅取一生，继而环境渐渐好转了，精神也就渐渐放下了。有的因为历时长久，自然地惰性发作，由少数演为多数，到风气养成；虽有大力，无法扭转，并且无法补救，也有为了区域一步步扩大了，它的扩大，有的出于自然发展，有的为功业欲所驱使，强求发展，到干部人才渐见竭蹶、艰于应付的时候，环境倒越加复杂起来了，控制力不免趋于薄弱了。一部历史，‘政怠宦成’的也有，‘人亡政息’的也有，‘求荣取辱’的也有，总之没有能跳出这周期率。……中共诸君从过去到现在，我略略了解的了。就是希望找出一条新路，来跳出这周期律的支配。”

为什么会有这样的周期率变化，“天下大事合久必分，分久必合”呢？一个朝代刚开始时由于政治比较清明，社会矛盾缓和，经济快速发展。但最后摆脱不了走向政治逐渐腐败、矛盾逐渐激化积累而造成的人民的再起义，最后被推翻。

2. 毛主席的担忧

1945 年 7 月 1 日，抗战胜利前夜，民盟、民建的主要发起人黄炎培与其他

五位国民参政员一道访问延安，与毛泽东长谈十多个小时之后，黄炎培对毛泽东提起上述这个“周期率”问题。

毛泽东肃然作答：“我们已经找到新路，我们能跳出这周期律。这条新路，就是民主。只有让人民来监督政府，政府才不敢松懈。只有人人起来负责，才不会人亡政息。”

1949年新中国成立前毛泽东还曾深刻地提醒大家说：“夺取全国胜利，这只是万里长征走完了第一步！中国的革命是伟大的，但革命以后的路程更长，工作更伟大，更艰苦。”

为什么经过这样艰苦奋战几十年并且已经取得了革命的胜利，它才是万里长征的第一步？革命已取得了胜利难道不是走完了革命的最后一步？若真如此，毛泽东的万里长征的终点在哪里？毛泽东的眼光到底看到什么地方去了？为什么革命胜利后的路程会更长？那时候毛泽东提出的这个问题，真是值得我们认真地深入思考，应该结合在革命取得胜利后毛泽东的方方面面的言行来思考，结合我们走过的路来思考。我们还应该跟随毛主席指引的方向前进。

跟随毛泽东闹革命的一大批老同志，当时他们舍生忘死，确实是心怀“先天下之忧而忧”。然而，当革命胜利后，他们中的少部分人却忘了初心，认为他们要“坐江山”了，他们要求自己比广大人民先一步去过更好的生活，忘记了毛泽东在1949年召开的中国共产党七届二中全会上的谆谆教导，忘记了“为人民服务”精神，更等不及“后天下之乐而乐”。

毛泽东在新中国成立不久后谈到，建议重读一下《资治通鉴》，“治国就是治吏。礼义廉耻，国之四维；四维不张，国将不国”。他还讲：“杀了张子善、刘青山两个，救了两万个。事出无奈，若问题成堆就会积重难返。”他还说：“我毛泽东若是搞腐败，人民就割我毛泽东的脑袋。”

3. 第一次关于中国前途的大分歧

在新中国成立前的革命时期，许多人真是把脑袋别在裤腰带上，只要革命需要，奋不顾身，不分彼此，互相支持且无须命令。这里还包括了一些民主党派人士，他们曾经拥护中国共产党，一同反对过蒋介石。但这些同志中许多仅是当时反帝反封建革命的“同路人”。胜利了，不能与时俱进，同路人分化了。许多民主党派发展到提出要“轮流执政”，要与共产党“轮流坐庄”，要搞“西方民主”，要搞多党选举，他们不要社会主义，这就是与毛泽东的路线分道扬镳了。矛盾就是这样产生了，而且越来越严重。

这是新中国成立后第一次在发展方向上产生的较大分歧。那时主要是一些民主党派的人不赞成社会主义方向，希望走“西方民主制”。然而，在共产党内也有极少数人仅是希望保持现状，不要再往前走，也不要搞什么社会主义。西方民主制，那是走资本主义，资本主义仅是少数人幸福，多数人不幸福，远不能达到“天下人之乐”。

毛泽东代表的党中央坚决走社会主义道路，对这些舆论的出现，毛泽东自然十分恼火，他及时地发动了反右运动，坚持了社会主义方向。反右派斗争虽然出现了扩大化的错误，但是向妄图取代共产党领导的极少数资产阶级右派分子发起反击是必要的。

老年的毛泽东同志总想了解下面的真实情况，不愿仅听汇报，他想接近群众，由于自己年事已高，下不去，所以他还经常让自己身边的秘书、警卫战士、服务人员下乡搞调查，让他们在回家探亲时顺便调查，并交代他们：“下去调查时不要各级领导作陪，要找生产队长就只找生产队长，不要公社书记大队长参加；要找群众谈话就不要找干部参加；要找县委书记也只请他本人来谈，因为人多了谈话就有顾虑。找群众谈话要有各个阶层的人物，尤其要注意广大民众的态度。还可以找下放干部谈话，他们可能顾虑较少。总之要了解各种人的真实想法。”

1974 年，毛泽东写了一首词《诉衷情》，词中这么写道：

父母忠贞为国酬，
何曾怕断头？
如今天下红遍，
江山靠谁守？
业未就，身躯倦，鬓已秋；
你我之辈，忍将夙愿，付与东流？

这首词，字数虽然不多，但情感真挚，读来沧桑心碎，令人潸然泪下。它正符合当时的历史背景，符合毛泽东的心情。

四、政治路线与干部队伍

1. 在政治路线确定之后，干部就是决定的因素

毛泽东有一句名言：“一个政党要引导革命到胜利，必须依靠自己政治路线的正确和组织上的巩固。”他还说：“在政治路线确定之后，干部就是决定的因

素。”在这句话的基础上，毛泽东还有一句，那就是：“政策和策略是党的生命，各级领导同志务必充分注意，万万不可粗心大意。”可见政治路线和干部队伍、正确的政策和策略，都是特别重要的问题。

1941 年 5 月，共产党在延安开展了整风运动，从毛泽东作《改造我们的学习》的报告开始，直到 1945 年 4 月六届七中全会通过《关于若干历史问题的决议》为止。通过延安整风，使全党确立了一条实事求是的辩证唯物主义的思想路线，使全党在正确路线上达到了空前的团结。有了正确的路线，有了坚强的团结的干部队伍，这才迎来中国革命的胜利。

在新中国成立后的许多运动中都发生了或多或少的扩大化，其原因就是没有认真贯彻“政策和策略是党的生命”，如“三反”“五反”的扩大化，反右扩大化……那就是因为没有区分敌我两种性质完全不同的矛盾，把许多人民内部的问题，都看成敌我矛盾。客观上影响很坏，造成许多“后遗症”。

对前面提到的王安石变法，这里回过头去再看看其中的历史教训。有人提出过一个问题，北宋那场最著名的王安石变法开始进行得很好，后来怎么就失败了呢？从实践上看，王安石在地方主政贯彻这个变法时，这些举措明明取得了好的效果，政策大受欢迎，变法是成功的。可为什么一旦大范围推开，就闹得问题多多，流言四起呢？其原因正是因为虽然王安石本身正直清廉、富有理想，在地方试点时，他可以事必躬亲，所有事务都在他的掌握之中，可以保证新法不走样不打折扣地贯彻执行。但当他在整个国家层面推行新法时，他不能掌握所有环节，掌握做事的干部队伍。越是离中央远、越是离百姓近的地方，王安石越是不能掌控。于是宋朝官员队伍里那些投机分子、那些“老虎苍蝇”们便可以欺上瞒下、层层搞鬼，政策执行走了样，最终失败。

看来，上述各个阶段不同程度的扩大化，既有路线政策制定的问题，也有干部执行的问题。如何能够让中央的好政策，精准地落实到基层的百姓身上，是一个既古老又现代的命题。常常会听到群众感叹，中央的政策很好，可是到了下面就走样了，这正是干部队伍的问题，是掌握政策的问题。

2. 古代敢于变法革新的人

前面提到像王安石这样一些敢于革新的人，这里回过头来再补充一些中国古代历史上的故事：

比干在 20 岁就是殷商王室的重臣，官拜丞相，先后辅佐两代帝王，忠君爱国，为民请命，敢于直言劝谏，被称为“亘古忠臣”。从政 40 多年，主张鼓励发展农牧业生产，提倡冶炼铸造，富国强兵。最后却被纣王杀害，终年63岁。

公元前400年吴国伍子胥曾多次劝谏吴王夫差杀掉勾践，夫差不听。伍子胥再度劝谏夫差先灭越而暂不攻齐，也遭拒。不仅遭拒，且夫差听信太宰伯嚭谗言，派人送一把宝剑给伍子胥，令其自杀。伍子胥自杀前对门客说："请将我的眼睛挖出置于东门之上，我要看着吴国灭亡。"在伍子胥死后9年，吴国就为越国所灭。

唐太宗李世民时期的魏征也是这样一位政客，他敢于犯颜直谏，即使唐太宗在大怒之际，他也敢直面朝廷力争，从不退让。有一次，唐太宗想要去秦岭山中打猎取乐，行装都已准备停当，但却迟迟未能成行。后来，魏征问及此事，太宗笑着答道："当初确有这个想法，但害怕你又要直言进谏。"还有一次唐太宗得到了一只上好的鹞鹰，把它放在自己的肩膀上，很是得意。但当他看见魏征远远地向他走来时，便赶紧把鸟藏在怀中。魏征故意奏事很久，致使鹞鹰闷死在怀中。

明嘉靖四十五年（1566年）二月，一个叫海瑞的六品官员、户部主事，平地一声雷，给嘉靖皇帝上了一道疏，居然将皇上骂了个狗血淋头。这还了得！朝野之人都为海瑞捏了一把汗。但是，意外出现了。嘉靖皇帝虽说满腔怒火，却没有立刻杀海瑞。

上述这些人都是身体力行，努力进行改革，严重触动了掌权中的既得利益集团，矛盾是非常尖锐的，如商鞅因受到贵族诬陷被车裂而死。

五、解放后干部队伍的分化并发生严重腐败

1. 后天下之乐而乐的共产党人

看国家的第一代领导人毛泽东、周恩来等，他们一生廉洁，两袖清风，还特别严格约束亲人子女，做到率先垂范。他们不仅是做到"先天下之忧而忧"，更成为"后天下之乐而乐"的典范人物。他们处处想着老百姓，为老百姓办事。他们永远活在老百姓心中。

在共产党高官中还有许多人同样严于律己，如中央政治局原委员、国务院原副总理谭震林和夫人共育有6名子女，虽然自己身居高位，但他对自己要求特别严格，从不给子女动用任何特权。

还有一位"后天下之乐而乐"的将军甘祖昌，他是唯一的一位"不当将军当农民"的开国"将军"。他多次请求后获准回到贫穷的家乡江西农村，带领乡

亲改天换地为建设社会主义新农村作出了极大的贡献。电视剧《初心》就是讲的关于甘将军的感人事迹。

甘祖昌（左三）在家乡带领社员劳动

还有大家都知道的一位“后天下之乐而乐”的县委书记焦裕禄。1962 年冬，焦裕禄受党的委派来到了兰考，当时，正是我国国民经济处于暂时困难时期，兰考的风沙、内涝、盐碱等自然灾害很严重，农业产量很低，群众生活很苦。焦裕禄同志以高度的革命精神，对干部和群众进行思想教育、阶级教育和革命传统教育，激起县委领导班子和人民群众抗灾自救的斗志，掀起了挖河排涝、封闭沙丘、根治盐碱的除“三害”斗争高潮。在除“三害”斗争和各项工作中，焦裕禄以身作则，带病实干，严于律己，关心群众，后来，因积劳成疾，以身殉职。

此外，还有许多解放战争后退役下来的军官和战士，为了改变家乡的面貌，他们回到家乡带领老百姓战天斗地。他们都在实践着“后天下之乐而乐”。

2. 众多知识分子秉持了“后天下之乐而乐”之精神

中国的一大批亲历日本侵略的知识分子，他们懂得“国家兴亡，匹夫有责”的道理。在新中国成立后，远在国外的许多学者，他们听从祖国召唤，不在意回国后科研条件之简陋，不在意生活条件之艰苦，更不在意“搞原子弹的不如卖茶叶蛋的”，勒紧裤带也要搞建设，其中许多人还要隐姓埋名，他们搞出原子弹、氢弹、导弹，强化了国防，维护了国家的安全。

也在那个时候，许多青年知识分子响应祖国号召，哪里需要就到哪里，“好男儿志在四方”，大批南方人去到寒冷的东北，去到沈阳、长春、哈尔滨，以至边远的不知名的富拉尔基，后来许多人又去到深山老林的大三线。他们就是为了实现新中国的第一个工业化。他们都是真正值得尊敬的“后天下之乐而乐”的人，其中包括许多还不是共产党员的知识分子。

再看现今在各条国防战线、科技战线上的大批年老的带头人和年轻的佼佼者们，他们不计待遇高低，埋头苦干，为彻底改变中国科技落后的面貌，为中国赶超世界先进水平在拼搏、在奋战，他们作出了突出的贡献。而后面将要提到的某些“大V公知”，他们仅是中国知识分子中一小股浊流。这些人站在奋战行列之外，却在那里冷言冷语。与之相比，上述那些众多的知识分子才真正是继承和坚守了中国传统文化中的精髓，是社会、国家的中流砥柱，是中国知识分子的主流、中坚力量，代表了中国的知识分子，他们也都是真正值得尊敬的“后天下之乐而乐”的人。

再看看今夏高温暴雨洪水中坚守岗位、奋战在各条战线上的工人、农民、解放军战士。那些在烈日下穿着整齐制服、汗流浃背的交警，那些在狂风暴雨的河中拉着绳索冒险救人的战士，那些在暴风雨后爬上危杆抢修电路的工人师傅，那一大批在成昆铁路塌方处抢修的铁路工人……他们都称得上是“后天下之乐而乐”的人。

3. 共产党人应该怎么做才是实践“后天下之乐而乐”？

回首往事，历史上每次农民起义夺得政权后，马上就转变为坐天下去享乐，远离劳苦大众。历史上如黄巾起义、黄巢起义、洪秀全起义、李自成起义都是这样，胜利了就要坐天下，当皇帝、当大官，要享乐。

前面曾说过，跟随毛泽东参加革命工作的一大批老同志，当时他们冲锋陷阵，身先士卒，舍生忘死，他们确实是实践了“先天下之忧而忧”。但当革命胜利后，他们中的某些人却忘了初心，忘记了毛主席的教导：夺取全国胜利，这只是万里长征走完了第一步！他们认为革命到头了，要坐江山了，他们希冀自己比广大人民先一步去过更好的生活，甚至他们中的许多人不曾想到需要他们去践行“后天下之乐而乐”。这样，他们实质上就已经远离“为人民服务”的理念，思想上已经不再是共产党员了。

共产党人应该怎样做才是实践“后天下之乐而乐”？怎样做才能保持共产党员的这个称号呢？那就是要始终怀抱“初心”，怀抱“为人民服务”的理念，共产党员应该始终想人民之想，急老百姓之所急。

我们的干部在入党时都发过誓，宣读了“入党誓言”，且进入官场后，初期还都努力工作，也都做出了一些成绩。但慢慢地有些人却变了质，也失去了“初心”。

什么是初心？就是他们入党时的宣誓。就拿解放战争时期的入党誓词来看，“我志愿加入中国共产党，作如下宣誓：一、终身为共产主义事业奋斗。二、党的利益高于一切。三、遵守党的纪律。四、不怕困难，永远为党工作。五、要做群众的模范。六、要保守党的秘密。七、对党有信心。八、百折不挠永不叛党。”

这里还找到一份新中国成立后不久的入党誓词：“我志愿加入中国共产党，承认党纲、党章，遵守党的纪律，服从党的决议，学习马列主义、毛泽东思想，努力提高自己的觉悟，积极工作，精通业务，全心全意为人民服务，不屈不挠，为共产主义事业奋斗到底。”

但到中国革命取得全面胜利建立新中国政权后，本来团结一致的革命队伍却发生了分化，不仅原来拥护中国共产党的各民主党派不赞成走社会主义道路，即使在共产党党内也发生了分化，毛泽东主张走社会主义道路，而党内某些人却认为革命到头了，要坐天下了，要享受了。这样矛盾就产生了，也逐渐尖锐。

4. 顶层设计首先就给了高官以厚禄

我们看到，改革开放后曾一时刮起“高薪养廉”的舆论，还实行起给高官包括退休的高官极高的优厚待遇，甚至还能够直接惠及毫无功劳的子女。这种情况正在得到纠正，可以从中央军委2017年11月公布的《军级以上领导干部有关待遇规定》（自2018年1月1日起施行）的文件中看到。这个文件表示了要改革，要对厚禄开刀，要“动真格”的。上述文件规定对原本退休将领所享有的住宅、保姆、勤务员以及配车、儿孙可以“接班”等待遇，这次要将超标的部分全部压缩或收回。

就拿处于基层的燕大离休的某些人说，离退休办为他们建立了一个门球场，当退休的老教师也要去玩玩门球，他们就很不高兴。且不说都是同事，离休为什么要那么特殊，你们当初革命的目的是什么？你们的初心在哪里？你们就是这样去团结群众的？

有一年冬天我生病去学校医院打点滴，去得较早，大夫就打开一个阳面小屋（比阴面暖和）让我进去。没有人嘛，我就挑了一个里面靠窗户的床躺下了。一会儿护士就给我挂上药瓶，打上了点滴。慢慢地人陆续来到，小屋4张床就都占满了。因为我是靠里面的床但我的头却冲着门，所以后来的靠着门的那两张床是什么人我看不见。突然我眼前一晃，一个人影在我眼前闪过，我没有来得及看清是谁。过一会儿她又伸过头来，这回我看清了，原来是“她”，

×××。这回她也认出我来。她说：“原来是黄老师啊，过去总有一些人来抢占我们离休的这间病房！我们常常请他们出去，这是专用的！”我一听原来我面子好大，没有撵我！从这小小的事看看他们的特权到什么程度！他们这些离休的是否坚持了他们最初的誓言？为什么要制定这样脱离群众的离休政策？！

一次老伴去北京协和西院住院看病，我去陪床。闲暇时，我在院里走走，发现医院内还有个封闭漂亮的大花园。我也走进去转了转，那里真很舒心。没想到过来一个人却让我出去，说这是高干花园。我听了极为生气，当时我就说：“这大花园是纳税人出的钱，怎么高干独享？”

现在看改革开放后真是有许多干部背离了他们的初心，少数人甚至成为贪污犯。不少干部虽然没有贪污，但并没有信守“为人民服务”的理念。这也就没有践行“三个代表”的精神。

从现在已经揭露的贪官数目来看，党的十八大以来，中央共立案审查处分厅局级干部 8900 余人，处分县处级干部 6.3 万人，基层党员干部 27.8 万人。十九大之后又陆续揭发出一些大老虎！现在只能这样先一点一点挖出来，一边挖，一边整顿干部队伍，以避免发生混乱，稳定是最重要的。

5. 严重的问题就是这样发生

距今约 40 年前，当开始集中精力于经济建设时，发现在科技生产力方面中国相对西方世界差距如此之大。此时，邓小平同志决心以无比的勇气带领中国人民“杀出一条血路”，以筚路蓝缕之心拉开了改革开放的恢宏巨幕，抓住了加快发展最有利的战略时机，使中国在落后世界现代化进程一个多世纪的情况下，急速赶上了世界现代化的最新浪潮，他为人民建立了旷世功勋。

习主席深刻地说：“35 年前，在党和国家面临向何处去的重大历史关头，在邓小平同志领导下，我们党解决了正确评价毛泽东同志和毛泽东思想的历史地位、根据新的实际和历史经验，确立中国实现社会主义现代化的正确道路这两个相互联系的重大历史课题，做出了把党和国家的工作重点转移到以经济建设为中心的社会主义现代化建设上来、坚持四项基本原则、实行改革开放的历史性决策，实现了新中国成立以来我们党历史上具有深远意义的伟大转折。”

中国面对世界，看到了与世界经济军事强国之间十分巨大的差距。没有经验，没有路子，怎么办？邓小平提出“改革开放”“摸着石头过河”“白猫黑猫抓住耗子是好猫”“允许部分人先富起来”等具体政策，打开了改革开放的局面。当然其中最核心的就是改革开放。什么是改革开放？就是改革不合理的规章制度，改革以解放生产力，开放就是打开国门，与世界交流，吸收世界一切对我们有用的好东西。邓小平也曾说："假如改革导致贫富悬殊，改革就失败了。"

改革开放一开始，曾在海南发生诸多因走私所引爆的严重贪污、行贿、受贿、套汇等作奸犯科的活动。

1984年的海南岛，倒卖汽车就能够赚大钱。只要弄到一张批文，一辆汽车就可以赚上万元。一时间，全岛陷入疯狂，人人争跑批文，个个倒卖汽车。仅半年，全岛便出现了872家公司。那是一个酷热难当的夏天，汽车像潮水般涌进海南岛，停在海口市内外，密密层层，一望无际。工商局积极为买家办理"罚款放行"手续，只消罚款四五千元，盖上一枚公章，这辆汽车就可以堂而皇之地装船出岛了。在这中间，贪污、行贿、受贿、套汇，所有作奸犯科的活动几乎均在阳光下公然进行。

回想1949年全国解放时，旧社会留下了贩毒吸毒、卖淫嫖娼、聚众赌博三大恶习，是社会三大毒瘤，致使道德沦丧、性病蔓延，祸国祸民。全国以制贩毒品为业的有数十万人，吸食鸦片者达千万之众。对此，全国共查封妓院8400余所，惩治了一批作恶多端的妓院老板，使一大批被迫为娼的妇女脱离苦海。在全国1200多个禁毒重点地区发动群众，集中破案，共查出制造、贩卖、运送毒品的毒犯36.9万余人，逮捕8.2万余人，其中判刑、劳改、管制的有5.1万余人，处决罪大恶极的毒犯880人，共收缴毒品折合鸦片近400万两，给猖獗的制毒贩毒活动以毁灭性打击。在严禁毒品的同时，党和政府还动员人民群众开展了严禁赌博活动的斗争。各地在广大城乡张贴布告，明令禁止赌博，坚决取缔各种赌博场所，封闭赌场，没收赌资、赌具，严惩聚赌牟利的赌头、窝主及屡教不改的赌徒。

在中国共产党的领导下，仅仅经过三年的努力，曾在旧中国屡禁不绝、被视为不治顽症的黄、毒、赌等社会痼疾就被基本禁绝了，形成路不拾遗、夜不闭户、安定祥和的社会氛围，得到社会人士广泛称赞。

1987年邓小平说："这几年来，一直存在着资产阶级自由化思潮，但反对不力。"

事实上，发展到21世纪初，中国已经发生较为严重的两极分化，涌现出了大批的贪污分子，他们甚至高到把持国家顶层的领导权，进到了党中央政治局任常委，进到了中央军委、军队。

再看在共产党领导下的中下层干部，无法秉持“初心”的人也有。这很好判断，那就看他们真正是“为人民服务”还是仅本着对领导负责的“官本位”思想。按道理说，当领导本人就是抱着“为人民服务”之心时，对领导负责与为人民服务是一致的。可是实际中，也有领导并非如此，他们不是“后天下之乐而乐”之人。

最近看到湖南衡阳出现的市人大代表贿选案件，我非常吃惊。我当年去东北上学就是从衡阳市走出去的，我对那里是有感情的，十分关心。但想想，这还仅是发生在一个小城市的事，是局部的问题。不久，又揭露出辽宁省人大的更大规模贿选丑闻，真是令人震惊。

电视剧《人民的名义》把习近平总书记“坚持以零容忍态度惩治腐败”的反腐精神、反腐决心写了出来，把党内有些野心家“团团伙伙”“帮帮派派”的做派写了进去。仅看剧中“丁义珍式”的窗口就把现实中的各种反人民的“蹲式窗口”暴露在光天化日之下，涉事单位不得不迅速整改。剧中不仅揭露了官场的腐败，还刻画出包括“官商勾结”“权色交易”“懒政不为”等让人民痛恨的敏感内容。

6. 腐败为反华势力所利用妄图推翻社会主义中国

社会上的腐败现象在老百姓中引起强烈的愤慨。腐败的积累会使社会动荡不安，更必然地为敌视中国的国际反华势力所利用，妄图达到推翻社会主义中国之目的。且看：

（1）发生在 1989 年春夏之交的政治风波

国际反华反共势力利用某些民众在 1989 年春夏之交的北京和其他一些城市发生政治风波，党和政府依靠人民，旗帜鲜明地反对动乱，平息在北京发生的反革命暴乱，捍卫了社会主义国家政权，维护了人民的根本利益，保证了改革开放和现代化建设继续前进。

邓小平还说：党的十三大概括的“一个中心、两个基本点”没有错，四个坚持本身没有错，如果说有错误的话，就是坚持四项基本原则还不够一贯，没有把它作为基本思想来教育人民，教育学生，教育全体干部和共产党员。这次事件的性质，就是资产阶级自由化和四个坚持的对立。

（2）2011 年的王府井洪博培事件

由于当时国际局势紧张，突尼斯、埃及、利比亚等北非、阿拉伯国家相继发生群众上街抗议、总统下台与出逃等变局。于是，在中国就有一部分反华分子，也开始利用互联网发帖，企图动员群众于该日上街进行非法集会示威。

据报道，2 月 20 日那天的王府井大街，有超过近百名的国外记者早早到场，他们都架着“长枪短炮”似乎在耐心地等待着出现什么，当时现场确实聚集了众多群众，但并没有被鼓动起来。不难看出，这绝对是一起有组织的策划行动。按照媒体曝光的“海外指挥、网络联动”原则，美国《华尔街日报》亚洲版网站刊文称 20 日当天美国驻华大使洪博培出现在了聚会地点之一的北京王府井大街（王府井是当时网络宣称的集会地点）。只是让如期来到这个敏感地点的洪博培感到意外的有两件事，一是现场除了外国记者和他认识的六七个所谓的“运动骨干分子”外，根本没有其他人参与起哄；二是这位“德高望重”的大使刚一现身，就被网民们当街认出，无法遁身，还被一些令其无法自圆其说的问题弄得张口结舌，不久，便逃之夭夭。有好事的网友戏称当时洪博培只是去王府井“打酱油”的！

腐败是严重的社会毒瘤，老百姓反对腐败，西方是更善于利用我们当中的腐败做文章，所以，我们一定要彻底根除腐败和存在腐败的土壤，不让它慢慢腐蚀自己，更不让西方势力得以利用来瓦解中国自己的社会主义体制。

六、第二次如何达到“后天下之乐而乐”的大分歧

在改革开放进行了大约 30 年后，中国存在的浅层问题都获得解决后，剩下的都是一些十分难啃的硬骨头，如贪污腐败、环境污染、贫富差距等。如何再往前走？这时又发生如何能够达到“后天下之乐而乐”的大争论，引发了关于中国前途的大分歧。对比前一次关于中国前途的分歧，这次国内和国际背景太复杂了，特别是国际上的反华势力卷入之深、影响之大前所未有。这真是中国两个命运两个前途的你死我活的大决战。每一个关心中国命运的老百姓都不能够掉以轻心，每个中国的知识分子的立场都在此被检验，你支持的是哪一方面？中国两个命运就是两条道路之争，为什么我们把公有制的主体地位看得那么重，为什么对经济私有化和“自由化”那么警惕，道路之争绝对不是一个可有可无、小题大做的问题。

1. 如何在改革开放后继续前行

（1）公知民主派、大 V 们的主张

如何能够在改革开放后继续向前？中国的某些“高层知识分子”“精英”，他们急迫地考虑顶层设计。他们主张在政治上实行西方民主，实行两党制，西

方选举制、经济上主张全盘私有化、全盘市场经济，文化上全盘否定中国传统文化，思想上主张自由化，生活上鼓吹糜烂化，教育上主张由私人办学、不再要党的领导……总之，他们不赞成走社会主义道路。这就是所谓的“公知民主派、大V”们的主张。

他们常常先从最薄弱的环节攻击，从攻击中国教育入手，他们的抓手就是中国没有诺贝尔奖，就是“为什么中国教育培养不出杰出人才”，他们认为这是因为中国存在根本的“体制”问题，而且积重难返。

有位教育界名人曾以“呼唤理性”发表演讲，还真迷糊了成批的学生给以点赞。他认为“我们的核心价值观是：‘自由，民主，平等，法制’”。文中他特别指出，中国的教育方针、教育目的应该是“人的自由发展”。

在攻击完教育之后进而攻击政治体制，有一位精英女士，她认为只有将“人才与市场经济与民主制度相结合才能在科学研究上取得奇迹”。言外之意就是没有“民主制度”，科学研究上就不可能有什么杰出贡献。她呼唤西方民主体制。

再进一步，他们攻击中国的传统文化，说什么中国人愚蠢，不是一般的愚蠢，而是非常的愚蠢，愚蠢到自己在未来的一百年到二百年之中，很可能会使中国人自己变成第二个印第安人。中国人的愚蠢并不是从今天开始，从秦汉以后中国就是一个漫长的愚蠢的过程，就是一个愚蠢的民族。他们称汉族是目前世界上“最肮脏”“素质最低”“人品最恶劣的民族”；他们想到美国，就会感觉中华民族“真的不配在这个地球上存在”。更有甚者，他们恶毒攻击毛主席，他们攻击革命英烈，往他们身上泼臭水。

这就是某些“公知民主派、大V”所期望引领的道路。这条路能够让中国人民达到幸福，达到“天下之乐土”吗？

他们密切地配合国际上的反华势力，妄图从中国内部煽风点火，腐蚀瓦解，里应外合。

此时，应该再想想当年的苏联，在西方诱惑下苏联“自废武功”，全盘西化，甚至还想加入北约。西方因之投桃报李了吗？没有，不但没有，反而变本加厉，北约不断东扩，不断打压蚕食，就是要肢解苏联。到这时苏联人才清醒，但一切都晚了，无可挽回了。普京说：“谁不为苏联解体而惋惜，谁就没有良心”“苏联解体是全民族的重大悲剧”“是20世纪最严重的地缘政治灾难”。

（2）潜伏的“第五纵队”

在上述这些公知民主派中，有少数人是糊涂，是认识上的错误，只要他们能够悔改，还是人民内部矛盾。但严重的问题是美国积30多年之努力又花了重金，在中国国内建立了它潜伏着的庞大的别动队“第五纵队”，它威胁到中国的国家安全。这是严重的敌我矛盾问题。

自20世纪80年代后，当中国逐步放弃了计划经济体制，引入了市场经济制度。这在美国政客看来，中国开始步入了他们设计的圈套，他们希望中国步苏联的后尘，一样地分崩离析。尤其是在90年代后，中美关系进入蜜月期时，美国可以在中国利用各种“基金会”公开合法地大张旗鼓地用美元培植出在大学教授、新闻媒体、重要经济部门中的他们的代理人，培养为他们说话的精英大V，建立了他们养活的“第五纵队”。企图以此“第五纵队”的公知大V们去控制中国的舆论，控制中国的意识形态，控制中国的经济命脉，控制中国政府的决策，最终将中国引导到美国的附庸国道路上去。

在苏联轰塌后美国的世界秩序之梦想极度膨胀为：美国是世界的中心和统治者。美国可以无所顾忌地掠夺全世界的财富，其所依仗的是绝对的军事优势和作为世界货币的美元。美国认为自己是世界的第一层级，而欧洲、日澳新等贵族国家则为第二层级，余者为第三层级仆从国、第四层级第五层级为苦力国。而所有仆从国、苦力国等只要能学会从事最低档工作有着一技之长就可以了，养肥了每几年供给一次羊毛羊肉就可以。这就是以美国为轴心的贵族国家心中梦寐以求的千年世界秩序的模式。

但2002年后，美国看到中国不仅逐步脱离了美国所设计的“彻底铲除社会主义元素和全面实现私有化”的发展轨道，反而使社会主义的国有经济获得了飞速发展，且转眼之间已经成为全球第二大经济体。奥巴马不得不下狠心当机立断，他要甩掉中东的烂摊子，从中东撤军、与伊朗和解，再集军事、经济、政治、外交、文化等所有手段，一定要发动对中国的遏制与总攻。利用美国的军事、美元、别动队这三股力量妄图当作用以抹掉中国的三把利剑。

无论是上述哪种情况，这条道路对中国都是危机四伏的，绝对是一条不归路，更不能让中国人民享受到“天下之乐”，达到这样的乐土。

2. 西方的这条路岂能在中国实现“后天下之乐而乐”

某些公知大V们这么向往西方，西方的这个体制包括它们的民主、多党制、三权分立、选举等真是有利于广大的人民群众吗？西方的资本主义制度，在反对封建制度时，它有革命性，也符合了广大人民利益。而当它发展到如今，那可是今非昔比，其革命性已消失殆尽，让人看到的是严重的派性，反人民性，不辨是非，仅看党派。

我和上面说到的那位女士都是在改革开放后同年去的美国，我在美国待的时间却比她还长。我们用肉眼所看到的是同样一个美国，我也曾为中美的巨大差距而惊愕。我还看到一些来美国的中国访问学者，为美国的富有而忘返，留在美国。一位大连理工大学的计算机专业的教授，当时仅仅因为在美国比中国工资高就滞留不归，去当了那个学校的计算机录入人员，时至今日还一直开着一辆破车！

当时我曾想，为什么美国这么富有？为什么连每天拿着夹钳棍子的黑人，在公园里收拾地面的垃圾乱纸，一个月也能够挣上万美元？那时，我每月工资仅仅78元人民币！相差真是天上地下。是黑人的生产效率高吗？不可能。他只不过是收拾垃圾。为这事我还曾和一位来自台湾的博士生有过争论。慢慢地，我想明白了。美国是世界上唯一霸权国家，它能够从全世界搜刮钱财，它才这么富有。美国这种制度压迫剥削了全世界人民，它的这个社会模式不是人类理想的。

再说，现今我们看到美国两极分化是那么严重。记得2011年有个“占领华尔街”运动，提出的口号是99%，意指美国99%的老百姓与1%的富豪之间贫富分化严重加剧。虽然号称可以自由地骂总统，而这些和平的示威者却被警察强制清场驱离。美国的政治制度不符合人类的理想，不能够带给广大人民以幸福。我们绝不能走这条路。

再回想一下蒋介石统治时的中国，蒋宋孔陈四大家族鱼肉人民，军阀割据，物价飞涨，连年战乱。我清楚地记得那时物价飞涨的现实。每天早上就有挎着大筐卖烧饼油条的小贩挨家叫卖。第一天油条一根一元，第二天一元的油条只有昨天的一半长，第三天油条恢复原来的长度却要价两元，第四天，两元只能买半根的长度……

确实，中国除了自主走自己的社会主义这条路之外，其他的路都只能是被西方强权踩在脚下，永远处于被剪羊毛、被割羊肉的惨状，永世也别想再翻身。

3. 他们怎么就变得不信任自己的社会主义祖国呢？

我深感奇怪的是，那些公知大V都是一些非常有名的大知识分子、学术精英。他们多在60岁上下，绝大多数是生在新社会，长在红旗下，有不少还曾是共产党员。知识分子本应该是社会的灵魂、社会的脊梁，代表社会的良知，以他们的正确认知引导社会前进。今天他们怎么就变得不是努力建设自己长期生活的社会主义国家了呢？反而竭力协助他人要搞垮祖国呢？到那时中国人民将如同伊拉克、利比亚、叙利亚那样生活在水深火热之中。“公知”是社会“公共知识分子”的简称，本来它是一个褒义名词，现在倒让他们的表演弄成了一个贬义的名词了。

这里来分析下面几种不同类型的人：

（1）首先看看那些拿着西方的资助，为西方摇旗呐喊，已经成为西方“第五纵队”的人，毫无疑问，他们彻头彻尾已经是中国人民的敌人。他们妄想一旦成功，他们将以胜利者出面收拾残局，那时该他们坐江山了，管它国家是否分裂。但现在他们这些人还来得及悔过自新。如其不然到了那个时候，就可能对他们真按对待敌我矛盾方式处理掉。

（2）再说说公知大 V 中曾经还是共产党员的那些人。这里先来看那个特例。就是前面提到的一位革命时期反蒋拥共人士的女儿，看看她是怎么走上了这条反对中国社会主义道路的。她很早加入了中国共产党，曾长期从事翻译工作，还曾为毛主席等国家领导人做过一段时间的高级翻译，看来那时她在政治上是得到高度信任的。现在她却转身攻击起中国现在的政治制度，她非常活跃，要的却是西方的“民主制度”。

这位女士，她怎样从一个入党宣过誓的人“华丽”转身成为“民主公知”的呢？我看了她的简历，原来她也有一段出国留学的经历。看来她虽然入了党，但正确的理性的世界观并未跟进树立，就像前面说的那些革命战争期间的民主党派的人，他们仅是民主革命时期的同路人。她也是这样，与共产党仅是一个时期的同路人。当她到了国外，看到西方社会的物质文明，看到西方的民主选举制度，她全部接受了，在过去的运动中又受到过冲击，就这样她全盘秉持了西方的价值观。

（3）再看看那些成长在新中国的公知大 V 知识精英们。他们可能并不是共产党员，但他们生在红旗下，长在红旗下，受教育在红旗下。看来就是在这样的环境下正确的世界观也不会自然而然地建立。他们再在西方社会待上几年，接受点西方的教育，就确立了西方价值观，认为西方的价值观才有普世性，是能够带领广大人民走向“天下之乐土”。

他们这个看法是完全错误的，连日裔美国人福山的观点在现实中也发生了变化：大约 30 年前，当西方制度的本质尚未明显暴露之前，西方的民主制度是真能迷惑人，使人容易信以为真。当时又适逢 1991 年苏联的解体，生活在美国的日裔政治学者弗兰西斯•福山在其名著《历史的终结》中骄傲地宣布，自由民主战胜了最顽固的敌人——社会主义的苏联，美国模式已成为“人类政府的最后形式”，意即资本主义永存。然而，随着历史的发展，他改变了“资本主义永存”的观点。2014 年他在美国《外交》双月刊上撰文《衰败的美利坚——政治制度失灵的根源》，细剖了美国政治制度的诸多弊端，结尾时他感叹改革无望，说美国将呈现“死路一条”（No Way Out）。

到了今天，西方的这种制度的种种弊端已经多方面显露于光天化日之下，全世界人民都看得清清楚楚。而中国某些公知大 V 们他们若再执迷不悟，也将是无可救药。

（4）这里还有这样一类人，他们的变化主要是因为自己或家人在过去的历次运动中或多或少地受到了冲击，特别是还包括许多受到错误伤害的朋友，他们记恨在心，也就形成他现在的世界观。

说到这里，是不是遭受到不公正对待就一定变为敌对？我们知道，在共产党的历史中曾发生党内错斗的事件，而这些受到伤害共产党员的信仰仍是那么坚定。

且看第一次大革命失败后，毛泽东在湘赣边界创建了革命根据地，在此期间他多次反复地遭受了严重的不公正对待。1927 年 10 月，中共中央错误地撤销了他的政治局候补委员；1928 年 6 月，他又被迫离开红四军主要领导岗位；1931 年 11 月，他被指责为“狭隘的经验论”“富农路线”和“极严重的一贯右倾机会主义”；1932 年 10 月，在江西宁都召开的中共苏区中央局会议上，受到“左”倾错误的打击，毛泽东被撤销红一方面军总政治委员职务。虽然都是误判，但他服从组织决定，又一边慢慢说服同志等待事件的发展，用发展的事实来让同志们认识真理。

再看革命队伍中还有一些实例：

1934 年廖承志曾被张国焘拘捕几乎被错杀，他戴着手铐走完了长征；1935 年西北革命根据地发生错误肃反事件，刘志丹、习仲勋等一大批领导干部都被迫害关押。

上述这些错误事件都没能动摇真正革命者的意志。所以说，决定的因素还是自己，如唯物辩证法所指出：“外因是变化的条件，内因是变化的根据，外因通过内因起作用。”

虽然如此说，我想我们不能拿共产党员的标准要求某些公知大 V，而且他们一些人所持的立场还是事出有因。我也诚恳希望他们能够以国家发展前途为重，尽快醒悟，呼唤他们重新理性地去看问题，谁会愿意看到中国像阿富汗、伊拉克、利比亚那样动乱，人民离家成难民？谁会愿意看到中国如同苏联一样被大分八块？

（5）最后，要说到在普通知识分子中还真有一些人跟着某些公知大V们跑，他们还振振有词："选举嘛，谁不好谁下台，谁好谁上台，两党轮换多好。民主选举嘛，一人一票，公平合理。"这些话貌似有理、公正，貌似"理性"，但它经不起在实践中的检验。

你可以先看看中国历来的党派，有谁真正代表人民的利益？远的不说，就看看台湾的选举，在选举战中，台湾的两个党派哪个都不代表人民的利益！"绿党"搞"台独"不用说，国民党的高层不少人是利己主义者。四年一次选举，一次选举选四年，真是好多正经事都不去干。

再看西方的选举，就拿美国来说，美国的两党轮换，对人民没有一点儿好处，不是代表军火商，就是代表石油大亨，都背靠强大的利益集团。美国的民主选举只是个障眼法。

再说，中国共产党在发展的历史中确实出现过一些错误，但都能够认真地去改正。这些都被中国人民看在眼里，记在心上，中国人民选择中国共产党。毛泽东说："因为我们是为人民服务的，所以，我们如果有缺点，就不怕别人批评指出。只要你说得对，我们就改正。你说的办法对人民有好处，我们就照你的办。只要我们为人民的利益坚持好的，为人民的利益改正错的，我们这个队伍就一定会兴旺起来。"是的，在改革开放后带来的那些负面的问题，一定会被中国共产党人所克服，错误也必定会被纠正！

中国共产党近百年来就是这样以为人民服务为宗旨，坚持好的，改正错的，在长期扑朔迷离和十分凶险的国际环境下，领导中国人民开辟和坚持正确的前进方向，中国人民以"大海航行靠舵手"来歌颂中国共产党。对这样的中国共产党哪个党能够代替？没有！它领导中国人民推翻了三座大山，又领导中华民族再次腾飞，取得了如此宏大的丰功伟绩。中国共产党的领导是历史的选择，是中国人民之幸！习主席说："人民立场是中国共产党的根本政治立场，是马克思主义政党区别于其他任何政党的显著标志。"这是任何其他政党所无可企及的。

4. 以后的路怎样走

在这一段时期，中国社会存在许多矛盾，一些还是非常尖锐的矛盾。在分析国内矛盾时，要区分主要矛盾和非主要矛盾。毛泽东说过："在复杂的事物的发展过程中，有许多的矛盾存在，其中必有一种是主要的矛盾，由于它的存在和发展规定或影响着其他矛盾的存在和发展。”只有确定国家一个时期的主要矛盾，才能决定国家的政治路线。“解决矛盾的方法，即斗争的形式，则因矛盾的性质不同而不相同”。但毛泽东主席还告诉我们，主要矛盾和非主要矛盾是共处于一个统一体中，主要矛盾和非主要矛盾会发生相互转化。

今天，几十年历史的步伐都已经一步步走过去了，回首那些往事，我们的确应该好好地以马列主义、毛泽东思想来作个分析总结。分析各个时期的主要矛盾、次要矛盾，并关注它们之间的变化。分析和总结我们成功的经验和错误的教训，这些都是十分有益的事。基于主要矛盾的分析，才能正确确定我们发展的政治路线，建立坚强团结的干部队伍，制定正确的政策策略。同时注意正确处理那些非主要矛盾。

十九大上，习近平总书记分析和总结了历史发展到今天的实际情况，他说中国特色社会主义进入新时代，我国社会主要矛盾已经转化为“人民日益增长的美好生活需要和不平衡不充分的发展之间的矛盾”。那么，当前中国就是以此来确定我们的政治路线和政策策略。

七、跟随习总书记奋勇前进

中国存在如上述乱麻一样的国际国内问题，外有强敌，内存“第五纵队”，自身又受到腐败的侵蚀。在这危急时刻，全国人民期盼着出现真正胸怀“后天下之乐而乐”之心，且具有伟大战略眼光和力挽狂澜的领导能力的掌舵人。“忽如一夜春风来，千树万树梨花开。”在2013年，一声振聋发聩的春雷，党的十八大确立了以习近平同志为首的党中央来指引中国前进。习总书记带领十九大政治局常委，瞻仰中共一大在上海的会址，参观一大在嘉兴的红船，其目的是告诫全党要不忘“初心”，并重建他们的“初心”。

红船

1. 习近平总书记确立了新时代中国特色社会主义思想的指导地位

首先，习近平高度地肯定了毛泽东同志的伟大功绩，高高举起毛泽东思想的红旗，他说："在为中国人民不懈奋斗的光辉一生中，毛泽东同志表现出一个伟大革命领袖高瞻远瞩的政治远见、坚定不移的革命信念、勇于开拓的非凡魄力、炉火纯青的斗争艺术、杰出高超的领导才能。他思想博大深邃、胸怀坦荡宽广，文韬武略兼备、领导艺术高超，心系人民群众、终生艰苦奋斗，为中华民族和中国人民建立了不朽功勋。"

习总书记指出，要坚定不移走中国特色社会主义道路，既不走封闭僵化的老路，也不走改旗易帜的邪路。我们要增强政治定力，增强道路自信、理论自信、制度自信、文化自信。他再次号召全党要牢记毛泽东同志提出的"我们决不当李自成"的深刻警示，牢记"两个务必"，牢记"生于忧患，死于安乐"的古训，着力解决好"其兴也勃焉，其亡也忽焉"的历史性课题。

什么是理论自信？就是深信马克思主义理论，深信它与中国革命实践相结合后发展的理论。它不是一成不变的，是不断发展，在保持其基本原理下与时俱进的理论。

2. 习近平总书记一心为人民

习总书记向全国人民宣誓的誓词是："我忠于中华人民共和国宪法，维护宪法权威，履行法定职责，忠于祖国、忠于人民，恪尽职守、廉洁奉公，接受人民监督，为建设富强民主文明和谐美丽的社会主义现代化强国努力奋斗！"

习总书记说："一切国家机关工作人员，无论身居多高的职位，都必须牢记我们的共和国是中华人民共和国，始终要把人民放在心中的最高位置，始终全心全意为人民服务，始终为人民利益和幸福而努力工作。

"把人民拥护不拥护，赞成不赞成，高兴不高兴，答应不答应作为衡量一切工作得失的根本标准。

"我将一如既往，忠实履行宪法赋予的职责，忠于祖国，忠于人民，恪尽职守，竭尽全力，勤勉工作，赤诚奉献，做人民的勤务员，接受人民监督，决不辜负各位代表和全国各族人民的信任和重托！"

从上述讲话我们可以看到在习总书记心中，人民是重于泰山的，他践行"后天下之乐而乐"的心愿，并教导、带领干部要把持自己的"初心"。

3. 五年来的成就是伟大的

在习总书记领导下，全国各族人民以迎难而上的气魄，以动真碰硬的勇气，五年来的成就是全方位的、开创性的，五年来的变革是深层次的、根本性的。五年来，我们党以巨大的政治勇气和强烈的责任担当，提出一系列新理念、新思想、新战略，出台一系列重大方针政策，推出一系列重大举措，推进一系列重大工作，解决了许多长期想解决而没有解决的难题，办成了许多过去想办而没有办成的大事，推动党和国家事业发生历史性变革。其中就包括最为困难的反腐败斗争，并取得了巨大的胜利。这些历史性变革与胜利，对党和国家事业发展具有重大而深远的影响。

4. 跟随习总书记前进

在精准扶贫脱贫的政策中，习总书记明确地要求“政策扶贫不要落下一个人”。过去我自己对“为人民服务”中的人民的理解，仅是“中国的大多数人”，而习总书记将为人民服务的对象明确地扩大到全国要“不落下一个人”！从“扶贫日记”上看到，在脱贫攻坚战中，最难啃的硬骨头是农村中的懒散户，他们安于贫困，意志消沉。而扶贫干部正千方百计地在努力，以解决这最困难的问题。这正是在贯彻习总书记“不落下一个人”的政策精神。习总书记就是这样把“后天下之乐而乐”这一概念，提高扩展到一个具有历史意义的新的高度和宽度。

说到这里，想起一种社会结构理论，叫作“橄榄型社会——两头小中间大”，穷人仅是一个小头。西方政府就认定这个金标准，认为穷人人数少了就造不了反，这样社会就能够稳定。欧洲发达国家的城市里总有一个不大的角落，是无人过问的贫民窟，你看美国有很多无家可归、露宿街头的人，没有人再把穷人放在心上。对比“不落下一个人”，要让小头这部分的人也达到小康，习总书记的胸怀真有如浩瀚汪洋一样的博大且伟大。

回想 1949 年毛泽东同志曾告诫全党说：“夺取全国胜利，这只是万里长征走完了第一步！中国的革命是伟大的，但革命以后的路程更长，工作更伟大，更艰苦。”

今天习总书记带领中国人民，正沿着毛主席曾经指出的那条艰难困苦的万里长征的道路，披荆斩棘，忠诚地继续向前迈进。当下，我们比历史上任何时期都更接近中华民族伟大复兴的目标，面临的困难也更多、挑战也更严峻。依然遭遇“大渡桥横铁索寒”的困境，世界经济深度调整，地缘政治风险上升，外部环境的不稳定不确定因素增加，唱衰中国，南海问题，“台独”“藏独”“疆独”等对我骚扰不断；依然碰到“雄关漫道真如铁”的关隘，国内经济下行压力加大，深化改革蹚入深水区，长期积累的矛盾和风险进一步显现……只有像当年红军一样，百折不回、攻坚克难、闯关夺隘，才能将长征精神融入“新的长征”。

我们这些在教学科研战线上的同志，要坚定拥护以习近平同志为核心的党中央，忠诚党的事业，拿出勇气、鼓足干劲，在新长征的路上奋力创造出无愧于历史、无愧于时代的成绩。美国的制裁不是正针对中国制造转型升级吗？我们一定要在中国制造转型升级上作出实际有意义的贡献，要培养出更多更好的国家需要的建设人才，大踏步走向更加美好的未来，走向“天下之乐土”。

“两个一百年”奋斗目标的历史交汇期，梦想和现实在这里转承，奋斗和拼搏在这里接续。从全面建成小康社会到基本实现现代化，再直奔社会主义现代化强国。

忆富拉尔基

（2018 年 1 月 16 日）

我小时候一直生活在南方，在湖南、湖北、贵州、重庆都待过。只是上大学才来到北国哈尔滨，毕业后去到富拉尔基东北重机学院。在富拉尔基整整生活了 27 年。1986 年我才随学校搬迁离开了东北。在富拉尔基几十年，我习惯了吃苞米碴子，吃大葱蘸大酱。到了海滨城市秦皇岛每每想起，真感到东北也是我的半个故乡，我是半个东北人。

在富拉尔基的几十年，我度过了最宝贵的青春年华。大学毕业来到东重当专业基础课的老师，我十分努力地去做分给我的教学工作。由于我教的机械原理课涉及许多自己陌生的领域，为了备课我认真地读起许多相关的书籍。我还为实验室设计制作了不少有深刻寓意的教学模型；数次带领学生参加工厂的四化实践，去过昂昂溪电机厂、齐齐哈尔糖厂设计并制作自动化的生产线。我边教学边参加一些科研活动，如参加袁老师的北京人民日报社铅字自动铸排机研制、校工厂的钢筋调直机设计，袁老师做诺维科夫齿轮研究时，我们年轻老师在实验室值夜班。我自己也进行一些科学研究，前后陆续写出几篇论文，还在国家一级期刊上发表。我教的学生大多都分在重机行业，他们为国家打下工业化基础作出了重要的贡献。中国工业化基础离不开中国的东北，离不开燕大学子的贡献。在东北最后那几年我还被选派去美国留学，接触到国际上科研最前沿的研究，这对我后半生影响重大。

现在离开了东北，却经常想念东北，我也看到近年东北经济在大幅度下滑，心里十分难受。整个东北为国家作出了那么大的贡献，今天却在拉中国发展的后腿，连东北人自己也受到不公正的诟病。

这里我将写出我在富拉尔基的点滴生活细节，用以怀念我的东北情结。

一、初到富拉尔基

富拉尔基是我生活了27年的地方，从我大学毕业就去到那里，去到正在筹建的东北重型机械学院，担任大学的专业基础课老师。我念了六年大学，学的是工程学，原以为应该到工厂去参加中国的工业化建设，谁想到竟然去当了老师，而且还不是自己的专业。我们年轻人当时天不怕地不怕，就这样带着小行李去到了荒僻的富拉尔基。那时人的思想真是十分单纯，建设国家，到国家急需之处，干国家急需要你干的事，国家兴亡匹夫有责嘛。抱着这样思想的人不是我一个，大家都是这样，中国工业化基础就是我们这一大批人用肩膀扛出来的。

富拉尔基位于哈尔滨的西南，过了齐齐哈尔，火车还要走半个多小时，坐汽车大约需要一个小时。它位于自北向南的嫩江东岸，嫩江是松花江的一大支流。那里有三个重要的工厂，中国第一重型机械厂、北满特殊钢厂和供应这两个大厂用电的热电厂。其中第一重机厂最大，也是亚洲第一大厂，那时中国的重要机械制造都出自那里。

大学毕业那一年我23岁，到了东重当老师。那时学校要建在与重机厂一墙之隔的西边的荒芜原野上，起名叫“哈尔滨工业大学富拉尔基重型机械学院”，

富拉尔基火车站

从哈工大调来了一些老师和学生就开办了东重。但学校是房无一间，楼无一座。没有教室怎么上课？那时北满钢厂把它铁道北的一个家属院腾出，借给我们暂时安顿。在这个院里，有几栋三层的楼房，还有几排小平房。教工家属住在楼里，也有部分老师住小平房，上课是在家属楼附近的那一排排小平房里上的。

第一重型机械厂

小平房在冬天是靠生火炉取暖，烧煤球。为避免一氧化碳中毒，炉子上安上烟囱。早上起来，毛巾都冻得硬邦邦的，墨水瓶也都被冻住了。这样艰苦的生活过了两年吧。开春后，校园内开始了基建，不上课的老师都参加了挖大楼的地基沟土方的劳作。教学大楼先盖起来，上课就搬进了大楼，但我们还是住在道北，每天上下班来回要走很远的路。那时学校老师中仅有连家创老师有一辆自行车，他来回骑自行车，大家好是羡慕。

慢慢地，凹字形的学生宿舍也盖起来了，开始时这楼的一端第二层先给单身教工居住，我随之搬了进去。楼里的条件比小平房好多了，虽然当时并没有完全完工，外面的脚手架并未拆除干净，但住在同一个走廊里的年轻老师却是十分热闹，走廊里常常听到大家响亮的歌声，特别是听到“克拉玛依之歌”，这是“歌星”刘响亮唱的。刘响亮是水机专业的，他也是从哈工大调来的，后来他又随水机专业再次被调到兰州的甘肃机械学院，此后就再也没有机会见到他了。

在 1960 年到 1961 年，是国家最困难的时期，粮食减产，每人每月定量只有21斤，对我们二十几岁的年轻人来说，一个月21斤哪够？一天平均不到8两，还要算上食堂的克扣，而且油和肉等副食又很少，很长时间天天如此，很多人患上浮肿的毛病，腿上一摁一个坑。

教学楼

挖教学楼的地基，背对镜头的是我

食堂晚餐常常只供给苞米面粥，每人只有一勺，真可怜呀！为了能够把打来的一勺粥全部一点不剩地吃到肚里，在冬天可有个好办法，当拿着搪瓷碗从宿舍去到食堂，对倒到冰凉碗里的热粥，你不要再乱搅和，每次用勺轻轻从粥上的浮头划过挖出一勺（勺切勿触到盆底），由于冬天搪瓷碗是冰凉的，粥在那里形成一层薄的膜，随着碗里的粥渐少，粥在膜的保护下，沿着碗边下滑。这样，碗里的粥就可以吃得干干净净，几乎都不用洗碗。那时食堂做饭也必定扣除一些粮食，校方也每每检查督促，节约的粮食年底还可能给大伙加餐一顿，让大家放开肚皮吃，这时倒也是蛮痛快的。在困难时期，有几次我带学生去齐齐哈尔糖厂搞“四化”，糖厂是用甜菜来榨糖，在糖厂食堂里，利用甜菜渣做的窝窝头很大，很有饱腹感。

有了1960年的经验，1961年时，许多老师就自力更生，到学校西边的大片荒地上，开垦种地。种什么？种黄豆。为什么种黄豆？黄豆好种，又不怕偷，因为收黄豆那是很费工的事情，不会有人去偷。开春时许多老师去种，我也种了一小块地。秋天真收获了黄豆，北大荒的黑土地种了就会有好的收成。我将带着豆荚的豆秆拔起带回晾在宿舍的屋檐下，抽空时就去打下豆子，就这样也收获了一小袋黄豆。我们屋里住了四个人，有刘俊龙、齐长祥、李德业和我。大家都收获了黄豆。收获了黄豆，怎么去把它煮熟呢？我们采取电加热，各自找来两片锯片，两头各夹一个薄的木片将锯片隔开当作两极，通上电就能产生热。泡好的黄豆放在饭盒里，饭盒放在脸盆中，脸盆中倒上水，加热器也放在水中，上面再扣上一个盆。睡觉时通上电源，第二天早上就可以吃上香喷喷软绵绵的黄豆了。它不仅仅能够让你填饱肚子，不再挨饿，而且营养丰富，一个个的浮肿也都没有了！真好，自力更生！

二、工作在教学科研的第一线

我学工科，本以为毕业后去工厂直接参加祖国的建设，真没有想到却被分到学校教基础课。那时也真是没有怎么多想，发展工业需要人才，培养人才就得办学，办学就得有人教基础课，国家需要什么就干什么。我想的是，干什么就要把什么干好，就这样我到了东重，到了机械原理教研室。“机械原理”课大学时就学过，但学过和要教好学生可是两回事。就拿你学过的那一点点去教学生，还不一下子就让学生抠得底儿冲上。为了教学，我先要好好学习。我读了许多的书，有《连杆机构》《凸轮机构》，而在机构中齿轮则特别复杂，我系列研读了《齿轮机构》《齿轮制造》，还看了《齿轮机床》等方面的书，此外还有机械动力学方面的书籍等。这些阅读丰富了我的认识，扩大了我的知识面，当然也增强了我的自学能力。

那时初来当老师的大学生是不能直接上课的，需要严格地从给老教师当助教开始，跟着听课再学习，参加辅导答疑改作业，还要写出完整的讲稿，再经审查合格慢慢才能够上台讲课。由于我十分认真，教学效果也一直很好，得到了学生许多点赞。

那时东重刚刚建校，经费设备都不足，特别是连基础的教学仪器设备都缺乏，在这种情况下，我们教师中开始自己研制教学模型和教学仪器。我清楚地记得，我十分满意地制作了几件寓意十分深刻的教学模型，后来还被厂家选用做成标准化的模型。在教学过程中我还几次带队领学生下到几个工厂参与自动化装置的设计与制造，这不仅锻炼了学生的实际工作能力，接触实际对我自己也是一个很好的学习机会。

在这一阶段，一方面主要做教学工作，同时也参与了一些科学研究工作。开始时是协助袁老师做科研，包括印刷机械中的活字铸排机、诺维科夫齿轮，还有学校机械厂的钢筋调直机，我参与调研、设计和试制。我自己还结合重型机械写出几篇相关的重要文章，为有关单位研究工作提供了很好的参考资料。

三、建立理性的信仰

1959 年全国开展学习毛主席著作的运动，那时我们刚刚搬进新盖的宿舍大楼。其实，到了 10 月份大楼并没有全部完成，屋里的暖气尚未贯通，外面的脚手架尚未拆除。东北 10 月那已经是冰天雪地了，盖被子要盖两床。我是依仗着年轻身上火力旺，晚上读毛主席著作读得起劲时，不睡觉披着被子灯下读书。这样利用业余时间连续读毛主席著作前后有两年时间吧，读得十分有兴趣，许多文章反复读了好几遍。从书中我了解了中国共产党奋斗的历史，了解到那时的革命碰到了那么多的艰难困境，几起几落，了解了毛主席是怎么制定政策一个个克服困难的，毛主席如何把具有普遍性的马列主义与中国革命实际很好地结合起来。让我感受到中国革命的艰难、胜利为什么伟大，感受到中国共产党为什么伟大，认识到只有中国共产党才能够救中国，只有共产党才是真正代表了中国老百姓的最大利益，为了老百姓的利益在舍生忘死地奋斗。这些认识与我自小的“国家兴亡匹夫有责”的愿望一拍即合。在衡阳我老家获得解放是在 1950 年，那时敲锣打鼓，扭秧歌迎接解放，热烈的气氛影响了我，为追求进步我加入共产主义青年团。但那时对共产党还得说只有朦胧的认识。读了毛主席的书才真让我信服了马克思主义，我又读了《共产党宣言》，从思想深处信服了共产党的理念，从理性上接受了共产党，认识到了共产党是为人民大众利益而奋斗的党。我就是这样从读毛主席著作中确立了我的世界观，这是理性的认识。我要学习毛泽东思想，要争取做共产党员！我要以共产党员身份来实践我从小的抱负，“国家兴亡，匹夫有责”，为中国崛起而奋斗。树立了这个理念之后，无论是后来发生了什么大事，包括苏联解体、颜色革命等，特别是关于中国革命与建设的道路，我有很强的道路自信，让我都看得清清楚楚，不曾动摇。这就是理性信仰的力量。最后，在我临去美国之前加入了共产党。不是吗？你看当今有多少生在红旗下、长在红旗下的知识分子、精英，成了“公知大 V”，他们失去了道

布鲁塞尔的天鹅咖啡馆，马克思曾在这里撰写《共产党宣言》

路自信，向往已经腐朽的西方体制、西方道路，这正是因为他们并没有从理念上认识中国的革命。

学习毛主席著作对我的影响是巨大的，不仅让我能够正确地认识世界，也让我掌握了辩证法。若是没有学好毛主席著作，我的下半生必将会是另一个样，我下半生之所以在科研学术上能够取得较大的成就，绝对与学习毛主席著作有直接的关联，否则，多半也就是平平淡淡的。

四、走进婚姻建立家庭

我大学毕业时已经 23 岁，在大学里并没有女朋友，毕业时我的一位同学曾给我介绍了一位哈医大同年毕业的女生，她是长春人。谈着谈着，当她知道我要去富拉尔基，她不干了。那就到富拉尔基再说吧。然而，当时有谁能想到，富拉尔基是个新建的很小很小的地方，外来的都是年轻人，男的比女的多多了，在富拉尔基要找对象是太难了。后来是我母亲在北京给我介绍了一位，是附近邻居的女儿，我们一起去北海玩了一圈，虽然我也发觉她很主动，但我好像没有感到有什么意思，这事也就黄了。接着又给介绍她同事的女儿，我也不满意。学校教研室的谭以津老师也曾给我介绍了一位中学老师，我还是不满意。最后直到教研室来了一位毕业于东工的李老师，他爱人在齐齐哈尔卫生界工作，她给我介绍了现在的老伴，那时她是齐齐哈尔师范学院的应届毕业生。我说可以看看，于是李老师领我去齐齐哈尔公园约定见面的地点。那天，是她先到的公园在那里等我们，进园后经指点我首先看到她的背影，她站在花坛围栏旁边看花，胖乎乎的身材，身穿整齐的学生装，灰蓝的上衣，黑色的长裤，中等的个头。等她转过身来，我看清了，她圆圆的脸蛋，洁白的皮肤，丰满的身材。我不知怎么就特有好感！就这样，一见钟情。后来谈恋爱嘛，我多次去了齐齐哈尔，和她多次溜达在齐齐哈尔的龙华大街和龙沙公园里。从交谈中我得知她父亲是中学老师，家里孩子多，有七八个，她排老三，大哥已经结婚出去单过，她和她二姐是双胞胎，他家就靠她父亲一人工资，生活并不富裕。她告诉我在家时常利用节假日帮家里做些小工，如编苇席，秋天去溜土豆什么的，用各种办法帮助家里，看来她是一个勤劳的女孩。她还曾在富拉尔基的第六医院 X 光室当过技术员，后来又去医士学校图书馆当过管理员。赶上机会被保送到师范上的学。介绍人就是在六院与她共事时认识的。

她毕业时，虽然我们确定了关系，她却被分配回到泰来又再分配下到农村。

后来经东重人事处多次去协调，最后才调来学校。

我们的结婚照

1963 年夏天我们结婚了。结婚时非常简单，两个人搬到一起，两张单人床一并，从哈尔滨第七百货商店买来一个装皮鞋的麻面木质包装箱，再蒙上个被单上面放上一瓶花，墙上贴上个双喜字，就这样结婚了。我们结婚是旅行的结婚方式，没有举行结婚典礼。结婚时，在路过天津时在七姑家曾住了两天。上面的结婚照片是在北京王府井南口上那家著名的“中国照相馆”拍的。

五、八平方米小屋

结婚后，先在铁道北的北钢楼里给了我们一间小屋，这就是完全地成家了。买来了锅盆碗筷，也立即生火做饭。第二年，当学校教工宿舍盖起，我们就分配到东重五栋的一间北面小屋，小屋只有 9 平方米，与杨老师共住一个单元，他住的是大间，14 平方米吧。小屋面北，一年四季不见阳光。后来有机会被调到四栋三楼一间东面的小屋，它更小只有 8 平方米，但向东。当问我们愿不愿去时，一听说是东面那里能见阳光，我们就决定搬家。

小屋只有 8 平方米，将两张单人床并上，床头靠窗户边还剩下不到一米宽，正好放下我们结婚时买的那个麻面箱子，也蒙上个床单就当柜子了。还好房间

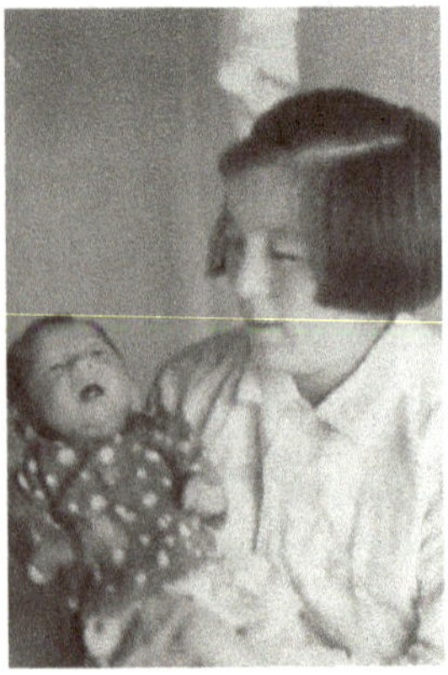

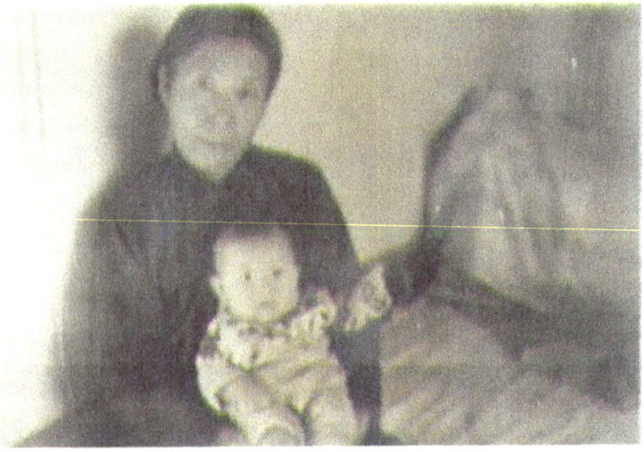

我们的大女儿

里也有个小储藏间，那里可以放点东西。这个套间的大屋是老毛家，也是 14 平方米。我们两家在一起住了近十年。最多时这一套房里共有十口人，他家两个大人，四个孩子；我们家有两个孩子。偶尔还超过十口，他家老爷爷来过，我家岳母也来过几次，来时就挤在这间 8 平方米小屋。没有别的办法，就在床头靠窗户那块，搭上几块木板凑合着临时住住。真是几代人住一间房。

岳父也来过。一次岳父来时，那天清早天还没有亮，我去窖里去取菜，出来时，也许是在梯子上爬得太快，不小心一脚踩空，从大约两米高掉到窖底。我立即发现，不好了，我的左脚崴了，我麻溜儿地用手将崴的脚掰正。坐了一会儿喘喘气，我只得用双手和一只脚，一蹬一蹬地爬出菜窖。此时天也没有亮。坐在菜窖口等着，一会儿看到有个黑影过来，我问是谁，来帮帮我！那人吃了一惊，当问了我是谁，他毫不犹疑走过来，背上我就上楼去了。进门后两个孩子见到都吓坏了，爸爸怎么啦？经医院检查是小腿腓骨骨折，打石膏上夹板，伤筋动骨一百天嘛。在家里休养，躺靠在床上，两个孩子趴在床头，不说话用盼望的眼神看着我，妻子天天单给我做好吃的东西，时常也分给两个眼馋的孩子尝尝。

那时物质匮乏，许多东西都要凭票，限购。每月一人只供应肉半斤，油半斤，粮食 27 斤，以政府发的粮票油票去按量购买。粮票分本省的和全国通用的，若去北京出差就要用全国粮票，在北京若没有全国粮票，那是吃不到任何粮食制品的。

粮票

在富拉尔基生活，家家户户要盖仓房，挖菜窖。我们成家后的第一件工程大事，就是挖菜窖。东北的冬天长，天气冷，市场上很难买到新鲜蔬菜，各家就自己用菜窖保存蔬菜，菜窖要挖 3 米深才能防冻。好在富拉尔基的土质好，有很厚的黄土层，土的黏度高不会塌。我在下面挖，妻子用一个小筐往上提土，这样挖了好几天。菜窖的口直径大约 80 厘米，两米以下就要扩大直径以存放蔬菜。窖口搭上木头，做个盖子，周围铺上苞米荄以保暖，再压上土，窖中要放个长梯子。窖中存放的主要就是四种菜，其中土豆是堆放的；萝卜、胡萝卜都要用土埋上，这样它不会长芽；白菜最不好保存，先要将它在太阳下晒多日以去掉许多水分，水分多了爱烂，在窖里还要将根向下坐在土上，再一棵棵码紧。另一种保存白菜的方法，就是腌酸菜，将洗好的大白菜一棵棵整齐地码在大缸里，放少许盐，灌满水，再用大石头压住，不让白菜露出水面。这样它在里面发酵，一个月左右就腌好了。东北的酸菜是非常好吃的。酸菜粉、酸菜汆白肉、酸菜鱼都是名菜。白菜还可以用来做朝鲜族的辣白菜，那也是特别好吃。

为了改善我们自己的生活，我们还在家里养了只母鸡，每天剁鸡食喂鸡，让它下蛋给孩子吃，每天我们可以拣一个蛋。我们还自己种了地，地就在我们的菜窖的四周，大约 10 来平方米面积，种了豆角、西红柿、黄瓜，还种了几棵向日葵。东北气候比较干燥，长期不下雨。为此我们时常就从楼上端水下楼去浇地。记得有几次天下了大雨，真是下得沟满壕平。即使半夜听着雨停了，我们就半夜起来，高高兴兴拿盆从路边的大沟里淘水去浇在我们地的垄沟里，我们两个人呼哧呼哧地干得十分起劲，不一会儿就把我们这块小自留地的垄沟都灌满了，我们互看一眼高高兴兴地回到楼上去。那几年我们的自留地几乎年年都物产丰富。

六、搬煤劈木柈

现在常听年轻人因家务事喊“忙”！那时，在富拉尔基一周只有星期日休息。家里生火做饭是用煤炉，烧的是从重机厂买来的煤，每次一买就是半吨，再雇毛驴小车跟着拉回来，卸在楼外的煤池子里。为了烧煤，还得买柈子，买柈子就要去木材厂，一般买回的是直径有 20 ～ 30 厘米，长 40 ～ 50 厘米的圆柱形木墩，烧火最好是买落叶松，它油性大，易燃。柈子买到家，要预先用斧头把买回来的圆木劈成小碎块，因此，家家都要备斧头。家里的厨房要烧煤，烧煤的炉子是泥糊的，在其空膛底下是炉篦子。厨房里还要有装煤、柈子和煤灰的三个小坑。点火时，先掏空炉膛，最下面放上团紧的纸用来点火，纸上再架上劈碎的木材，上面才加上煤。让纸把木柴烧着，木柴再把煤烧着。程序是这样的，但也不是每次点火都一定能够顺利把火点着。这个点火的程序就是这样复杂，每次要吃上饭都得这么做，因此，每天天不亮，妻子就得起来点火做饭，下班回家后，第一件事也是点火。要吃饭是不能着急的，可不像现在，家家拧开煤气炉火就起来了。那时，当过年过节，才可以买到瓜子花生，这类像瓜子花生的壳是最好的燃料，不扔都留下引火。

那时每周只休一个星期日，在这天上午我的事就是把烧了一周积攒的煤灰从厨房灰坑中掏出，倒到楼下垃圾坑中，然后，将圆木柈子劈碎，再将一周要烧的煤和柈子搬上三楼。

现在大家的衣服都是买的，那时，许多人家都是自己做衣服包括棉衣棉被。妻子是一个很能干的人，每天下班后，做饭是她的事。她每年还要拆洗棉衣，也做新棉衣，为此我们买了一台脚踩的缝纫机。大冷的天做棉衣，她要坐在地上，那时学校宿舍的地板不是木质地板，而直接就是水泥地。把地擦干净后，再把剪裁好的布料铺在地上，在上面铺上棉花，再铺上里子，里面都铺好对齐，再要行线以固定棉花，然后再把袖子与上身缝合。当然，做衣服裁剪布料是关键，那时买了几本裁剪的书，她看看就学会了。她还给大女儿做了一件翻毛皮大衣。她每年都要拆洗被子，被子大再做时在小屋里展不开，就在星期日拿到她的实验室去做。

七、盖仓房

在富拉尔基时，家家住的屋都很小，而生活所需要用的煤、柈子等杂物太多，因此每家都在楼外用土坯盖个小房子用来放杂物，称为仓房。我们成家后，早就想找时间我们也动手自己盖上一间。

那年夏天，我们动手啦。要盖房子首先要脱坯，于是借来脱坯需要的各种工具，有用来挖土的锹，有割草的镰刀，有用来捣泥的五齿叉，还有脱坯的木模子。在一个礼拜天，我们选了校园西边一块地，用锹翻开土看看，很好，不是沙土。于是我就开始挖土，并堆成一个大堆。妻子借来一个小桶，从大楼提来一桶一桶的水，再把割来的草都铡成一寸一寸长作为和泥的扬脚。下面的活更累人了，就是和泥。把成堆的土中间拉出一个大坑，倒上水，再扬上扬脚草秣，下面就要努力用五齿叉和锹来回和泥，把土水草三者和均匀，让泥也充分吸水。就像揉面一样，达到泥草水均匀。啊呀，这是会累死人的一种活，那黄土用水再加上扬脚草和好的泥像胶一样的黏，和起来是太费劲了，每次都要使出全身的劲儿。东北人说，和这种泥，人要扒一层皮！

泥和好了，下面就是要脱坯。选上一块较平坦的地，上面杂草也要去掉。

将和好的泥，用叉子叉来一大块填满木模中，再用手把泥抹平，起出模子，这就做好了一块泥坯，只要等它晾干了就可以用了。用叉子从黏腻呼哧的泥堆中叉出一大块泥也是要力气的活儿。盖一间四面土坯的墙需要多少土坯呢？那时我们盖的小仓房大约两米见方多一点，高不到两米，每块坯按长 35 厘米、宽 18 厘米、高 6 厘米算大约需要 800 余块。呀，不得了的数目！显然脱坯这活不是一天能完成的，真把我俩累坏了。

照片中是三个男劳力在脱坯。远处是一个人在那里和泥，第二人用叉子送泥，第三人蹲在那里往模子中装泥做坯。他们三人的活儿，我们男女两个知识分子来干，怎么能不更累？

脱坯（借来的照片）

脱完坯后，每隔几天就要去翻个儿，让它两面都能够晒上太阳，让它快点干透。最害怕的就是下雨，看到要下雨就得赶快去找点东西将晾着的坯盖起来，要是已经干得差不多了就提前点收起来，那就要去借小推车，装上坯拉回来。好在，东北的夏天雨水较少，每天都是大太阳。可就在已经差不多全干了的时候，天要下雨，我们只得赶紧借来手推车，去学校后院把坯拉回来，找了个避雨的地方卸下。那天把我俩也浇了个通湿。仓房地基是不能够用土坯的，土坯怕地上的水。为此我们就要想法找到足够的砖头打地基。也很凑巧，房楼的东面有一个小炉窑拆了，堆了一地的砖头儿，还有不少的整砖。妻子领了两个孩子一起去那里捡了一小推车，这也就够了。地基只需沿着地面铺个五六层就可以。

土坯在阴处晾了几天后，也就全干了。我们开始搭仓房。仓房就选在楼门对面原来我家的煤池子处，再稍微向左边空地扩大一点，右边就借用老刘家仓房的山墙共用，房基就与两边已有的仓房看齐成一溜儿。把底面收拾平整干净，就沿着规规矩矩的四方地块码起砖头。基础砌了六层吧，在其上面就开始码土坯。这时当然也要和泥，用和上扬脚草秣的泥作为土坯之间的黏合剂，为了让四面墙壁都保持与地面垂直，我还采用了铅锤吊线的办法。

为了盖仓房的房顶，要用到许多木材。在此之前我多次骑自行车去到铁道北的木材厂去购买。盖房子的木材按用途上区分为檩子与椽子。前者是用作房子的主梁横向使用的，后者是次梁竖向应用的；前者要求承力，要粗一些，要买约 8 个厘米直径的，后者只要 6 厘米。我那时是骑着自行车去的，买到后用绳子捆着，再斜捆在自行车上，推回来。这样跑了好几趟才备好料。仓房的房山头是三角形的，选最粗的檩子架在两个房山头的顶端，然后，从上至下，按一定间隔排放其余的檩子。其后就是在檩子上从左至右竖向摆放椽子。这样房顶的框架就有了。剩下的，就是用捡来的油毡纸铺上一层以防雨，其上用长 50 厘米左右的木柈条再横向不透缝密密地铺在椽子上，也可以再铺上苞米秆。其上再扬上一层黄土，最后还要爬到屋顶，给整个屋顶抹一层泥。这个仓房房顶的活是小红干的，小孩身体轻，是她爬上去的，帮爸妈完成一件大工程。房顶抹完，当然四周的墙面也要抹一层带扬脚草的泥，这都是为了防雨水冲刷。当泥水活完成，最后安上门窗，仓房才算大功告成。

我们家的这个仓房盖得真是不错，对比相邻的这排仓房，我们的仓房盖得四四方方，规规矩矩，有棱有角，墙面平整光洁，屋顶斜度恒定。这可是机械工程师的作品。小仓房盖好后，晾了几天，干燥后就成了我家的“下屋”。在下屋里面堆进木柈，有刚买来圆木和破开的粗木柈，自行车不用再扛到三楼直接就锁在里面。家中原来不用的东西，不怕潮的也放到仓房里来。这样楼上也就宽敞了许多。真是劳动创造世界呀！

在我们要往秦皇岛搬家时，这个仓房就给了孩子的大姨家。后来听人传来消息说，几次看到大姨来这个小仓房取东西，都含着眼泪。我们搬走后，就剩她们一家在富拉尔基，我们听了心里很难受。在大姨家也搬离富拉尔基时就把这个小仓房卖了。小仓房也就和我们彻底断绝了关系。然而，它是我们辛勤劳动的果实，我们怎么能够不思念？

八、“文化大革命”

1966 年年初我被派去参加社会主义教育工作队（简称社教队），去到黑龙江呼兰县福利大队，任务是抓革命促生产，一些人去生产队查账，我主要帮助生产队搞生产也参加些劳动。时间到了 8 月，学校开始 8・16 大游行，校长书记都被戴了“高帽”，“文化大革命”汹涌澎湃而来，学校停课了。我们也就被召回学校。

“文化大革命”全校到处贴满大字报，从打倒走资派开始，发展到扫四旧，清理阶级队伍……与其他地方一样，学生红卫兵也分成两派，所谓革命派和保皇派。上面说要文斗不要武斗，可现实是武斗不停。两派嘴上都说是保卫毛主席，其实他们都在搞派性。想起那时的两派的斗争，再看看现今发生在台湾、在美国的两个党派斗争也都是派性，没有任何的理性。

“文革”后期，运动少了，我和许多教师都被分配去机械工厂各个车间参加劳动，我被分到滚齿机床上去干活，说真的，我们学机械工程的真应该去工厂参加些实际操作的锻炼，这正好也是需要的。很快我就掌握了这门复杂的机械加工技术，自己会开机床，会调参数。李德业老师被分去开车床，他在那台车床上突破了用车床挑大导角丝杠高难度的活，做得真好！

后来，我还去学校的五七干校，在农场干农活，锻炼了一整年，什么苦活累活都做过，不像现在什么都机械化、自动化，那时东北大地的农活是很累的。

复课了，但教学的组织形式也发生了大的改变，拆散教研室，基础课老师都下到各个专业，组成专业连队。我就去到轧钢连队，学生都是轧钢专业的，讲课所联系的实际就都是专业方面的例子。

像这样进行了一段时间的教学吧。其间因为国际形势紧张，提出了“深挖洞广积粮”的口号。于是学校也开始挖地道备战。在这里，我遇到了人生最大的一次危险。我参加挖地道，好几个人和我在下面挖土方。地道深有 4 ～ 5 米，地道口有近 4 米直径吧，为了装卷扬机电葫芦，在口上架了个三脚架，轧钢的一位师傅爬上去用一根铁棍铰八号线绑三脚架。突然，一根棍子从上面直落下来，不偏不斜，把我戴的绿色便服军帽从头上打落到地上，吓了我一跳。再看那却不是什么棍子，是一把刺刀，那是他们轧钢车间生产的三棱刺刀没有开刃的刀坯。距离这么近，把薄薄的帽子打掉，却一点儿也没有伤到我的头皮，真是上帝保佑！大家都说，逃过了大难，日后必有大福。

九、做木工打家具

“文化大革命”后期，学校长期不上课，大家都没有事，许多人就各干各的事情。有成天钓鱼的、下围棋的，有不少人干起木工活。我呢就也琢磨起做木工打家具。做木工首先要有木工工具：斧子、刨子、凿子、锯子，要有相应的量具如墨斗、角尺。其中有些工具简单好办，如锯子，去五金商店买来锯条自己再做个锯架，再用条麻绳调紧就是；凿子就更简单，买来凿子安个把就行；斧子也不太难，斧头买来，再从仓房的柈子堆中选一种较硬的木棍做斧头的把，但是难度却在怎样能够将斧头的把儿紧紧地装在斧头上，斧头在劈木头时力量是很大的，装得不牢，几下斧头就脱落了。量具更不难，画长的线可以用土办法代替墨斗，角尺仔细点也能够做得很准确。这里我最没有把握的就是刨子，它是精密的工具，刨子还分短、中、长三种，反正一切试着来。我仍旧是从仓房的柈子堆中选出最硬的桦木，且让它整个没有结疤纹理顺溜的。刨床料备好后，用借来的刨子将刨床四面刨光，为在其上画线，要按照刨刀大小和安放的角度在刨床上画上相应的斜槽孔，画好线后用凿子仔细地开凿起来，真是，一切按理预想在进行，完了我将刨床四个面都再度打磨光光，试着安放刨刀并用预先做好的木楔楔紧，敲实。这样刨刀就做好了。我在木料上试了试，效果还很好。

当然这里刨刀的磨刃又是一项关键技术。我买来了粗细磨石，刨刀先要开刃，也就是第一次磨刀，磨刀首先要掌握好一定的角度，角度要始终保持不变，这是磨刀的要领，先用粗磨石磨到位，然后再用细磨石也就是打打光。刃是否磨快只要把刀刃冲上，用眼光看着刃口，如果能够看见有一条发光的线，就表示尚未磨快。一直磨到这一条亮线消失，刀刃才算是磨好了。

我的第一件作品是箱架。那年结婚后，从北京买回来两个樟木箱子，箱子很大很实用。“文化大革命”开始后，老毛家搬走了，我家单独住上独门独户的一套。屋里地方也宽敞了，就在这间大屋做起了木工活儿。东北这里，老百姓习惯在木箱子下面打一个箱架，它可以装很多东西。我也认为，箱架这个家具做起来比较简单。确实很容易地就打好了两个。除了用了点劈材做些方子外，就买了几张三层胶合板。做家具首先要绘图，再确定一个个木料的尺寸。这种事是我拿手的，会机械制图这点活儿算得了什么！两个箱架轻松地就打出来了，刷上红色的漆，大家看着都称赞。就手我还给大姐家也打了两个箱架。这是我的第一个作品。

此后，我还打了几件家具，让我最感到骄傲的是，完成两个十分满意的作品，一个大立柜，一个写字台。过去，那个箱架设计得不好，完全仿制老乡家的模式，小鼻子小眼的。而大立柜设计得好，美观大方又大气，样式到现在也不过时。而且，这个大立柜的两扇开门，其中一扇门上还安装了一个上大下小成倒梯形的镜子。这个倒梯形镜子的木框做起来是要有技术的，倒梯形的木框架，须做得十分合缝，因为它不是矩形的，合缝不容易。再者大立柜的胶合板不够了，其侧面的山板我要尝试用两块薄胶合板拼起来。由于侧面的山墙高约有两米，两块两米的胶合板要严严实实地拼接也是很不容易的，我完成得很好，心里十分高兴，常常以此展示于人。

其实，有知识的人，特别是学习过机械设计的，这些都不在话下。世上无难事，只怕有心人。

十、去江边旅游

富拉尔基最有意思的玩的去处，就是嫩江江边，嫩江是一条很大的江，江面很宽。从关内坐火车出到关外，这么大的江是很难再看到的。靠富拉尔基这边的河岸很高、很陡，稍微远一点的地方有沙滩，许多游人在此玩水嬉戏。沿着这边河岸就是红岸公园，种了许多花草树木。这里也算富拉尔基一处休闲之地。

宽阔的嫩江和嫩江边的公园

唯一的问题就是从学校去江边公园实在不近，虽然也有公共汽车，但汽车的起点是铁西饭店，终点仅到副食品商店，两头都还有不近的一段路。我多次去过嫩江游泳。在“文化大革命”期间，为响应毛主席号召到大江大河的风浪里游泳锻炼，每年的5·16就像过节日一样，富拉尔基区政府还组织畅游嫩江，于是大家打着红旗，扛着标语牌子，浩浩荡荡能有近百人的队伍从嫩江靠江桥那头上流，沿着江心顺流而下。我也参加过几次畅游，十分惬意。

当我们恋爱还是二人世界时，结伴去过江边好几次，到江边玩耍。我们有时乘公交车去，有时骑自行车我驮着她去，为此我们还买了一台加重型的“永久牌”自行车。

记得最有意思的一次，那时已经有两个孩子了，老二才一岁半吧，老大四岁左右。我们决定带两个孩子去江边玩。

在一个夏天早晨起来后，我们把头天下午从“自留地”里摘来的豆角洗了，切成丝，搁了点肉炒得很香，还带了地里摘来的洗干净的黄瓜，又炒了西红柿鸡蛋，再加上要带去的馒头，装了整整三大饭盒。我们真是要把去江边玩再加上丰盛野餐的旅游，做得更有趣味和有纪念意义。我们把饭盒及去沙滩用的大床单、小毛巾等都放在一个大挎篮里，挎篮挂在自行车的车把上，大孩子坐在前面自行车大梁上的小椅子里，小椅子是自己用8号铁丝缠的自行车专用的；妻子抱着小不点就坐在自行车的后座上。就这么坐两轮车带了一家人去旅游。后来我曾调侃地说：“那时我们仅用两个车轱辘就带了全家出游，现在全家出游需要四个轱辘！”

一家人出游（借来的照片）

可是这样带人骑车人很难上去，或者你得先跨上，等前后大家都坐好再启动，但这样启动的力量小，速度慢，摇摇晃晃不易启动起来。另一种办法是，坐后座的人等车启动起来再蹦上去。但要妻子抱着孩子再蹦，也实在不好上。那时我们几次都是采取第一种方法骑上去，每次虽然也都经过摇摇晃晃，但每次都还算启动成功。

进了红岸公园就有一个大下坡，妻子下得车来，她抱着小的，大孩子仍坐在车上，推着车我们沿着江边浓密的林荫路向南走去。到公园南头地势一下就开阔了，过了一个缓坡我们下到江边。架好车，抱下大女儿，拿下挂在车把上的篮子。我们在沙滩上选了一块干净平坦的地方，拿出带来的大床单并铺开。把带来的饭盒等都拿出，放在床单上。这时时间也快到中午了，于是我们把带来的吃的都拿了出来，开始在野外江边享用丰盛的野餐。那肉炒豆角即使凉吃也十分香。富拉尔基的夏天天气还是很暖和，饭后我俩把孩子的衣服脱了，我们也脱得仅穿了一条裤衩，领着大的抱着小的就到了水边，让她们在水中嬉戏，好好玩玩，孩子们初次来到这么大的江水里，玩得非常高兴，老大老是撩起水花往妹妹身上浇，妹妹可干不过姐姐。不知不觉太阳有点斜了，孩子也玩得差不多了，我们抱出孩子，给她们擦干，穿好衣服。按来时原样，大孩子坐前面，大篮子再挂在车把上，推着车出了公园。到公园外的马路上再上得车来，一家人就这样高高兴兴地回到了家。大家心情高兴，并不觉得十分疲劳。可是老二还是小，嫩江水还是比较凉的，第二天发现有一点感冒，不过很快就好了。

现在不同了，我家守着大海，我却还总想那里的大江，做梦也常常回到富拉尔基。

十一、两个孩子的故事

小红是我们的大女儿，1967 年出生，生下来时大家来看都说孩子非常漂亮，我们心里自然乐呵呵，这是我们的小宝贝。小红出生后的第一个春节我们决定带她去她姥姥家。她姥姥家在不远的泰来县。那时还在“文化大革命”时期，铁路交通不是很顺利，从富拉尔基去泰来本来只需要两个来小时，实际上却走了七八个小时。孩子小，天气又冷，车厢里又暖气不足，我们用被把孩子捂得严严的。半夜才回到姥姥家，姥姥姥爷大家都非常高兴，都要看看小宝宝。打开大被，再打开小被被头，才露出了小孩的脑袋，一看，孩子头上还冒着热气，把孩子捂得太热了。姥姥、姥爷、舅舅、舅妈大家喜欢得亲个没完。这时我们才感觉姥姥家太凉，不像学校是烧暖气，这里是在屋里烧个煤球炉子，屋里冰冷，好在屋里睡火炕，睡觉并不冷。第二天早上起来，就发现不对了，孩子呼呼地喘，鼻翼扇动。找来小姨，她是个大夫，她看了说孩子可能是肺炎需赶紧去医院。医院也确诊是肺炎，于是住了院。那时医院也没用什么好办法，就打“冬眠灵”。可孩子不见好不说，似乎一天天更严重了。第三天夜里，大夫来告诉说，孩子危险要不行了，告诉姥爷要他拿草帘子来。我们一听吓坏了，妻子立即趴在我肩头上哭了，嘴里叨咕：“怎么会是这样，怎么会是这样！”说了就又把孩子紧紧抱起不放。就这样挺到后半夜，半夜后倒发现孩子好像是好了一些，我们屏住呼吸等待，果然孩子见好，慢慢睁开了小眼睛，大夫检查后说肺炎转好了。非常庆幸我们的小宝宝坚持过来了，我们的天也放晴了。我们决定赶紧回家，回富拉尔基去。

坐火车刚回到富拉尔基自己的家里，孩子很快肺炎又复发了，这次我们也有了经验，立即去重机厂职工医院住院，这样又反复几回才最后好了。

在小红上小学三年级期末的一个夏天，而且是在暑假眼看就要结束的时候，妻子听到一个好怪的消息："开学时，将要进行一次四年级科目的考试，三年级的同学可以参加，考试合格者可以跳级直接升入五年级。"这是好事可为什么不早说？又怎么仅是三年级的同学？怎么这么怪？管不了那么多，我们需要考虑的是让不让小红参加考试。小红平时学习不错，可这时距离开学只有三天了，只有这三天的复习时间。管它怎样还是试试看吧，于是妻子到处去给小红借四年级的课本，借到了就领着复习。因时间太紧，语文就不复习，主要集中学习四年级的数学。从前至后妈妈一边讲，小红一边听，又一边练，很快学完了四年级的数学课。就这样开学去应试了。大约一共有五六个孩子应试。当结果出来，只有我们的女儿一人被录取了。我们一家真是特别特别高兴，更为有这么一个聪明的姑娘而骄傲。这事公开后也轰动了小学和东重的教师家长们。小红的聪明也就成众所周知的了。

后来得知，这次考试是应某某人之请求，她是学校医院的大夫，有特权，就因为有这么一个人事关系，小学为她大开方便之门，想让她的孩子跳级。头暑假就告诉她开学要考试，要他们及早准备，即使这样优待，她的孩子也没有考上。

此后小红在一次重机厂教育处组织的学生学习方法经验交流会上，作得报告非常好，轰动了重机厂，在重机厂职工中广为传播，想不到连小红的爸爸也因此跟着在重机厂出了名，都知道东重有一位女儿出色的黄教授。

到小红要高考升学时，那是1984年，我到机械部担任机器人专家组的工作，常常不在家，家里只有妻子领着两个孩子，妻子身体还不太好，且上课又忙。后来才知道，一贯表现很好的小红却没有被评选上三好学生。那是因为她的班主任对她有意见，小红是班里的英语课代表，英语老师正是她的班主任，而准备高考时，作为英语课代表小红却不遵从英语老师指导，很少花时间复习英语。就是因为这个！那时小红确实很忙，她骑个小脚踏车，上学时要为家里带饭盒去学校热饭，回家路上还要买菜。一天下来也很疲劳，九点多就困了睡觉。就这样她还是考上她最向往的中国科技大学，要不是年龄大了一点点，差一点儿就进了科大少年班。这是她们重机厂五中的最好纪录。

她上大学时，我仍旧不在家，上学的一切手续都是小红自己办的，包括办户口、转粮食关系、准备行李、去齐齐哈尔买车票等等。去合肥还要多次转车，那时我在北京机械部工作，我只是在她到北京转车时去接她，帮她转车。就这样她自己去到合肥科大。她在合肥上学时我倒是去过几次合肥，小红看到我来了当然非常高兴，每天背着书包到我住的招待所来，也在招待所里复习功课，和我在一起。她请我到她学校食堂吃过大肉面，还请我去街里吃合肥的名菜烧锅巴，真不错，这是第一次这样吃锅巴。她还给我讲了她的同学们的故事，同学许多都是省重点学校的学生，如南京市重点校，江苏省重点校。讲这些重点校学生如何一遍遍反反复复地做题，可小红认为他们未必比自己聪明，因为上课他们听不懂常来问她……小红她不喜欢他们这种死板无味的学习方法。

小红的大学同学

在小红出生后三年，我们有了第二个女儿叫小娟，她是在四栋东面小屋出生的。姥姥也来了，我们小屋里乐呵呵地挤了 5 口人。这一段期间，生活供应仍是不好，于是我们就在屋里养了只老母鸡，这样每天能够有一个鸡蛋给孩子们吃。这时，妻子更是劳累，除了正常的做饭洗衣等外，又加上每天还要剁鸡食，喂鸡。不过累是累，每天捡一个鸡蛋也是很高兴的。老二也一天天长大，三岁后送去托儿所，就轻松了许多。每天妻子下班后直接去托儿所，老二等她妈来接常常十分着急，一看见妈妈来了，飞快地跑来。她小的时候爱得鼻炎，总是两根大鼻涕，她妈总给她擦去。

老二比老大活泼得多，与楼前楼后的孩子一起玩，跳皮筋，滚铁环，还常常围着大楼一圈一圈地跑，到吃饭时，她妈站在后凉台上叫她，她也不回头，跟着那伙小朋友跑。夏天，她更会玩，让我拿竹竿给她做了个捕蜻蜓网，这可好，每天拿着网跑到学校西边的荒草地中去抓蜻蜓，每次吃饭都要跑到学校院里去找她。

我们家老二比她姐姐要闯得多，我家在三楼，一楼家有两个男孩，都比我家的两个孩子大，而且他家老大特调皮。听一楼的男孩她妈讲："你家老二可不好惹，常常到我家来告状，说我家老大欺负她姐，站在楼梯口不让她姐上楼。"

由于那时学校也好朋友也好，见到我们，总是夸她姐。我们那时并没有意识到，更没有想到，夸她姐的话在老二心里引起了某种反应，她憋着劲要和她姐比，也要考出个好成绩来。在高中毕业升学考试时我自己已经去到秦皇岛上课，家里的大东西也都搬到了秦皇岛，富拉尔基就留下了一点必需的东西，她妈陪她留在富拉尔基准备考试。据她妈后来说，小娟在准备考试那一段时间，最爱吃的就是凉菜，她妈每天买豆芽、干豆腐、粉条，再切点肉丝用小黄盆做一大盆凉菜，一大盆都能吃了。可是到考试的时候，小娟突然感冒发起高烧，在富拉尔基她妈一个人急死啦，也没办法，每天上午参加完考试，回到家急忙去打吊针，吃了饭下午再去赶考，人生这么重大的一件事十分遗憾地就这样"混过来"了。没法，这么不走运，赶上高考时却生病！在估分时也就很保守，没敢过高地估，也没敢往小娟最希望的学校申报。

有谁能够想到，到发榜时奇迹出现了，小娟的成绩在全班第一，全富拉尔基第一！就连小娟她的五中的校长也坐不住了，连夜赶到家找小娟她妈动员，要她妈出面去哈尔滨省教育厅改志愿，将哈工大改为清华。小娟妈妈想了许久，还是决定不再改了。这样小娟就去了哈工大。

后来我去哈工大几次看我的小女儿，也去看看她的老师周定教授，周定教授曾是我的化学老师。这时周老师和他爱人都已经是国内著名的教授了。在哈尔滨小娟还领我去到北冰洋冰糕店请我吃冰糕。我们还去到松花江边玩，照了几张很有纪念意义的照片。

十二、在富拉尔基过春节

我们在富拉尔基成家后，妻子的大姐也在富拉尔基重机厂找了对象，于是我们亲戚两家住得很近，常常走动，特别是我妻子和她这个姐姐还是双胞胎姊妹，关系就更近了。我们家有两个女孩，他们家也有两个女孩，我家两个比他家两个岁数都大不了多少，她们四个孩子也常在一起玩。最有意思的是在过春节时，两家在一起吃年夜饭。她们的大姨很会做饭，每回都做一大桌。

今年孩子大姨发来做的一桌年夜饭的照片，我一看见就想起当年在富拉尔基时两家吃过的年夜饭。特别是那一盆炸虾片，那时每次过年都有更大的一大盆炸虾片，其他菜尚未做好，一大盆虾片就端了上来，于是四个孩子立即高兴起来，纷纷过来拿起就吃。炸丸子、炸茄盒、拔丝土豆都是大姨的拿手好菜、保留节目。过去也是年年都上桌的菜，让人不断地流口水。

几十年过去了，我随学校搬到了秦皇岛，几次有机会想回去看看那我奋斗几十年的地方，但都没能够成行。

这些年富拉尔基确实陆续发生了很大的变化，许多风光不再了，但我从得到的照片上看到，唯有不变的那就是广袤的黑土地，和那黑土地上茁壮成长的大豆高粱！

寄语燕山大学 2017 级的新同学

（2017 年 9 月 1 日）

新学期又开始了，燕山大学又迎接来一批新同学，现在我想借这个机会谈谈与你们有关的重要事情。到了大学，开始了学习生活新的起点，也是人生十分关键的一步，希望你们这一步一定要稳稳取得好的成绩，有一个好的新起点。

一、你们面临空前好的机遇

在习主席领导下，这几年的成就是全方位的，变革是深层次的、根本性的，解决了国内国际许多长期想解决而没有解决的难题，办成了许多过去想办而没有办成的大事，推动党和国家事业发生历史性变革。我国改革开放和现代化建设取得了举世瞩目的成就，我们比历史上任何时期都更接近中华民族伟大复兴的目标。我们已经走上了一条充满希望光明的康庄大道。

如今中国拥有人类历史上最大规模、最完整的工业体系。联合国产业分类中包括有 39 个大项，91 个中项，561 个小项，中国全部拥有，而且是当今唯一全部拥有的国家！在国家政策指引下，我国正在向制造强国迈进。

中国正从制造大国向制造强国迈进，这对你们来说，既是挑战又是机遇。希望你们在大学的学习过程中，既充实自己，又把握住机遇，在中国的崛起过程中展现自己的人生价值。

二、燕大是可以培育出参天大树的

你们到了燕山大学，燕大是能够实现你们梦想的起步之地。你们不要以为非得考上国内顶尖学校才能有所作为，非得考上世界顶尖学校才能大有作为。不要这样想，燕大这块土地也可以长出参天大树，你们一样可以大有作为。

请看新华社新闻报道：

教育部组织评选的2013年度“中国高等学校十大科技进展”，燕山大学田永君教授完成的科技成果“纳米孪晶结构极硬立方氮化硼”成功入选中国高校十大科技进展之一。他创造了高硬度的材料。该材料的硬度超过人工金刚石单晶，韧性优于商用硬质合金，抗氧化温度高于立方氮化硼单晶本身。同时，他们还发现纳米孪晶立方氮化硼随孪晶厚度减小能够持续硬化到3.8纳米，突破了大家熟知的材料硬化的尺寸约10纳米的下限。人们一直认为世界上最硬的材料就是金刚石，甚至还有人从理论上证明不可能有比金刚石更硬的材料。田永君发明的材料其硬度是天然金刚石的两倍！他的这个“合成出具有空前硬度和热稳定性的纳米孪晶金刚石”第二年又入选了“国家2014年度中国科学十大进展”。

燕大是非211大学以及非双一流大学唯一获得此崇高荣誉的高校，田永君的发明为国家作出了贡献，为燕大争了光。他的这个成绩是科学技术上的重大突破。

我得知此事后，便想“这个突破是偶然的还是其中具有必然性？”带着这个问题我思考着。我问过同学们，取得这样的成绩的田老师算不算“千里马？”同学们一致响亮地回答“是”。我们知道千里马是要有伯乐去发现并给予特殊培养的，那么他的伯乐是谁？我找到材料学院老师打听了解到他的情况。

田永君是材料学院老师，他1984年毕业于哈尔滨科技大学，毕业后就到燕大当了教师，1987年获燕山大学硕士学位，1994年获中科院博士学位，1996年又获得德国洪堡奖学金得以去德国留学。我又想他的成果与去中科院有关吗？与去德国留学有关吗？材料学院老师告诉我，田老师的研究与中科院与德国都没有直接关系。“高硬度材料”的研究方向是他大学毕业到燕大后自己选定的研究方向，研究成果都是自己闯出来的，确实是燕大土生土长的、在燕大通过努力获得的。

从田老师的经历可以看到，在燕大的每一个人都有更大的成功的机会；没有伯乐，千里马也能破壳而出。都说，千里马要依赖伯乐，没有伯乐千里马怎么能够跃出呢？其实正是中国现在的这个环境，这个科研环境给了年轻人以充分的发展条件。最关键的是你要会思考，要喜欢琢磨，当有了创新的想法，就可以申请到科学基金支持你的研究，在中国研究的经费已经不是问题，当然你要不怕困难，有百折不回的精神，你才会取得成功。

再看机械学院毕业的一位博士丁华锋，2010年也获得了德国洪堡奖学金。

他是我校“土生土长”走出去的洪堡学者。洪堡奖学金的层次是较高的，它从全世界选择拔尖的人才吸引到德国再加以深度培养。丁华锋到德国后，又继续做燕大的研究，再次破格拿到德国的博士学位。2013年他获“国家青年优秀科学基金”（俗称小杰青）。最近听说他搞成功了一个项目，开创了首次以类似人工智能模式获得的机械创新产品。

其实我们燕山大学的机械电子工程学科已经为国家培养出了四位“国家杰出青年科学基金”（其中一位就是那位小杰青）。能够在一个学科中培养出数量这么多的杰青并不多见，何况燕大并非211，并非双一流。这样看来虽然燕大不是国内的顶级高校，但燕大有自己的特长，真是“尺有所短，寸有所长”。

一个学校是有它的传统文化的。你们知道历史上燕大是从哈工大直接分出来的，分开那时，不仅实实在在从哈工大直接分来了哈工大老师和哈工大学生组成了东北重机学院（燕大前身），更主要的是，那时的哈工大李昌校长对我们千叮咛万嘱咐，你们分出去建立一个小学校，但你们一定要长期坚持“瘦而高”的方针。学校不大，但水平一定要高，要保持和继承哈工大的传统，“追求卓越”，不论做什么工作，都要求尽善尽美。长期来燕大一直做到了这一点，燕大与哈工大一样，在没有地利人和的条件下，仍能够不断在学术和科研上取得重大的成绩，就是努力保持“追求卓越”的结果。燕大继承了这种精神，才能始终顽强地保持处于国家高等工程教育领域的前列。其实，不论做什么事情只要有这种“追求卓越”的精神，在哪个学校并不是绝对重要的。看看国内外，许多杰出的人才也并非都是“最一流”的学校培养出来的。

所以要告诉同学们，要相信自己，要相信燕大，燕大这块土壤具有的科学精神也是可以培育出参天大树的，燕大是可以实现你们人生价值的地方，你们要努力。再往更大的范围看，可以肯定地说除了清华北大，“中国广阔的天地里肯定还存在许许多多的千里马”，等待他们破壳而出。国家和燕大都给予你们发展的机会。你们每个人都有机会。今天你们又站在同一条起跑线上，挑战与机遇并存，要抓住机遇，要迎接挑战。

话又说回来，高考选拔人才，绝对与筛子筛分沙砾大小不同，显然筛子筛下去的沙砾绝对的比筛子上留下来的要小。现在的问题是是否没考入清华北大的绝对比不上清华北大毕业的学生？答案显然是否定的。为什么？事物是复杂的，单说考试吧。影响考试成绩的因素太多了，发挥好坏是一个因素，考试阶段生病，题目看错了，不小心，押题押错了，计算不熟练，等等众多的偶然因素影响着考试。所以，一次考试不能够决定一生，还是那句话：挑战与机遇并存。

三、中国的高考制度和带来的问题

先说中国现今的高考制度。我认为现今中国的高考制度的最大优点就是适合中国国情，就是“公平”。它让每一个想求学的学子，让每一个想通过自己努力改变现状的公民有了一条通路。这是一条激励青年人奋进，有利于青年、有利于国家发展的重要道路。

但现今中国这个高考制度确实也存在问题，还可以说有严重的问题，或说是它有失当之处，那就是造成学习是为了应试，应试成了学习的目的。为了应试，教学方法采用灌输式的“教与学”，重演练式教学，重解题技巧，少有启发学生思考而靠反复演练。多少学生在考试中耗掉学习欲望，失去认识世界的热情与好奇心，失去想象力，湮没了创新精神。“孩子没有输在起跑点线，却输在终点”。

“好奇心和想象力是人与生俱来的，但也最容易被扼杀。”牛顿的好奇心、想象力，让他发现了万有引力，进而人类才理解了地球另一面的人如何倒立生活着，于是人们才接受了地球是球形的。司空见惯的苹果落地，却引起牛顿的关注和他的思考，没有牛顿的思考是不是至今人类还不知道地球是圆的呢？

在这样的应试教育培养下，许多学生往往形成仅以考上大学为目标，考上大学就万事大吉，无明确的进一步的奋斗目标，胸无大志。这样几年大学下来，他能学好吗？确实我们可以看到，不算少数的学生，考上大学后，把考大学的拼劲全都扔到学校对面的渤海湾里了，整天上网打游戏，低头看手机，一入校就找对象谈恋爱。他们耽误了人生的大好时光。

同时，在这样应试教育的训练下，学生只读不想，学生自然地以为书上的都是真理，老师讲的都是真理。让学生失去了探索真理的愿望，也不会有“敢为人先”的理念。

然而另一方面，却必须看到的是，在分析这个教育制度时人们往往忽略了另一个重要方面，即使被许多人诟病的中国教育所培养出的中国学生，他们却对大学所教的知识掌握得非常好，他们能够系统深入地掌握知识，而且他们还会具体地应用。因此他们能够完成任何给予他们的创造性的具体技术工作。这也就是为什么他们去到国外也大受欢迎的原因。

为证明上述这个论断，首先请看东重（包括燕大）的学子，虽然东重在国内远不算顶尖大学，但它的学子在全国重型机械行业所取得的成绩、作出的贡献却令人刮目相看。我的同班同学，燕山大学包括原东北重机学院历届毕业的同学，许多都到全国各个重型机械单位工作，包括（富拉尔基）第一重型机械厂、（德阳）第二重型机械厂、沈阳重型机械厂、上海重型机械厂、太原重型机械厂、西安重型机械研究所、太原重型机械学院等等。而重型机械厂生产的都是大型的重型的机械产品，这些产品关系到国计民生的重大问题。而燕山大学的学子在这些重型企业里担当着重要的领导或技术工作。中国的重型机械行业为中国最初的工业化打下坚实的基础，为中国成为世界制造大国打下了坚实的基础。

再从全国来看，沈飞的罗阳，他为歼 -15 上航母而呕心沥血，他是北京航空学院毕业的学生；歼 -20 的总设计师杨伟，他是西北工业大学毕业的学生；中国航天科技集团载人飞船系统总设计师张柏楠，他是国防大学毕业的学生；运载火箭系统总设计师荆木春，他也仅是北航毕业的学生；空间实验室系统的总设计师朱枞鹏，他是哈工大的学生，等等。这样的例子举不胜举。他们都仅仅接受了中国的大学的培养，毕业后就直接走上建设祖国的岗位，是地地道道中国培养的大学生，他们用自己在学校学到的科技知识为国家作出了很大贡献。这些事例的存在难道不能肯定中国的教育吗？再说从北京医学院毕业连国门也未出过的屠呦呦，她却获得了诺贝尔奖。所以中国的高等教育是很有成绩的。

再从另一个角度看，许多中国学生去美国都是因为他们所具有的学术水平高，包括所掌握的坚实的基础理论和科研能力而得到许多美国顶级高等学校的青睐，对他们再略加培养，虽难以达到如微软创始人比尔·盖茨和苹果公司创始人乔布斯这样具有超强的创新水平，却也在美国能够成为著名美国高校教授中的佼佼者，这里我就不举更多的例子了。这些都说明中国基础教育有成功之处。

上述论述概括起来是，中国的教育制度不仅具有较高的公平性，学生掌握的基础知识普遍较好较宽；但中国教育特别是由应试教育所带来的一个后果是，学生的创新欲望受到较大的抑制，而造成中国学生的创新能力相对较弱（当然有许多例外）。

四、改革我们的教学就是要提倡“思考”

中国现今的中学应试教育存在的问题已如前述，今天你们告别了中学，进入大学之门。那么，要解决中学学习时带来的负面问题，你们应该如何做？路又在何方？

为说明应试教育的问题先举一个例子。我有一位博士学生，我看到他以前学习成绩不错，录取到我这里做研究生时，我给了他几篇论文先要他看看。不日，他说看完了，还说他“对文献中的例子也都证明了没有错”。我问，说完了吗？他说：“完了。”我听了并不吃惊，这种情况我遇见多了，是典型的“学而不思”的例子。我说，你过去学习成绩很好，不是100分就是99分，可是我说到我这里，你的第一次成绩就只能是“59”分，不及格。

为什么？都看懂了，题目也会做了且又都做对了怎么还是不及格？确实如果按当今大学课程考试的标准怎么也不会是不及格（如此说现今大学教育也应该改，不仅仅是中学教育）。我说你现在是研究生，研究生必须是要做出创新的研究，没有创新那就是不及格。给你的文章，你看懂了，明白了，虽然现在还不会对你要求有多大的创新，还没到那时候。但你没有对给你的文章作进一步的思考，你就是“学而不思”，并没有作出任何经过思考后的“点评”，这样的思维模式是难以有创新的火花绽放的，也就完全没有适应对研究生的要求。这种思维模式正是从中学到大学这种应试教学方式养成的学习习惯，在这样的习惯下就必然导致思想懒惰，不可能迸发出创新的火花。现行应试教育模式的危害，早在2500年前，孔子就言简意赅、一针见血深刻地指出了：“学而不思则罔”。

所以，对现今入学的研究生、大学生就应该一进入学校之时，就开始着手改变他们长期形成的“学而不思”的习惯，立即从一入学听课、选读或阅读文献开始就要求他们习惯思考，习惯对学到的东西“点评”。那就是逐渐训练学生以养成这样的一种经常思考的习惯，看到任何事情都多加一点思考。多一点思考，多一点点评，创新的“灵感”常常会在这个多一点思考下油然而生。不思考也就肯定不会有创新的灵感，这就是我常给每一位新入学的研究生、大学生上的第一堂课。

为了说明思考能够引发创新灵感，我介绍一个我自己的经验。1982年我在美国做访问学者，听了Duffy教授讲的二十几学时的研究生“螺旋理论”课程。虽然我英语听力很差，但教授发了活页讲义，我就抱着字典啃，以中国人特有的对数学的高度理解力，我抓住了课程的精髓，尤其是让我得到启发，并有所“顿悟”和产生“灵感”。教授讲到了用“螺旋”可以表示空间的一条直线，那时我对比以前学过的空间解析几何，在那里需要用两个平面方程才能表示一条空间直线。机器人有那么多的轴线，这些轴线在空中还都在运动。如果这些轴线的每一条每个时刻分别都要用两个平面方程表示，那该有多么复杂。而螺旋理论表示直线只需要一个由6个参数决定的螺旋即可，这么简便！这太使我吃惊了！当时就想，将来把螺旋用在机器人的研究上一定能发挥它简便的特性，它会在机器人的研究中发挥重要作用。那时的感悟、获得的灵感，就是思考的收获，决定了我后来成功的研究。

再从另外一个方面来看，犹太人和中国人都是重视教育的，犹太人只有2000万，却有近200人获诺贝尔科学奖；中国13亿人只有9位华裔学者获得诺贝尔科学奖。虽然犹太文化和中华文化都重视教育，但是教育方法和思维有所不同，且看：

中国学生回到家，家长总是问他："你今天考了多少分？"

从小这么天天训练，孩子的思想深处自然就是分数就是一切，"高分就是好！"所谓"分，分，学生的命根！"就是这样形成的观念。

犹太人学生回到家，家长关心的是什么呢？

当施一公获得一个以色列的××奖时，他需要到以色列驻中国大使馆去领取，在那里以色列大使和他谈话中偶尔说到一个故事，那是以色列前总理Shimon Peres小的时候的故事：他小学时每天回家，母亲只问两个问题：

"今天你有没有提出连老师也回答不上来的问题？"

"今天有没有做出让老师和同学们觉得印象深刻的事情？"

从小这么天天问他，这样要小孩天天不断做思考的训练，将来他们创新的灵感怎能不喷发呢！

但对犹太人也不要过分迷信。犹太民族，他们的创新精神和能力确实值得佩服，出了许多世界大师级人物，如爱因斯坦、冯·卡门、尼尔斯、玻尔、奥本海默、布朗……还出了伟大的无产阶级革命家卡尔·马克思。另一方面，犹太人在世界上还是最会做生意的民族，他们积累了大量财富。可是与中国人比较，中国人改革开放才30多年，拿浙江人、福建人说，连外语都不会他们却最早把生意做到了全世界，也已积累了巨额财富，再假以时日绝不会输给犹太人。对以色列犹太人来说，我认为他们在思考创新方面有一个最大的缺陷，就是连自己民族生存的基本问题"政治问题"都没有人去研究且加以深入思考，以提出一个长期有效的具有战略意义的解决之路。那看不到头的延绵至今数十年的巴以冲突，使它陷于四面楚歌的恐惧。它们在解决民族生存大战略问题这个大方面太无能了，至今以色列没出现一位具有大战略眼光、有大智慧的政治家。

再回到路在何方的这个问题，许多人对中国的教育给出了不同“良方”，以解决教育中所存在的问题。我认为并不困难，大学新生一入学就需关注如下两点，指出要学生在如下两个方面作出努力：

首先，同学们心中要有大的抱负，要树立远大理想。在应试教育下，许多学生以考入大学为最高理想，那么，当他真正入了大学，原来的理想目的达到，这时他们的思想就空虚了，这也就是为什么我们常常看到不少的大学生在大学里不努力，整日里玩电脑，玩游戏，结果荒废了他的学业。所以对一入大学的大学生就要进行立志的教育，让他们每一个人按照中国梦的精神重新树立起远大理想，并决心为自己的理想努力。这是最基本的一条。

孔子像

而最重要的一条，却是要立即改变学习方式，就是在学生中要提倡多思考，提倡多提问，提倡打破砂锅问到底的精神，提倡追求真理的精神。思考会引发好奇心，促进想象力，提高洞察力。要学会思考，要多提问。孔子说：“学而不思则罔，思而不学则殆。”要敬仰校园里的孔子雕像。

我在大学里就是爱提问的，那时大学里每一次课后都有老师负责答疑，我爱问老师，常常一路问去，追问到底。什么是“到底”？或者是我明白了，或者是问得连老师也答不出来。那时在大学里就是这样养成了爱提问的这个习惯。

这个习惯对我大有裨益。这使我明白权威的老师并不都掌握真理，中国人写的书也好、洋人写的权威教科书也好，都没有说尽真理。这让我后来不迷信书本、不迷信权威、不迷信洋人，敢于挑战书本，挑战权威，挑战洋人，让我敢于推出新的创造性研究。敢于写出副标题为“寻找了150年的自由度通用公式”的“论机构自由度”的专著，向150年国内外的学者挑战。

诺贝尔奖获得者李政道曾经说过：“要创新，需学问；只学答，非学问。要创新，需学问；问愈透，创更新。”从李先生的这几句精练的话中看到，过去的应试教育不正是“只学答”吗？李先生就认为“只学答，非学问”，只有“问愈透，创更新”。所以解决中国应试教育带来的问题的钥匙，就是提倡“多提问，一问到底，提倡多思考”。

“思考”是人类最重要的一个能力特征，思考能让人不被表面现象所迷惑，能深入事物的内部，认识事物的实质；思考，还能把许许多多的事物联系起来，这样常常能够萌发灵感和新的创意。大学是新知识、新思想等理论创新主要的策源地。所谓的大学，就是做学问的地方，就是寻求真理的地方。大学的精神灵魂就是追求真理，而追求真理就要不断地去思考。今天我们要将制造大国变成制造强国，要建设创新型国家，就要提倡积极地思考，要学会思考。

五、如何学好大学的每一门课程

大学所学的每一门课都是有用的，我是学机械工程的，从我的体会来看，我大学学到的每一门课都是有用的，学好每一门课是大学生在校必须完成的艰巨任务。在这里我想把我的一点经验介绍给同学们，这些经验并不能说一定有普遍性，也不能说适合每一个人，每个人还一定要结合自己的特点摸索适合自己的学习方法。

1. 如何做到课程知识的融会贯通

我们那时在大学上课都要记笔记，我把笔记本每页预留一小条空白，以便后来记下心得体会。第一，对于遇到的难点问题，在弄明白之后，就在笔记本空白处记下；第二，在每次课后复习，写下自己的感想及体会；第三，最重要的是，当你在前后翻阅笔记阅读和思索时，在前面理论之处注明它在后面什么地方、有几处有所应用，在后面的理论处要注明它依据前面什么地方的理论、依据哪几处的理论。

这样做的好处是，它可以起到理论的“前呼后应”，达到“融会贯通”，也就是能够把各个部分的理论和知识融会合成一个整体，使你得到全面透彻的理解和更系统深刻的掌握。

2. 如何系统掌握全书内容使书“越念越薄”

对于每一门课要系统地复习，特别注意要“系统化”，我采取“三段复习方法”。这常常是在备考时进行。

所谓三段式复习，即把每次的复习时间分为三段，即每门课都要复习三遍。第一遍复习安排时间最长，要求对全部授课内容从头至尾仔细认真复习一遍，要不留空白，包括练习老师所留作业。这一遍要特别注意课程内容的系统。不押题，不图侥幸。要记录下复习中的系统知识、难点和问题，第一遍复习的记录能有 5 ～ 6 页吧。出现疑难问题可以查看教材，或是找老师答疑解决。第二遍复习时除仍普遍复习外，这一遍是有重点的，着重的是第一遍所记录的那些系统知识和困难问题，第二遍也做笔记，这次笔记就减少到 3 ～ 4 页了；最后的一遍复习就更快了，时间最短，重点就是那 3 ～ 4 页纸，应该说到这时难题都已解决，这次仅记录下难以记忆的难点和公式，也就只有一页了吧。这个方法主要的优点是能够让你系统地掌握全部课程内容。

到此时可以说是真正系统地掌握了全部学习内容，而且前后融会贯通。人都说书会越念越薄，我就是这样达到使书越念越薄的。一大堆书都融会贯通在你的脑子里了，这就是我的“三段复习方法”。这样复习就复习了所学的全部内容，掌握了系统的理论，没有遗漏，也不用押题。许多人在临考时说，不知道这时要看什么，一大堆的书，一大堆的习题，无从下手。按我的方法临考前你只要复习那最后的一张纸，这当然方便有效。当然，教给大家这个方法主要并不是让大家如何应付考试，而是希望大家都能够很好地掌握大学学过的每一门课程，系统掌握有用的理论体系。如果我们的大学生都能掌握好大学的课程，又善于思考创新，将来必定会为建设创新型国家作出更大的贡献，也能够实现自己的人生价值。掌握理论的重要性就在于基于此才能够有理性的思维。

六、学点哲学

哲学思想对我认识世界、对我选择人生指出了方向，它还为我在做科研时提供了方法论。站在哲学的高度往往能看到更多，看得更远，看得更深刻。当把哲学思维和科学思维巧妙地融合在一起时，享受着游走于科研与哲学之间的感觉十分美妙。每一学科大部类都分为三个层次：基础学科、技术学科和工程应用。每一门科学的成果提炼到顶层就是哲学。根据自己30年来的科研实践，我深感哲学对科研的帮助，深刻体会到："搞科学的人一旦掌握了哲学，认识就会入木三分。"有人说，"不懂哲学就没有方向感。""哲学是成功人士所必须具有的一项能够增强理解和认识能力的学问。"更有如复旦大学前校长杨玉良指出："一流的科学家都有深厚的哲学素养，甚至连哲学家都为之赞叹。"所以我们搞科技的人，想提高看问题的洞察力，想加速我们的科学研究，就一定要学点哲学。说到这里，我想介绍的是，我当时学哲学就是读的毛泽东的《实践论》和《矛盾论》，参考的就是《星星之火可以燎原》和《论持久战》。

以上这些就是我对我们新同学的希望。

对“知识就是力量”的再认识

（2018 年 3 月 16 日）

从写《随想录》第一篇文章开笔五年后直到最近，我才意识到以前对“知识就是力量”这句话的理解完全是直观上的，简直可以说是空谈，肤浅。这就是关于理论对实践的重要性问题，也就是指理论知识的力量问题。前面的文章也多次谈及基础理论研究与应用研究的关系，但都仅仅陷于理论上的认识，毫无感性认识，毫无情感。这次之所以引发这样的认识，是在我帮青年老师评审他们写的基金申请书时才感悟出来的。

每当年末乃至春节前后，正是学校老师们在准备写国家自然科学基金申请书的时候。每年总有几位老师来找我，帮他们看一下申请书，提提意见。我发现有几位老师的选题非常好，好在哪里？好就好在若用我们燕大所创新的“空间机构学理论”就能够很容易地解决申请书所提出的那些问题，甚至可以将该研究结果提高到国际前沿，实现弯道超车。说非常好就是从他们写的材料看出来的，也就是从申请书中所写的国内外情况看到的。

他们选了来自工程实际各方面的题目，都是机械工程中的一些重要的实际问题。从他们的申请书中看到，他们收集了丰富的国内外对应这个研究方向的背景，和至今国内外发展到现在一步步进步的技术过程。而我一看就明白问题之所在，并且感到正可以在他们提出的这几个研究方向上，以我们的空间机构学理论使其大大超越现今国内研究的水平，甚至达到国际领先的地位。这是为什么？怎么会是这样？

说穿了，就是因为我发展了空间机构学基础理论，有了一个对空间机构深刻的理论认识，是一个基础理论的创新。我一看到上面说的那些课题的国内外研究情况，立即知道其困难之所在，和问题应取的解决之道。而背景上他们所提出过的解决办法都有问题，都因理论不到位，都是隔靴搔痒，盲人摸象。几次这样的经历下来，我才深深感悟到“理论”的力量、理论知识的力量，真是只有“理解了的东西才更深刻地感觉它”，理论才可以帮助我们去认识事物的本质问题。科学研究若不以高度的理论为指南，就会变成盲目的实践。从上述所介绍的研究背景看，他们面对所发生的问题，确实是在不断想方设法，一会儿出这么一个主意，一会儿提那么一个方法，然而都因理论不到位，点不到关键之处，也就使问题不可能获得真正彻底解决，这样的改进真可以比喻为盲人摸象。

回想当初，我们做空间机构学研究的最早时期，正是从已经出现的空间六自由度并联机构开始，慢慢形成具有一般性的空间机构学理论，现在，我们却以我们研究得到的创新理论——空间机构学理论，去解决各种实际中出现的空间机构学问题，这个过程正是从感性认识而能动地发展到理性认识，现在又正从理性认识进而能动地指导技术创新的实践，它是一个从理性认识到变革实践的一次飞跃。

上述认识正体现了毛泽东所说的一句话：“没有革命的理论，就没有革命的运动。”他还说：“我们的实践证明：感觉到了的东西，我们不能立刻理解它，只有理解了的东西才更深刻地感觉它。感觉只解决现象问题，理论才解决本质问题。”在我们这里就可以看到，没有掌握空间机构学理论，很难正确解决出现的空间机构的问题，必定会陷于盲目性。如果掌握了正确理论，在科学研究中必定会有一次大的飞跃。理论的认识之所以和感性的认识不同，是因为感性的认识是属于事物之片面的、现象的、外部联系的东西，理论的认识则推进了一大步，到达了事物的全体的、本质的、内部联系的东西，到达了暴露周围世界的内在的矛盾，因而能在周围世界的总体上，在周围世界一切方面的内部联系上去把握周围世界的发展。

这就是我在前面一篇文章中所感受到如李白的诗，《夜宿山寺》所云：

危楼高百尺，
手可摘星辰。
不敢高声语，
恐惊天上人。

有了理论创新，掌握了新的高深的理论，就能够解决意想不到的实际中的困难问题，伸手就可以摘下星星，就可以摘下大桃子。这是多么重要，多么诱人。之前我真不知道，我们已经搭建了这么一个高达百尺的楼台呀！以前仅仅从理论上知道，理论应该而且可以指导实践，这几次的亲历才让我真正体会到理论的力量。最近有个科技大腕说“弯道超车是个伪命题”，他完全否定在中国实现弯道超车之可能，说得太绝对了。其实如果掌握了先进理论，就会发生弯道超车，超过那些不掌握此理论的人。我们就是这样，当我们首先掌握空间机构学理论，就在一些空间机构的研究上，实现了多次的弯道超车。比如，在前面文章中提到，由于我确定了机构的自由度普遍原理，当看到国际上已集中于机构综合，得知他们只能发现一些简单的三自由度机构，于是我们弯道超车了，立即公布所发明的都认为最困难的具有更多自由度的机构——对称的自由度为四和五的并联机构，引发了轰动；又如，在机构奇异问题上，虽然我们后起，却以螺旋理论超前解决了严格的奇异曲面。在应用理论解决实际的技术问题方面，给我的触动更大，在机器人领域有一个研究方向就是机器人外骨骼穿戴装置，它也是空间机构，当我看到这方面国内外的某些研究情况和至今的进展，立刻得知他们的办法不可能解决问题，是隔靴搔痒，依据我们的理论我立刻有了全新的根治的解决办法。还有一些在应用上成功的弯道超车例子，不再一一列举。

我的这个空间机构学仅是一个小小的理论创新，完全无法与物理学上的相对论、量子研究相比，而这方面的理论创新足以改变整个人类的生存面貌。正如李克强总理所说，“无论是人工智能还是量子通信等，都需要数学、物理等基础学科作有力支撑。我们之所以缺乏重大原创性科研成果，‘卡脖子’就卡在基础学科上。”

因此，无论学科大小，学校里的每一个学科都应该重视基础理论的研究，努力在基础理论上作出创新。基础理论的研究更应该得到国家的重视，让理论创新带动我们的整个科技创新。

都说大学是科技的殿堂，是创造知识的地方，都说知识就是力量，到这时我才真正有所体会。也希望我们全校师生有这么一个共识，高等学校一定要重视理论的研究！让我们在每一个学科都搭起一个可以从天上摘星星的高台，让我们的学术殿堂被学术的光芒照耀得辉煌起来！

金银花
——微信留言精选

（2015 年 10 月 6 日）

注：本文内容全部摘选自在我阅读网上文章时所写的评议留言，其中也有未被选登的。本次编辑略有删改。文中每条前面的数字表示当时撰写的日期，书名号内是原文的标题，其后文字是我的评议。

2018

1. 180909-《机械工程学报：中国高校机构撤稿排行榜：上海交大高居榜首》：该文介绍了国内高校被学术期刊撤稿的情况。

现在学术不端问题确实非常严重，本文数据中确实包括了“正常撤稿”，但

“非正常撤稿”却也如此之高。严重之问题并不在于其数目之多少，不在于哪个学校排前排后。严重之处在于学界共同体没有一个共识：“诚信是做学问之底线，做学问者绝不允许突破！”再看到本文的一位读者在留言中说，这是黑了上海交大！看来他对上海交大被撤稿一事没有感到任何的“羞耻”，还在那争第一第二！连（他这个）老百姓都不以“学术不端为耻”，这严不严重？

更严重之处表现在一大批高校领导不把学术不端看作学者绝不允许突破之底线，而是千方百计掩盖之，还美其名曰：维护学校之名誉！比如最近河北科大关于韩春雨事件之答复，又如武汉大学关于某博导事件之处理。

今日中国要想科技兴国，最大问题就是首先要端正学术之风，非如此科技兴国则不可达，望学界深思！

2. 180823-《李培根：知识分子应该是社会的脊梁》：作者强调要讲“真话”，认为“敢讲真话就能成为社会的脊梁”，其粉丝对此也大加点赞。

什么是“真话”？符合客观现实的事讲出来就是“真话”，就像镜子反映客观的事物一样。然而，客观世界是复杂的，充满着相互对立的矛盾，若镜子只照了其一，没有照其二、其三，仅基于其一这片面认识就引出结论，其结论就不见得正确，就会误导众多粉丝！例如，你看到一个孩子打人，你就责怪他，也没有问问为什么，会不会有什么其他原因？虽然是“真”，却不一定“正确”。这不好，要想成为社会脊梁的公知应该是既要“真”，更要“正”，以正确的方向引导大众。

知识分子要成为社会的脊梁，不仅说话要“真”，更要“全面”，要“正确”。要敢说真话，更要全面看问题，要正确引出结论，要告诉大众正确的认识、正确的结论，告诉大众中国正确的前进方向。如此坚持真理，告诉大众真理之所在，才能真正成为社会的“脊梁”。那种以片面之“真”去误导大众，将会成为历史的罪人。

3. 180731-《鲍鹏山：为什么中国教育出那么多“巨婴”？语文课本要背锅》：教育是一坨安全的橡皮泥，有什么观点立场的人都可以随便来捏一捏，说完了走就是。说话的人可以随便说，听众听完要再多想一想。

我细读了鲍鹏山的演讲，我同意他的许多观点，重要的是要把人教育成人。像文中提到现在的一些年轻人都二十八九岁了，但他们一讲话就像“心智发育不全的样子，就是读‘小白兔’读出来的”。我看此话很对，也很形象。

但我不能同意的是把四书五经提到了如西方的“圣经”的地位，让孩子去一本本读这些书。四书五经这些中国传统文化中存在许多宝贵的东西，如作者所引用的“学而时习之，不亦说乎？有朋自远方来，不亦乐乎？人不知而不愠，不亦君子乎？”等等，还有许多许多。然而，其中也有一些过时了，不适合当今21世纪发展了的中国的实际，因此不能如西方对待圣经那样对待它。

这就是为什么当初在天安门左侧的孔子塑像被迁走的原因。我们向经典学习时应该“取其精华，去其糟粕”，绝不能毫无批判地吸收。如作者说“想当初全盘否定不对”，今日若“全盘肯定”同样也不对。

4. 180718-《清华副校长（施一公）揭秘：我的认知再次崩塌，世界可能根本就不存在》：在这篇文章中，施一公以量子纠缠引出“神是存在的”结论，似乎是施一公在宣传有神论。

若这样我要问，是不是当初也有人问过，为什么月亮要绕地球转？一定也有人回答说，那是神的力量，是玉皇大帝让他转的。确实大家从《西游记》上知道，打雷闪电不是由雷公电母负责的吗？

后记：180726-上文的有神论引发了社会极大的关注，施一公得知后声明，他的观点被歪曲了。他说：“这种移花接木、假他人之口完全歪曲我本人意思的事件已经不是第一次。对此我很无奈，只寄希望于一句话：谣言止于智者。”

看来施一公的有神论是网传版，在施一公不知情的情况下，在施一公的演讲文稿的后面增加了那有神论的一段话，这多出来的一段内容，明显违背科学精神。经施一公院士本人确认，他从未在任何场合发表过此观点，目前也难以查明是谁将其加上的。

我的评语：现在敌人不是“无孔不入”，而是“无孔也挤入”。谣言满天飞，仅“谣言止于智者”不行，一定要在第一时间予以揭穿。

5. 180711-《特朗普—基辛格绞杀中国：美俄连番重大交易，世界格局地动山摇》：美国看到，直接对俄罗斯强力制裁并没有发生他们想要的结果，于是就变换花样提出“联俄反中”，为引诱俄罗斯上钩，给它很高的筹码。

文中说的都是美国的想法，俄罗斯一定会上钩吗？一定会咬那“美味”的鱼食吗？当初基辛格“拉中反苏”时，中苏已有尖锐的矛盾，甚至还在珍宝岛兵戎相见。而今中俄正处蜜月期，俄所面临的制裁危机业已基本缓解，且中俄正向发展经济的深度合作迈进。

再说，从历史和现实看，俄罗斯对早先美国以阴谋诡计搞垮了苏联，普京深有体会，认为是苏联最大失策之处；对当今西方对俄罗斯搞的北约东扩，对俄罗斯一而再再而三的严厉经济制裁，都使他肝胆俱裂，愤怒万分。而且，基辛格今天这个“各个击破”之策略是司马昭之心路人皆知，难道普京看不出吗？他会傻傻地往里钻？我看不会，请拭目以待。

6.180711-《美军神秘飞机在北京停留三天，禁止任何人靠近》：文章说美防长马蒂斯访问中国时，坐 E-4B 飞机来——那是美国的“战时的指挥中心”。他离开时还下令不得将在中国时所使用过的手机、笔记本电脑带上飞机。

疑神疑鬼、杯弓蛇影、风声鹤唳、草木皆兵！

7.180703-《〈科技日报〉总编辑刘亚东：除了那些核心技术，我们还缺什么？》：刘亚东他说自己“很超前！”是因他指出了科技界的浮躁。对学界科技界的浮躁早有批评，对此他不能说自己“很超前”。他说：在别人的地基上盖了房子无产权。

这话用在科技上没有道理。科技的发展就是要站在巨人的肩上。他说：“中国自古以来只有技术传统，而没有科学传统。”我要问：屠呦呦的诺贝尔奖的原始科学创新来自哪里？来自公元 300 余年东晋葛洪的原著。屠呦呦是直接用了葛洪的思想。葛洪的思想是发明青蒿素的原始创新思想，是科学的。那是发生在西方现代科学出现的前 1300 多年，那时西方的现代科学还没有影子。中国的科学思想的出现早于西方，说“中国自古以来没有科学传统”不对。

8. 180626-《〈科技日报〉总编辑刘亚东：这些“会卡脖子”的技术，中国差距到底大不大》：

本文作者刘亚东列出的关键技术有30项，也就是中国没有这30项技术。可是就在这30项技术中，美国没有掌握的也有13项，日本有15项，德国有18项。世界这么大，技术这么复杂多方面，谁也不可能全部都掌握，也更不可能限制别人不去创新。其实，中国也有几项技术美、日、德也都没有掌握。

当然，关键的技术，美国会以它来卡我们的脖子，我们一定要去掌握，这仅是一方面。另一方面，我们也要以非对称的思想，发展别人没有的技术，不能只是跟着人家跑。

不要认为科学仅限于包括数理化天地生等，中医也是科学的！中国有科学研究的传统！那就是知道如何将感性上升到理性。

9. 180622-《联合国报告：美国人均贫富差距巨大》：

该文说“美国有4000万人生活在贫困当中，其中1850万人处于极度贫困，500万为绝对贫困。”其后的“精选留言”中，有一些人说，“中国远不如人家，不要笑话人家”。

其实，美国立国主张是“中间大，两头小”。如此则穷人少穷人无力，也就闹不了事，翻不了天，如此则资本主义永存。

中美两国国情大不相同，中国穷，又有巨大的贫困人口，中国正在努力脱贫，按联合国标准，中国取得巨大的成功，脱贫了的人口也巨大。而且在扶贫政策中还有最特殊的一条，那就是“不落下一个人”，中国政府为此作出了巨大的努力。“不落下一个人”这样的政策实在是太伟大了。

10. 180618-《于丹原来因两件事跌落神坛》：

我看了这篇文章，十分心疼。我听过她数次演说，十分佩服。可是如此文所说，于丹在“利”和“势”的裹挟下，如同掉进了一个大染缸，迷失方向，使得她的心与言相分离。我真希望她能够反省自己，重返初心，使自己的心与言相一致。如此，我还会喜欢听她的演讲。

由此事让我想起一个类似的事情。某院士在我们学术界很有威望，国学方面底子也很深厚，多次演讲对青年学者都是心灵鸡汤。然而，一次我发现这位院士在许多高校以顾问名义，每年都拿高额报酬。其实，他很少年年都对那所学校有所贡献。这让我大失所望，对他尊敬之心由此而大打折扣。

11. 180611-《国家自然科学基金委：要避免人才项目被异化使用》：

我对人才项目也很有意见，人才项目分得太细数目太多了（小杰青，大杰青，长江学者，这计划，那计划）。每年基金的种类也多，而每个基金所支持的时间又较短。需要撰写的这些，多得让年轻人忙不过来，一年中花费大量时间写各种申请。我知道一位很有创新精神的年轻人，从他拿到博士，至今每年都忙着写各种申请。今年又写完一个人才申请，但有朋友告诉他："你别急！他岁数比你大。"意思是"你等着吧！"如果能够减少一点人才的台阶，加大一点基金支持的力度，时间间隔也放长一点，让年轻人安心把精力更多地用在研究上，则更为有利。

12. 180607-《再这么玩下去中国的科学研究真没戏了》：

这位所长所说，中国用"跟班"的方式不对，再这么玩下去中国的科学研究真没戏了。

我说不是"跟班"是"跟踪"，"跟踪"是对的。中国长期跟踪是因为中国科技太落后了，为了尽快赶上，实践证明跟踪是最高效的路子。虽然跟踪没有原创，但参加过科技跟踪的人都知道，自己没有创新根本不行，我知道许多这样的例子。从他所说自己的"跟班式科研的特点"可以看出，他虽然是所长，他和他周围的人，绝没有参加过认真的高科技跟踪，他更不知道，也没有体会过西方对中国科技封锁之严密，在严密封锁之下许多问题只有通过自己努力，自己去认识去创新。

13. 180607-《崔永元事件最新进展：透露被威胁灭口，还爆出冯小刚洛杉矶豪宅》：

崔永元，好样的，你不孤独，你身后有数亿人支持你！

14. 180606-《戏子误国，国家紧急表态严查到底》：

文艺界明星偷税必须严查并绳之以法，不查在法律上是失职，这还仅是一个小的方面。更重要的是，这些明星的天价收入，而全国其他各行各业都是按劳付酬，他们这种暴利不合理，引诱许多人想尽各种方法去不劳而暴利，如电子诈骗、地沟油、传销、医保骗卖药……这其中裹挟进去了多少普通老百姓？！所以不仅需要严查明星的偷税，更要砍掉他们那种高收入问题，彻底树立按劳取酬的社会主义分配原则。另外，对他们也不要用带有人格侮辱如“戏子”这样的称呼。

15. 180605-《施一公：西湖大学是新时代的产物》：施一公说“保证公平就限制了追求卓越”。

“公平”与“追求卓越”两者相互矛盾吗？公平是指对待全国青年，人人都有相近的机会；追求卓越是指我们老师在进行教学及培养学生，在指导研究生进行科学研究方面都要追求卓越，都要本着追求真理的精神。追求卓越这绝不是私立学校所独具的优越性，更不是它的专利。我们要整顿高校（公立私立都包括）之校风、文风，改善软环境，同时大力提倡追求卓越，如此才能发挥全民创新，在全民创新中高校起到带头的作用。

16. 180603-《中国制造业赶超日本的最省力捷径：努力生更多的孩子》：

这是怪论。但我们知道在七八十年前，在我小的时候，日本的商品也曾是质量低下，我记得那时称日本货为“东洋货”，老百姓都认为西洋货好，东洋货差，大家不愿意买东洋货。后来，日本人在技术上认真了，他们做得精细了，具有了勤奋敬业的工匠精神。我们也需要树立这样的认真的敬业精神。毛主席1957年11月在莫斯科大学对数千名中国留苏学生说：“世界上怕就怕认真二字，共产党人就最讲认真。”只要中国人沉下心来，勤奋敬业，愿意追求工匠精神，中国货定能够赶上去，定能够具有高的质量！这与多生孩子无半毛钱关系。

17. 180603-《孙俪：用四年资助了一匹白眼狼，没想到最后竟然》：

本文讲述了中国一些老百姓在接受爱心帮助时不仅不知感恩，甚至……，这是中国现今的实际情况，包括老人摔倒扶与不扶的问题。对此，让许多人心寒，而至心冷。甚至有一些舆论也因之取了极端。这真影响了做善事之人。

我想社会舆论还是应该大力提倡爱心教育，舆论也应教育人们知恩感恩，教育人们“滴水之恩当涌泉相报”。更何况当今国家正在扶贫的关键时候，在扶贫中必然不可避免遇到像这样类似的问题，要教育群众，要调整政策，要动员舆论。扶贫中，“不让一个人掉队”自然也包括上面说的那些不知感恩的人。这是多么伟大的目标，是多么宽广的胸怀，又是多么困难的问题。

18.180531-《时寒冰：一针见血，中国当下所面临的最大危机》：时寒冰说中国当下所面临的最大危机是“人性危机”，中国人没有人性！

且看看就在今天的新闻中，美国三个膀大腰圆的警察在海边暴打一个身上仅穿游泳衣的瘦弱的年轻妈妈，一个只有几岁的孩子在旁边吓得哇哇大哭。这些事情，是否是也体现了存在的“人性危机”。再看看发生在中东的许多人道主义问题，我愿提醒时寒冰先生看看这些再说为好。

19.180522-《沉默的日本，亚洲最发达国家，低调得令人难以置信》：

请读者仔细读读该文，再品品它背后真实想说的是什么。日本是有许多优点是值得学习的，但本文是主张学习日本的长处呢，还是诋毁当今中国？

20.180523-《汪诘：科学有故事——潘建伟教授的成就是货真价实的吗》：

看到此文，使我联想起光明网评论员曾指出在潘建伟最初回国的时候，国内对量子信息研究还一无所知，那时量子纠缠被认为是“伪科学”，甚至还遭到方舟子数年的跟踪“打假”，以致那期间潘建伟根本无法申请到科研经费。后来量子纠缠文章在国际著名学术期刊刊登后，情况才得以改变。由这件事想到，科学研究中那些超常的创新常常是没人认识，必有被埋没或被“枪毙”之危险。做这样的研究开始时，其引用率也必然很低。我又联想到，中医那些年不也是常常为某些“科学家”所一再“枪毙”吗？

中国长期在“跟踪”中，习惯了老问：外国有没有？西方是怎么做的？连外国也没有的创新就容易被误判，被“枪毙”。对过去这种习惯性思维方式，今天一定要彻底清除，不如此，如何倡导科技创新？所以，如何对得不到公认的研究避免误判，如何对尚不能定性的尽最大能力的保护？这真是值得研究的。另外，也切勿以 SCI 引用多少作为衡量科研水平的唯一标准。

21.180415-《新型研究型大学西湖大学开工建设 新型在何处》：对西湖大学，施一公表示：“用五年（达到）亚洲一流，十五年（达到）世界一流。”他还说：“我相信在他五年以后，等他能达到博士学位的时候，他的博士论文就是一篇世界级的学术成果。”还说，“用最优秀的师资培养最优秀的学生，打造一流的成果，在这方面我相信不仅不需要百年，也不需要十年，因为很简单，等到博士生毕业的时候，他的成果就出来了。”

我们都知道，科学研究是不能严格计划的，它常常会失败。怎么就能够肯定经过五年西湖所有的博士都一定达到世界级的学术成果？西湖大学招聘的都是世界一流博导，又招收国内顶尖学生，五年带这么多博士，其中会有“世界级的学术成果”，但也肯定并不都是。再说，西湖大学聘请的博导想必全都是国际一流，而国内高校却无此可能，仅仅这点是与国内其他顶级高校具有的差别，其他都不是决定性的。若能够在相同条件下，西湖也未见得就强于国内著名高校。比如潘建伟在西湖能够取得的成绩未必在中科大就不可得！若潘建伟在西湖大学忙于建新校，他的成绩倒可能不如在中科大了。

国内高校中虽然没有（除了屠呦呦）出诺贝尔奖级成果，但不能够否认也常常出“世界一流成果”。

在我们国内现有大学中，我想不会用太长的时间也会取得如诺贝尔奖级的成果，这真有如“它是站在海岸遥望海中，已经看得见桅杆尖头的一只航船；它是立于高山之巅，远看东方已见光芒四射喷薄欲出的一轮朝日；它是躁动于母腹中的快要成熟了的一个婴儿”。

22.180407-《西湖大学批准成立》：

得知西湖大学成立，看到中科大的潘建伟先生也加盟去，我十分遗憾。潘建伟先生的研究太重要了，它直接关系中国之命运。他在中科大干得好好的，平平稳稳地前进，这回去办新校，要耗费他许多精力，他真不应该加入。我真希望他能够退出，安安心心搞自己的研究。

23.180404-《新型研究型大学西湖大学开工建设 新型在何处》：施一公说，走加州理工的道路。

跟着人家走能说是创新吗？那不是创新，那也是跟踪。他说教师的科研15年达到加州理工水平，我看这不难，因你从全世界聘用了如加州理工那样高水平的教师。我也不怀疑西湖大学能够培养出杰出人才，中国学生中有许多有创新思维的千里马，西湖大学有伯乐的话，定会取得好结果。其实，中国的其他高校也不是不可能培养出千里马的。不信，请拭目以待！

24. 180312-《全国人大法工委就“宪法修正案”答记者问》：

我自己和我的家人都是希望习近平主席能够多领导中国几年，他有政治大智慧，我们看到：在他领导之下，中国改革开放以来所积累的那么多的硬骨头一个个都获得了解决。习近平主席立场坚定，能力超强，让他多干几年，是中国人民的幸福！

25. 180309-《中国女子冰壶队无缘四强！王冰玉：2022 年如有需要，仍义不容辞！》：女子冰壶项目在老将王冰玉带领下，入选了昌平冬奥会，虽然一路并不顺利，但她们能够将悬念一直保持到最后，真要为她们的顽强战斗精神点赞。

在加拿大冰壶运动很流行，即使是小城市也有冰壶馆，且每天都爆满。加拿大职业和准职业冰壶选手数量大约 200 万人，而整个中国却只有很少人从事专业训练。

像冰壶项目这样的体育运动，国内场地极少，没有群众基础，又是高消费，过去中国各方面都十分落后，国际体育赛场上拿一块金牌，十分鼓舞人心，就像当年容国团拿到中国有史以来第一块金牌，全中国都沸腾了，难得中国有了这么一个亮点，那时中国真需要以亮点来鼓舞人心。体育这方面获取亮点比发展 GDP，比发展高科技要容易要快速得多。

现在不同了，时过境迁，中国的亮点真正是很多很多。体育上，中国有好几个项目在世界上是“梦之队”，经济上中国成了世界 GDP 第二，科技上也是亮点多多，军事上消除了与美国的代差……，这些都是亮点。

现在体育还是应该回归其本来属性，以提高广大人民群众的身体健康为主，不要为金牌而金牌。现在中国慢慢富裕起来，体育事业也跟着发展，那些高消费的项目慢慢也会发展起来。

国内基础好的，有能力参加竞赛，有机会拿牌的项目就选去参加去表演。无基础的不必硬赶鸭子上架。不需要也不必追求金牌数量呀！

26.180304-《教育扶贫目标是阻断贫困代际传递》：文中说："赶超战略体现在教育上，就是集中有限的教育资源培养高精尖的人才，由于国家的教育资源有限，必须集中在高精尖的人才培养上，才能实现重点突破。重点大学、重点中学和重点小学得到了远高于平均水平的投入，而重点学校又将大量资源集中在优秀生源身上，形成重点班。"

这完全是谬论！大学设重点校还说得过去，重点中学、重点小学、重点班是为了集中资源办大事，简直是荒谬！

27.180218-《尴尬，冬奥梦之队靠17岁小将遮羞，痛心！》

致李琰教练："您辛苦啦！我们看了整个比赛，看到了您的付出，欣赏到您已经取得很好的成绩，谢谢您！"网上的某些文章含不当的评议，请不要介意。确实，该文对本次比赛称之为"中国队的衰败""颓势""寒酸""江河日下"等等。这些评语用词十分不当！有唱衰短道速滑之嫌。且不说裁判问题，任何事物的发展都是波浪式前进，有高有低，这是自然的规律。这么武断地看扁中国队，用"江河日下"来表达，可耻！短道速滑会江河日下吗？不会的，一次失败，实力还在，又发现培养了新星，且有"失败是成功之母"。再说，过去中国多方面都十分落后，希望利用体育金牌鼓舞人心，特别是1959年，容国团的第一块金牌，国人看得是那么重。今天不必了，中国早已是"蒸蒸日上""后浪推前浪"，历史上任何唱衰中国的做法都失败了。当然，中国老百姓仍然热爱短道速滑，爱看奥运，爱看奥运会上升起五星红旗，衷心为中国奥运健儿喝彩。

28.180214-《韩国冬奥会1天4名中国短道速滑好手被判犯规出局》

致李琰教练：您辛苦啦！我们看了整个比赛，看到了您的付出，欣赏到您已经取得很好的成绩。胜败乃兵家常事，何况这是韩国的主场，韩国的运动员就是"龌龊"，年年如此，不足为怪。虽然结果不理想，但我们对您培养的冰上运动员十分满意。年轻的运动员们，个个斗志昂扬，笑对黑哨，他们个个冰上技术高超，胜不骄败不馁，特别表现在小伙子们其后的3000米接力，破世界纪录，能够丝毫不受影响地表现了他们正常的水平。有些该拿到而没能够拿到的奖牌虽然遗憾，但我们欣赏奥运，欣赏了我们自己的运动员的高超表现，我们很满意，欣赏我们健儿与恶势力的斗争。心想，事情没完，下次到我们的主场我们会再见的。最后，祝李琰教练及您的弟子新春快乐，身体健康，迎接更大的胜利！

29.180212-《侠客岛："占中"3头目无须入狱　这判决动静不小》：

呼吁中央维护宪法，责令香港改判。

30.180105-《获诺奖2年后，屠呦呦团队已有突破性发现，2018还将"憋大招"》：

屠呦呦获奖是因她提出了原创性见解，"青蒿不能加热"！而青蒿不能加热，这是与一般中药都要煎服不同，但用青蒿不能煎服却是公元300年晋朝葛洪提出的。原创在葛洪那里，葛洪的著作是科学的。不难想象中医中还有许许多多科学的东西。而葛洪发表科学的见解是在公元300年，那时西方的"科学"在哪里呢？还远远没有影子！（西方现代科学发生于文艺复兴之后，大约公元1600年）为什么西方科学这么晚？中国早在公元300年就有符合科学的认识，对中国的文化要有自信，对中国的科学创新能力也要有自信。

2017

31.171222-《最新卫星照透露中国一机密，让西方压力空前，逼得美军做罕见决定》：

文中美军报告称，在中国同俄罗斯这样的对手面前，需要更多的潜艇来壮大美国海军，否则将无法应付未来的威胁。我记得当年美国以军备竞赛拖垮了苏联，今天，美国本已经济下滑，如果此时再搞

军备竞赛，苏联的覆灭就是他们的明天。

32.171204-《这个地方成东北经济发动机，做的都是千亿级大生意》：

东北是我的第二故乡，我深深怀念。我1953年为参加第一个五年计划从南方去到东北，一去就是30多年，待了半辈子，在那儿成家，在那儿生根，在那儿为国家作贡献。几个五年计划下来东北为国家工业化打下了初步而坚实的基础，东北为国家作出了重大的历史性贡献。改革开放后，中国的发展转向沿海，东北人才大量外流，外流的人才实实在在支援了沿海的大发展，而东北自己却失落了，工厂倒闭，工人下岗，人民贫困，我心里十分难受。

今天，看到党和国家一次再次关心东北，要解决东北的问题。我也深深相信生长在黑土地上能够吃苦耐劳、勤劳勇敢的东北人民，在党的领导下，一定能够打一个漂亮的翻身仗，让东北能够再次辉煌。

33.171201-《最高检察院内刊：中国体坛高层触目惊心的腐败》：

许多方面都是这样，不按竞争机制，按走后门。拿评定双一流来说也明显存在这种问题，存在许多不公正、不合理的地方！

34.171201-《印度、新加坡为给中国添堵费尽心思：共享海军基地》：

将印度军队引进新加坡，这事对新加坡是引狼入室，早晚要被印度吃掉，成为印度的一个邦！新加坡李显龙真是眼光短浅，且太以小人之心度君子之腹，就这么怕中国，却去抱印度的大腿？！

35.171128-《宁波江北爆炸案243字官方通报，220字讲领导重视|能否少一些官腔，多说点“人话”》：

北京中南海新华门大门内一块大石碑上，写着“为人民服务”五个大字。这是中国共产党的旗帜，是共产党的灵魂，是共产党人入党时的初心。共产党人无论做什么事都要站在为人民服务的立场。从这件事看，他们并没有站在为人民服务的立场，没有“想人民之想，急人民之所急”。要想写这个“通报”的那些普通官员都能够立即站在为人民服务的立场，也能够不忘初心，现在看也是实在太难！类似这种情况在不同场合、不同情况还是比较普遍。

我真诚希望在习主席领导下，进一步加强党的领导与教育，能够让广大党员干部再次真正地树立起为人民服务的观念，树立起像延安时期所具有的那种普遍的精神。

36.171102-《媒体从西南联大80年校庆谈大学建设：厚古不必薄今》：文中说了：“西南联大起于忧患。1937年，随着北平、天津等相继失陷，不少著名大学惨遭毁坏。一年之内，当时全国108所高校中就有94所遭到破坏……”

我第一次看到像这样好的文章，这篇文章明确地指出：“厚古不必薄今。”特别是本文明确地点出有些人多次企图“拿西南联大以厚古薄今，制造社会分裂”，他们是不可能得逞的！

联大师生看到中国之危难，大多有“科技兴国”之志，再由于有当时全国最优秀的导师群执教，让它的学生英才辈出，成了今日中国复兴之支柱。

37.171001-《北大等“双一流”方案出炉 多校定三步走战略》：

双一流选拔不公正，不公正自然让人心里不舒服，憋在我心里的话，还是应该说出来，“不平则鸣”。自全国双一流学校公布后，我发现在习主席主政多年的今天，竟然在河北省还出现这样公然的不公正，不尊重客观事实的事情，以脱离学术价值评估决定哪所学校入选。这里具体就是指在河北工业大学入选双一流，而远远强于河工大的燕山大学却落选了。几乎在历年所有各次的高校排序上河工大远远落后于燕大。例如：

燕山大学的材料学科田永君教授的研究多次入选“中国高等学校十大科技”榜，材料学院所撰写的学术论文多次刊登于世界一流期刊上。燕大机械工程学院的并联机器人研究国内领先，曾被国家自然科学基金委员会誉为中国机构学发展的三大里程碑之一，2010年还获得IFToMM国际组织（国际机构学和机器科学联合会）颁发的“卓越成就奖”。燕大这方面理论成果多次为国内重要高端装置所应用，如天眼FAST的馈源仓的六自由度并联机构。

在上次全国评选211时，就已经遇到了相同的问题，河北工大进了211，而强于它的燕大却没有进。可是211执行这么多年来，你看看河北工大的科研还是乏善可陈，仍旧连年远远落后于燕大！（关于河北省各个大学的水平连将要考大学的河北省的中学生都知道）一个人或一个学校的创新能力，不是说抬就可以抬起来的，它有历史传统，有校园文化的原因。

其实，评上评不上都没有什么大的关系，不影响做科研。但不公正却让人心里不舒服。让燕大学子也跟着蒙受不公，伤害了一大批人。

38. 170925-《印度比中国可怕在哪里？一能力或成超越中国秘密武器》：

作者拿在美国当上ICO的印度人数目多为例来说明他的观点："印度可怕"。对此，若我们换个更大的、更直接的角度再来看看同样的这个问题。说印度人的管理水平高，我认为是他看错了。你只需看看印度国内，它独立多半个世纪以来，国内这个大局面管理得如何？在70多年的和平环境下，又有这么多大国的援助，试问它进步、发展得如何？对此简直不敢恭维。更具体地说，你看，最近这次莫迪搞的大动作，以小钞换大钞的事件，就搞得如此混乱，效果几乎与预计相反，实在是管理水平太差。就印度这样的管理、治国之水平，要说是"可怕得要超越中国"，那可真是"天方夜谭"！说这些话的人的目的，就是想扳倒中国，那简直是痴心妄想。

39. 170915-《这五年，习近平这样谈文化遗产保护》

中华文化源远流长，深富哲理。我想借此谈谈中国教育。当前这种升学的应试教育，在网上备受争议，说中国教育使学生失去创新能力，中国教育培养不出高端人才，中国人不善于思考，甚至尽力贬低中华文化。他们开出的药方对教学就是取西方通行的"寓教于乐"，就是一切学习西方。他们太看低中华文化了。就此举出深刻一例以反驳。对于当今应试教育的问题是谁指出其问题，且说得最深刻？是谁言简意赅地指出问题所在的同时，还指出解决之道？那就是在2500多年以前中国的一个伟人——孔子。他仅用了6个字就把问题说透，那就是："学而不思则罔"。

从这里真可以好好体会中华文化的博大精深！

40. 170914-《告别天价片酬》：

中国为什么有这么多做假、诈骗、传销的人，他们就是企图一夜暴富。为什么这些人有这么强的欲望，就是看到如演员、明星、房地产中介等来钱快，而不愿意以勤劳去致富。而天价片酬就是最突出的代表。对天价片酬的限制，就是釜底抽薪！中国梦的实现就只能是靠全国人民的辛勤劳动，它不会从天上掉下来。

41. 170914-《民办学校有没有权利挖公办学校教师》：该文的评论留言中有人（wangx681）写道："作者根本没想明白就写文章。重点校，民办校，一丘之貉，一个靠权，一个靠钱。维护教育公平，就是要一手取缔重点校，一手取缔民办校。"

我非常赞同评论留言中他的观点：他说到问题的根上了。一个靠权，一个靠钱，有权的是少数，有钱的也是少数，那么绝大多数老百姓的孩子怎么办？如果绝大多数孩子没有得到好的教育，能够保证中国梦的实现吗？还是国家应该大力改革教育，搞好中小学教育，使教育资源公平，让绝大多数孩子能够得到好的教育为好。

42. 170912-《在港就读的内地学生骂网友支蛆 北大教授：悲哀》：香港多所大学出现"港独"横幅和海报，各种辱华词句不绝于耳。更令人心寒的是，近日，连一名在港中大就读的内地学生也居然在微博与内地网友掀起骂战，并再次用侮辱性的"支蛆"一词辱骂内地网友。

中国内地父母送子女出去求学存在的一个问题或危险，那就是世界观尚未确立的小孩到了那种环境下，很容易被西化。到头来不认识自己的祖国，甚至不认识自己父母。这很值得我们深思。

43. 170909-对《香港冷血标语肇事者被曝光：两人犯案后边走边笑》：

毛主席说："凡是反动的东西，你不打，他就不倒。这正如地上的灰尘。扫帚不到，灰尘不会自己跑掉。"

44. 170816-《美走向"新内战"？弗州种族骚乱引"内战"担忧》：

下层白人闹事，其原因是失去了工作，生活水平下降。更深层的原因是美国的教育模式"寓教于乐"的失败，这些人年幼时在"寓教于乐"中因贪玩没有学到东西，长大后只能够打工，美国经济好时工资高没有问题，现在美国没钱了，问题出来了。一些中国人迷恋美式的"寓教于乐"模式，送孩子去美国，早晚会发现自己吃了亏。

45.170810-《拦截运狗车事件频发为哪般？》：

爱狗的人，很多人却不把狗系住，在人行道上乱跑，还让狗随地拉屎，让人误踩十分恶心。还有养狗的人不想养了，狗被抛弃，成为野狗，到处乱窜，十分讨厌，甚至，还看到野狗变成疯狗，到处咬人。真要呼吁政府应该严格地限制养狗。

46.170726-《知识分子：高考40年反思，如何在夹缝中找出改革出路》：关于中国教育的议论很多，我的看法有点不同，写出供讨论。

西方先后获得了数百项科技诺贝尔奖，这些科技诺贝尔奖牵引着西方前沿的高科技，其最具代表的就是美国的高科技，而更集中表现在美国的军事科技上，至今它仍遥遥领先世界。

为改变中国的科技落后面貌，我们几十年在竭力追赶，且实现了众多的创新，但因非原始创新，自然达不到诺贝尔奖水平。但30余年中国军事科技已达到非常可观的水平，那些站在追赶前沿的一大批带头人基本都是中国教育培养出来的，对于回国的海归其大学教育也多是在中国获得的。中国的教育制度存在问题，但成绩也是巨大的。

再说在应试教育的压力下，大多数孩子的创造精神被抹杀了，但仍有一定数量的尖子学生丝毫没有受到影响。我知道有个女孩在考大学时她爸爸长期在外，她妈在家身体却不好，她天天放学回来要去买菜做饭，晚上到9点多就说困了也就睡觉了，天天如此，最后考取中科大。另一个例子，前两年我的一位同事的女儿以前三名的分数考上北大，她毫不费力，也没有受到什么压力。这些孩子虽然是少数，但几十年下来总数也不少。美国取得诺贝尔奖的人也是极少数。

所以不要把应试教育的缺点强调得太过分，且孔子早在2500多年前就指出应试教育的问题，那就是“学而不思则罔”。并看出解决的办法并不难，就是“学而再思”。

47.170703-《中国发射火箭失败》：

发射火箭又失败了！这次在第一时间公布此次失败。其实，科学研究失败不仅是很正常的，且是不可避免的，失败才是成功之母。记得“局座”张召忠先生在评论美国诸次失败时（包括对福特航母的多次失败），他是这样说的（大意）“不要嘲笑，你看吧，他们经过几次失败后，最后你就会看到他们会得到巨大的成功。”

48.170615-《知识分子：周忠和——那些对达尔文进化论的挑战成功了吗》：

我的留言1：此文一开始将社会达尔文主义对准中国，说中国为了“一己之利”而不择手段。治学严谨的院士这里并不严谨。我亲历日本侵略，啸叫吓人的飞机低飞轰炸、机枪扫射，现又看到从美国航母起飞的战机发射巡航导弹，打得中东百万人民成了难民，历史上他们屠杀驱赶美洲原住民，从非洲将黑奴运到美洲，这些表明他们才是“为一己之利而不择手段”，他们的哲学公开主张“森林法则”，他们才真正是“社会达尔文主义者”。

留言2：我的这个留言并未被选录，为什么“知识分子”的精选留言不选与其文章观点相左的留言？这种“精选”不好，违背了创立“知识分子”最初的价值观。

49.170610-《机工学报：论文题目越短，被引用机会越大》：有人研究得到了前面这个结论，他的解释大意是“简洁是智慧，冗长是肤浅”。

我认为，题目越长说明其定语越多，其研究对象则越具体，题目内涵就越窄，因而在同样那个小范围内的研究者也就越少，引用者则不会多；反之，当题目越短，其研究所覆盖的范围越大，参与这个范围的学者也越多，关心的人也越多，自然引用的也越多。

50.170605-《77级大学生刘海峰：我是高考制度的维护者》：我是在1952年中国实行高考的第二年，即1953年参加高考的，从湖南衡阳铁路中学考到当时全国学习苏联重点的哈尔滨工业大学。那年高考最突出的特点，可能是空前绝后吧，全部录取的名单在《人民日报》上全版公布。许多那届入学的同学还保留着那天的《人民日报》。

刘教授的研究方向很有意义，而且我非常同意并支持刘教授的观点。我认为高考制度的问题是存在的，如抑制了学生的创造性、未能全面发展等。我认为：

1. 关于抑制创造性问题，这是大家抨击应试教育的主要论点。其实，这个问题并不难解决，只要大力提倡学生多提问多思考即可。孔老夫子在2500多年前仅用6个字就深刻说明了这个问题，那就是“学而不思则罔”。按孔夫子的办法就可以解决此问题。

2. 对于其他问题的解决办法，我认为应该继续大力扩招，扩大高校录取率。中国高校录取率从全世界看还是很低的，扩招后，竞争的激烈程度降低，自然，全面发展、追求兴趣就都好解决。尽量扩招，以提高全民素质。确实，再扩招这也不是一天两天就能够解决的问题，但应该向这个方向努力。

51. 170603-《科研论文署名权问题显示研究者的学术水平》：本文非常好，是到了对署名正本清源的时候了。

我认为文章、专利、获奖、著作等的署名第一位都应是该项研究的原始创新提出者，原始创新的重要意义从屠呦呦获诺奖后有了更深刻的认识，但至今尚未受到普遍重视和贯彻于各种学术研究和学术评价中。这是我们学术界应该思考的。学术文献署名存在的问题也是国际学术界的普遍问题，并非中国独有。国际上两种情况都存在，有的导师（老板）将学生的研究完整独吞，完全没有学生名字；也有另一种极端情况，都知道他导师起了很大作用，导师自己表明主动让与学生，美其名曰“愿为人梯”。这两种都不是科学态度，不是“实事求是”。做人梯也不应该这样做。

52. 170529-《机械工程学报：学术论文投稿的5点忌讳》：

我非常同意本文作者的观点。还想补充两点，一是中国某些作者在引用论文时较少引用中国人的成果，特别是中文发表的成果，而他的研究确实与这些中文文献有直接关系，不引用的动机值得追究。二是引用一个方向的研究，不引用原始创新的那个文献（特别是中文发表的），更不指出最早提出的原始创新，而原始创新就在那里（他不是不知道）。学术研究最讲诚信，而创新并不难，在前人研究基础上本可攀登高峰。而你隐去前人成绩就能成你的吗？那是不可能的。只有诚信地做研究，你才会取得好的成绩，前途才是远大的。

53. 170401-《机械工程学报：4位学术牛人教你读文献用文献》：

本文为由这4位牛人总结的读文献的方法，很好。但我需要补充它所忽视的更重要的一点，即必须要“学而后思”，那就是每次读完文献做完笔记，在合上笔记本后，要闭上眼睛，好好想想。想什么？如何评价？你点评点什么？长期坚持点评，这样做有助于培养你的创新精神。

54.170208-《英专家妄评“中美南海开战”称中国军队没有实战经验将被彻底打垮》：英国军事科学专家彼得•罗伯茨（Peter Roberts）相信一旦开战，美国将打败中国。他指出：“虽然这会造成美国成千上万人丧生，但中国将被彻底打垮。如果美国想要开战，它将尽其所有战力，战争的暴力和规模都将是空前的。”他分析说，美国不仅在技术上“占据优势”，而且“陆海空、外加海军陆战队4大兵种协同作战能力强”，是“胜利的保障”。而相比之下，中国军队普遍“没有实战经验”。

且不说，中美之间在军事上已经没有代差，至于他说中国没有实战经验，其实半个世纪以来他们也从未与大国发生过战争，他们同样也没有大战之经验。所以，谁胜谁负还不一定。

55.170108-《汪丁丁：长期雾霾的政治经济与社会效应》：

汪老师说雾霾原因为非线性。我看它应直接解释为量的变化，量变到质变，它决定于一定的数量，是一定数量的累积。退到工业化前也是有雾霾。20世纪50年代我坐绿皮火车，经过农村时一路蓝天，到一座座城市前远远看去城市在灰色的雾霾中。那时北京才多大，才有几辆车，才有几个高大的烟囱？仅仅是居民取暖烧蜂窝煤的小炉子。国家为治霾做了很大努力，许多事北京人看不到，我们河北关停了好些工厂，放倒了好些大烟囱。2015年到2016年前的11个月都认为治理得有效果，年末突然来的几天的无风期，不断积累就形成霾，才让人们看到雾霾竟然这样厉害。汪先生说会迫使许多人外迁，我看这未必不是坏事中的好事。北京实在人口太多，动员也没有人愿意，这回人口自然减员，汽车也少了，好！今天天气好又见太阳了，那是几天风雪造成的好处。排放不可能减少到零，无风就会有积累，时间长就会有霾。

决定雾霾有两个因素：微粒的排放和空气流动的扩散。再如何严格限制微粒的排放，也不可能排放为零；而空气一不流动微粒就会积累。因此雾霾大小总会有的。你看欧洲大国最近不是也发生多次雾霾吗？

56.170106-《无数外国人惊呼：中国这30年到底干了什么？》：

好文！20世纪80年代，我和学生说起“中国要追赶并超过英国”，学生不相信，说：“你跑，他也跑，他早已在你前面，你怎么能够超过他？”现在看到了吧，远远超过了英国。那位学生的思维是陷于形式逻辑，而事物的发展却是辩证的。

2016

57.161225-《毛主席纪念堂前一位青年游客的留言》：这位青年的留言写得是多么到位：

“在污水下，你的人格越发晶莹。”——毛主席越显得伟大！

“你的担忧今天正在成为现实。”确实，老人家总担心复辟，如果不是这几年的大刀阔斧地反腐，中国真可能已被复辟！

“于是，你成了一道障碍，是颠覆者面前绕不过去的长城”。他们怕死你了，见到你就发抖！“憎恨和敬仰竟然如此泾渭分明”。真是呀！骂你的，爱你的就是这样清清楚楚的两条战线！你永远活在人民心中，鼓舞和指引人民前进！

这位青年人说得真好！说得深刻！说得太痛快了！表达了全国人民的心声！

58.161213-《环球时报：中国须放弃幻想，准备与特朗普掰手腕》：特朗普的上台，划拉了一批好战分子组阁，建立了一个对华强硬的领导班子。其实在过去，奥巴马已经声称要用60%的军力围堵中国，他已经使出了浑身解数，然而，其结果不过如此，中国不为其动。可以看到，在此同时，在其内部，在国会两院不时仍有许多共和党人不满意，发出更强的对抗中国的声音，要连吃奶的力气都拿了出来。这批人不让他上台表演是不会甘心的。他们跳出来是好事，只有当他们自己也经过尝试而失败，才可能死心塌地下来，到这个时候，才有天下太平！那真是“乱云飞渡仍从容，暮色苍茫看劲松”。

明显的对比的例子，可以回想在“二战”末期，在日本天皇要宣布投降之前，那时天皇的投降书已写好，而日本的一批年轻军官却决定要武装政变，反对投降，以畑中健二等少壮派军官为代表的主战派摩拳擦掌，他们决心要和同盟国在日本本土进行决战到底。少壮派军人的计划是立刻用军人的力量实行政变，将天皇身边的主和派人士及阁员予以全部铲除，拥护天皇继续实行战争政策，主张在本土与敌人决一雌雄，万一战败了的话，全国国民即使都自杀，也在所不惜。可见，不让他们上台表演是不行的，来就来吧！如高尔基在《海燕》中所比喻：

“在苍茫的大海上，狂风卷集着乌云。在乌云和大海之间，海燕像黑色的闪电，在高傲地飞翔，……海燕勇敢地，自由自在地，在泛起白沫的大海上飞翔！乌云越来越暗，越来越低，向海面直压下来，——暴风雨！暴风雨就要来啦！这时勇敢的海燕，在怒吼的大海上，在闪电中间，高傲地飞翔，这是胜利的预言家在叫喊：……让暴风雨来得更猛烈些吧！”

59.161130-《李政道：我和CASPEA》：

我们中国人真是要为李老先生大声点赞！他为国家科技、教育的发展作出了巨大的贡献。想想他提出的CASPEA培养了那么多科学前沿的杰出人才，国家自然科学基金制度是他建议成立的，这个建议是对国家发展科技具有重大意义的战略性贡献，还建议我国设立了博士后制度。这些事情今天回过头来看，中国人民真是要深深感谢李老先生的这些努力，李先生对今天中国的崛起的贡献率太大了。中国政府应该授予老先生一个大奖，叫什么呢？“特别贡献奖”吧！

60.161121-《知识分子：呼吁给予本土青年科技人才公平的竞争环境》：

上述关于对待国内外学者态度差别之文章很好。什么是人才？应该以学术或技术上的贡献为尺度。引进国外人才为我所用是必须的。但是，引进人才也有变味的地方。一些单位以“我有引进人才”为荣，以此可以抬高单位的“学术水平”，获得高的政府资助。这样就引进了一些徒有虚名、学术水平并不高的国外人才，这是虚的，名不副实。

61.160629-《日本对中国海军惊人评价：看后大吃一惊》：

这位日本人的评论不正确，他说：直到今天中国海军的总吨位还没有超过清朝海军镇远、定远两艘巨舰。那两艘军舰分别是7000吨左右。单单从这点说今天的中国军舰的吨位大大超过那时。小日本的特点是爱冒险，当年许多日本人已经正确地看到，日本实力远不如美国，可日本的冒险分子却敢挑起珍珠港太平洋战争！今天日本国力远不如中国，但要小心存在的疯狂冒险的好战分子！

2015

62.151006-《三学者共享2015诺贝尔医学奖》：屠呦呦获诺贝尔奖引起许多人的不平，因为那时参加青蒿素研制的团队中许多人都为之作出了突出的贡献，可以说缺哪一个都得不到青蒿素。可是为什么诺贝尔奖只给了屠呦呦呢？

为回答这问题，先要提高认识。爱因斯坦说："提出一个问题往往比解决一个问题更为重要，而提出新的问题、新的可能性却需要创造性的想象力，而且标志着科学的真正进步。"屠呦呦获得诺贝尔奖对中国人最大的教育是什么？让许多中国人明白在各种创新中唯有"原始创新"才是最重要的，是决定性的，才能获诺奖。

但直到现在许多人仍不明白，一些导师与学生发生成果争执，常常是导师提出的原创思想，学生去完成，学生就认为成果是他的，而没看到导师的原创性。当然，也有原创思想是学生的，导师霸占了。所以我们做科研一定要保持原始记录，尊重原创性。

为了国家的强盛，中国学者长期在追踪国际先进，这样自然少有原始创新，也就谈不到获得诺贝尔奖。这就是中国长期没有诺贝尔奖的主要原因。

中国已经培养出了许多高端科技人才，他们引领中国科技迅速赶超。有人质疑，他们也算钱老说的高端人才吗？这个问题可以这么来看：

以世界科技第一的美国，它那领先地位是由于百余年来有数百项诺贝尔科技奖项牵引的结果。毫无疑问没有这些诺奖的牵引，其军事科技不会达到如此之先进。对比地想想看：中国在追赶中，已达到世界第二的地位，抛开由于跟踪而非原始创新外，其中的理论和技术这两方面的创新能够折合或蕴含了多少个诺贝尔奖呢？难道我们可以低估在中国科技追赶中杰出的领跑者们的创新成就吗？再想想，印度也在追赶，它得天独厚，美、俄都倾囊相助，手把手教，却落后中国老远。为什么？那就是跟踪模仿都离不开自己的创新，他们不善于创新。这也从反面证明中国这些领军人物的不可否认的意义。

我的夕阳别样红

（2013 年 10 月 12 日）

我刚刚为常州大学会议写完《机构学与哲学》的演讲稿时，翻开书桌旁边放着的《长寿》杂志，看到其上李国文写的一篇夕阳红文章《晚霞的赞美》。眼前一亮，太让我惊奇和感动，并产生许多联想。

文中形容晚霞时，他说："虽然朝霞比晚霞灿烂明亮，但晚霞比朝霞深沉浑厚。

"朝霞来得快，去得也快。然而，太阳开始西坠，那变化无穷、缤纷万状、色彩奇艳、婀娜多姿的霞光云氤，便弥漫了大半个天空。那就是一天之中色彩最丰富的画面，晚霞之美，令人动情，教人心醉。晚霞烧红了天，渲染得人间万物、大地风景无不反射出耀眼的光亮，这就是人们常说的夕阳红了。”

他话题一转接着说：“人一生之中，晚年是最成熟完美的岁月。”还说，“一个人，哪怕到了生命的晚年，鹤发童颜，精神矍铄，那种气质的美，那种心灵的美，那种智慧的美，那种思想闪光的美，和这满天晚霞一样，也会给这个世界，留下充实丰硕的温馨，留下难以忘怀的回忆。试看晚霞之精美绝伦，试看晚霞之坚持到底，老而弥坚，老而弥健，追求成熟之美，才是晚年的人生哲学。”

是呀！作者对晚霞的赞美，对夕阳红的赞美在我心里引发了共鸣。晚霞之美，令人动情，让人心醉。晚霞烧红了天，渲染得人间万物、大地风景，无不反射出耀眼的光亮，激动了人心，这就说出“夕阳红”这三个字的深刻含义了。美轮美奂的晚霞，让我想起并找出在前年在新泽西时我拍下的上面那张照片，它美丽绝伦，霞光层叠，彩虹万道，又明亮奇艳，让人心灵十分震撼。那时我刚吃完晚饭随便地走到前院，出得门来，突然就为这极少见到的美丽霞光所惊愕，赶紧回屋取出相机，在选择了拍摄角度后紧赶慢赶前后拍了三张，第一张还比较明亮，随着天色转暗，彩霞的红色也逐渐逝去，最后只拍下所剩下的天边一道发暗的红霞，很快天空也就全黑下来，我感叹这美景的转瞬即逝，没让我来得及再多拍几张。

现在，正好又从上面那篇文章，再联想起我的一生，那也真是展示了“心静如水，人淡如菊，又如诗如梦”。李国文说：“每个人的天空里，都有晚霞。”是的，我翻出心中未曾想到的那一道道霞光，它们隐含地展示在：

建立了统一的机构自由度的计算原理；

创立了并联机构的系统理论；

写出我的《随想录》，……

它们不正是我心目中的一抹抹美丽的晚霞吗？上面那些成绩，许多是60岁之后做出的，那里面蕴藏着闪光思想之美，体现了心灵之美，智慧之美，成熟之美，深沉而浑厚之美，和那满天明亮的晚霞一样，悬挂在天空，它或许会给看到的人留下些许温馨，留下微微难以忘怀之美！

80岁后，人近黄昏，我将自己一生从事科研、教学方面的心得、经验和感悟写下这本《随想录》，它也许对做研究的年轻人会有帮助吧，也曾得到了他们许多正面的回应。那恐怕正是我看到的天边最后将消失的那一抹红霞。

一位学生看了《随想录》中的一篇文章后，给我的来信：

“收到您的邮件，我马上拜读了一遍，不知道为什么在看的过程中有一种莫名的情愫，说不清楚是激动还是感动，或许是被您的成就和做学问的思想所感动，也或者为您为机构学作出的贡献而骄傲，或许是折服于您的思路和文笔……又或者是对这个研究方向有了信心……很想能亲临现场听您亲自讲解，可惜起码这次没有这个机会。我觉得文章写得特别好，这是我们学习的一个机会。……”

是啊，她看到了晚霞，这正是她对“晚霞”的欣赏与赞美！我从心里谢谢她，谢谢她的支持！谢谢这些对我支持的朋友，正是他们的支持，给了我出版这本《随想录》的勇气。

当我高兴地写到这满天彩霞的黄昏，还想起了过去曾对青春逝去有过的悲情与伤感：

太阳下山明早依旧爬上来，
花儿谢了明年还是一样的开.
美丽小鸟飞去无影踪，
我的青春小鸟一样不回来.
……

早在2005年当老伴提醒我记住银行的“密码”时，她正被推进协和的手术室。那时，我曾痛苦地感到“怎么这种事来得这么快？”心中不禁哼起弘一法师的“秋柳”：

堤边柳到秋天，叶乱飘，
叶落尽，只剩得细枝条。
想当年绿荫荫，春光好，
今日里冷清清，秋色老。
风凄凄，雨凄凄，
君不见眼前景已全非。
一思量，一回首，不胜悲！

是的，这伤感正应了李商隐的这句诗“夕阳无限好，只是近黄昏！”

然而，在我读了李国文的《晚霞的赞美》后，突然感悟到现在我以耄耋之年再面对黄昏，不再是伤感，不再是悲情，有的却是另有一番别样红的体验，是兴奋，是豪情，我要张开双手，我要拥抱照片中这满天的彩霞，拥抱我的夕阳红。还是朱自清说得对，“但得夕阳无限好，何须惆怅近黄昏。”又有刘禹锡写给白居易的一首答诗写道，“莫道桑榆晚，为霞尚满天”。至今，令我没有想到的是，在我一生尚未走完之时，却看到了祖国重新崛起的灿烂曙光，那正是早晨升起的霞光，万丈光芒，照耀世界！我真的远远没有活够，真愿意能够再多活些年，从怀抱晚霞又欣赏到祖国的朝霞！